U0118013

Pierre
Bourdieu

经济人类学

法兰西学院课程（1992—1993）

［法］皮埃尔·布迪厄 著

［法］帕特里克·尚帕涅　［法］朱利安·杜瓦尔等 编

张璐 译

Anthropologie
économique

Cours au Collège de France (1992—1993)

上海人民出版社

名家推荐

布迪厄的经济社会学研究具有重要的学术价值和实践意义，他通过对经济行为中的感性惯习、礼物馈赠、象征意义和实践场域等方面的考察论述，突破了经济学单纯强调理性计算与逻辑推论的市场交易和经济关系的思想理论。

——刘少杰，中国人民大学社会与人口学院教授

布迪厄另辟蹊径，把被经济学家人为割裂的经济和社会重新整合起来，从本体层面重构了经济现实，并在经济现实中找到了象征层面所占据的不可或缺的地位。睿智、深刻、幽默、流畅，富有创见。这是经济社会学领域一本不可不读的佳作。

——王宁，东南大学人文学院社会学系教授

在《经济人类学》中，布迪厄从一系列迷人的礼物理论故事说起，告诉我们涂尔干的名言"经济中并非所有东西都是经济"为何有理；并且证明"经济人"这一理性行动理论的假设，撇开时间维度就是一个虚构；而就像"看不见的手"那样的市场概念，应该被由装备了资本、惯习之类配套范畴的场域概念所取代。据说，醉心

于数学公式的傲慢的经济学家们对本书不以为然。但不管怎么说，当布迪厄将经济学的视域引向社会基础的时候，他当然就构成了对于当代主流经济学的挑战。此书系由讲座整理而成，可读性很强。

——朱国华，华东师范大学中文系教授

布迪厄的课程讲稿从对礼物之谜的解答出发，赋予礼物交换以时间属性，同时从人们的秉性、惯习的角度展开对现代社会中的人们的经济行为的探讨，作出了别开生面的解释，在让人感到妙趣横生之余，又给人以深刻的启发。

——张生，同济大学人文学院中文系教授

作为布迪厄在《论国家》之后最重要的法兰西学院讲座，《经济人类学》不仅仅延续作为场的国家对经济行为的影响，也试图驳斥在20世纪八九十年代占主导地位的新自由主义经济学的市场学说。布迪厄试图通过"经济人类学"的方式，让经济现象回归到以人类实践活动为基础的社会关系之上。那种脱离社会基础的经济行为，只是新自由主义经济学的虚构。

——蓝江，南京大学哲学系教授

如果有人向你推荐诺贝尔经济学奖得主加里·贝克尔的书，建议你一定要再买一本皮埃尔·布迪厄的《经济人类学》：后者让你清晰地意识到，前者论证的问题到底出在哪里。只有界定出隐藏在主流经济学底部的诸种人类学预设，我们才能彻底瓦解"理性经济人"的神话。

——吴冠军，华东师范大学政治与国际关系学院院长，
教育部长江学者特聘教授

本书由帕特里克·尚帕涅（Patrick Champagne）、朱利安·杜瓦尔（Julien Duval）编辑，由弗兰克·普波（Franck Poupeau）、玛丽-克里斯蒂娜·里维埃（Marie-Christine Rivière）协助编辑，由罗贝尔·布瓦耶（Robert Boyer）撰后记。

本书编者特别感谢布鲁诺·奥尔巴克（Bruno Auerbach）、若昂·埃尔博恩（Johan Heilbron）、蒂奥·伊扎尔（Thibaut Izard）的协助。

目录

1

第五讲　1993 年 5 月 13 日 /97

经营经济学的局限与象征经济学。通过象征性交换建立持久关系。持续重建信念。市场的帝国主义神话与对商品化的抵制。经济关系的象征性维度，以劳动合同为例。消费中的象征逻辑。理性行动的经济条件。

第六讲　1993 年 5 月 27 日 /120

社会学家与经济学家。一种非历史的演绎主义。一种双重的祛历史化。为了一种历史主义的理性主义。市场的定义。纯粹理论的历史条件。

第七讲　1993 年 6 月 3 日 /148

无法被定义的市场。自相矛盾的经济理论。作为力量场的经济场域。经济场域的内在趋势。区分效应与竞争。

第八讲　1993 年 6 月 10 日 /173

马克斯·韦伯的市场概念。间接冲突。哈里森·怀特模型。同源性与消费者的两阶段选择。与韦伯的三重决裂。国家创造市场：以个人住房市场为例。

第九讲　1993 年 6 月 17 日 /201

听众提问。经济场域的分类之争。经济人的三个公设。选言谬误一：个体与集体。（社会的）有限理性。选言谬误二：目的论与机械论。目的性的幻觉。选言谬误三：微观与宏观。

目 录

编者说明

本书是皮埃尔·布迪厄的法兰西学院课程出版系列的一部分。2001年3月，即在该学院上完最后一课的几个月后，布迪厄出版了他最后一年（2000—2001学年）讲稿的缩略本，书名为《科学之科学与反思性》[1]。他去世后，《论国家》在2012年出版，随后《马奈：象征性革命》在2013年出版，两者分别是他在1989—1992年和1998—2000年间的课程。[2]布迪厄在1982年4月至1986年6月期间，在法兰西学院任教的头五年里开设了"普通社会学课程"，出版商在2015年出版了第一卷，其中汇集了1981—1982学年和1982—1983学年的课程，然后在2016年出版了第二卷，包含了接下来三年课程的内容。[3]本门课程于1992—1993学年开设，由布迪厄本人教授，题为"经济行动的社会基础"，由九讲组成，每讲约1小时20

[1] *Science de la science et réflexivité*，Paris，Raisons d'agir，2001.

[2] *Sur l'État. Cours au collège de France 1989—1992*，Paris，Seuil/Raisons d'agir，2012；rééd. « Points Essais »，2015；*Manet. Une révolution symbolique. Cours au Collège de France 1998—2000，suivis d'un manuscrit inachevé de Pierre et Marie-Claire Bourdieu*，Seuil/Raisons d'agir，2013；rééd. « Points Essais »，2016.

[3] *Sociologie générale*，Paris，Seuil/Raisons d'agir，vol.1，2015；vol.2，2016.

分钟，在 1993 年 4—6 月的每周四上午晚些时候举行。[1]

8　　本书的出版遵循了在出版《论国家》时所制定的编辑原则，旨在调和文本忠实性与可读性。[2] 出版的文本基本都来源于对所提供的课程的复述。不过，在第三讲中（1993 年 4 月 29 日），由于讲座开始时没有录音，布迪厄的话是根据当时一位听众的笔记改编的。

与前几卷一样，编者作了从口语到书面语的轻度转写，这一转写恪守布迪厄本人修改自己的讲座和研讨会发言稿时所遵循的规则，即订正文体、抹除口语中的污迹（重复、口癖等）。只有极少数段落的录音几乎听不清，此时编者会在方括号内的用悬而未决的补充来表示。在编辑文本时，编者也添加了一些单词或短语片段，以便于阅读或澄清省略的措辞；但因为它们不是布迪厄说的，因此它们被放在方括号里。

编者添加了章节、段落、标题和标点符号。并且，编者为布迪厄演讲时偏离其主题的内容添加了不同的标点符号，并因其长度及其与前后文的关系而区别对待：最短的放在破折号之间；当这些延展内容有一定程度的自主性并涉及推理过程的中断时，它们被放在圆括号里；而当它们太长时，则被列为一个完整的主题小节。

脚注主要有三种类型。首类尽量指示布迪厄明确（或有时含蓄地）提到的文本，如果有价值，会增加这些文本的简短引文；第二类则旨在向读者介绍布迪厄的文本，这些文本发表于本课程之前或之后，且都包含了对所讨论主题的阐述；最后一类为提示，它解释了语境中的一些元素，例如关于某些典故的背景，它们可能对当代读者以及对法国语境知之甚少的读者而言有些晦涩难懂。

---

[1]　课程在 4 月 8—29 日之间，以及 5 月 13—27 日之间有两次中断，分别为复活节和圣母升天节的假期。

[2]　见 *Sur l'État*, *op. cit.*, p.7—9 的编者注。

在附录中，编者转载了当时刊于《法兰西学院年鉴——课程与　　9
成果》(*L'Annuaire du Collège de France—cours et travaux*) 上的课程
概要。除了布迪厄作品中的课程内容外，本书还收入罗贝尔·布瓦
耶 (Robert Boyer) 的一篇文章，该文章将 1992—1993 学年的课程
纳入视野，特别是这一课程与他作为创始人之一的调节理论 (théorie
de la régulation) 以及与当今经济科学的关系。

第一讲　　1993年4月1日　

序言：重提经济学问题。理性行动理论。经济行为与经济世界的祛历史化。礼物的情况。礼物现象学进路（德里达）。礼物的人类学分析。重新整合生活经验，做实践理论。科学所摧毁的时间。学究观点。

序言：重提经济学问题

今年早些时候，我曾提出过一个略显宏大的主题，并且当我在你们面前提出那个主题时，其实我有些害怕。后来，我马上就限定了这一雄心的限度。我显然无意批评经济学。这种有些自命不凡的攻击性行为，除了显露无知以外没有丝毫根据。这毫无意义，尽管这在社会学家中也挺常见。我想尝试做的是，基于经济学内部正在进行的讨论，努力为经济运行奠定融贯的基础。事实上，经济学是一门高度先进、高度复杂、高度多样化的科学，社会学家对它的攻击在一定程度上可以用这种实际或明显的进展来解释：人们对整个经济学的大多数批评——就像对整个社会学的大多数批评一样——都毫无意义，因为一位经济学家几乎总是自己解决了问题，或是已经把这些问题交给了其他经济学家去解决。因此，你只要稍微练习一下经济话语，就可以找到你对经济学最基本的思考（我也在谈论社会学，社会学家经常渴望听到非社会学家对社会学的看法。尤其是哲学家们，他们倒也很乐意把两者结合起来，并提出些毫无意义的全面指责——当他们说"社会学"时，如若想到的是某一位特定的社会学家，那错误倒还不大；但实际上更常见的情况是，他们的目标是一个稻草人，而不是一个科学实践的现实）。因此，我告诫自己不要这么做。我将试着从经济学的角度来看待它，从经济科学的角度来看待它所带来的问题，并试图以更严格、更系统的方式来解决这些问题。如果说我渴望从对固有的经济学学科的反思中得到什么，那可能是让经济行为重新融入人类行为的世界；我想说明，这种被视为**材料**（*datum*）、对象和起点的经济行为，实际上是一种历史建构。

对经济学这样一门复杂多样的学科进行讨论的另一个困难是，它和目前所有的学科一样，由场域（champ）构成：它构成了一个客观关系的空间，生产者在构成该学科的社会空间中处于不同的位置，并对构成该场域的差异采取不同的立场。换言之，当你对一门学科有一点知识时，你会意识到只面对一门学科本身是没有意义的。一门学科，有点像勒拿湖的海德拉（Hydre），是一种有一百颗头的怪物：当你费尽心力砍掉了一颗头，它还有九十九颗头在嘲弄你，嘲笑你的攻击既愚蠢又徒劳无功。通常，如果你了解一些知识——我会尽我所能去做到这一点——那么你可以让经济与自己对话，并利用——我也将努力做到这一点——经济及其在冲突和通过冲突造就

的差异化成果，试图对经济行动的基础和时间结构问题提出一个也 13
许更系统的答案。这就是［此课程的］意图；我想在一开始就消除
因我的头衔可能引起或造成的模棱两可这一问题。

理性行动理论

对我而言，如果这种对经济行为基础的反思十分重要的话，那
是因为它现在又普遍地回到了社会科学论辩的中心。奇怪的是，它
却成了一个嘲讽对象，不仅对于非经济学家如此，对于经济学家
自己也是这样：著名的**经济人**（homo œconomicus）从社会学角度
来看又重新回来了，以所谓的"理性行动理论"（théorie de l'action
rationnelle）的形式出现在知识舞台的前沿。它是由围绕着芝加哥
［大学］的大批学者发展起来的，一度汇集了一批经济学家、经济哲
学家（如乔恩·埃尔斯特［Jon Elster］[1]）、认知心理学理论家等。一
个完整的学科综合体，围绕着人类学的概念或人类哲学开始重新建
立起来，其本质是将理性意图作为人类行动的基础。这一理性行动
理论形式多样（它也有非常精确的形式，因为许多理性行动理论家，
如埃尔斯特，自称马克思主义者，并声称根据这种行动哲学的逻辑 14
重新解释了马克思主义），接受了关于人类行动的一些基本假设，我
认为这是值得讨论的。事实上，这些人用同一种理论回答了我作为
本课程主题提出的经济行动的人类学基础问题，这种理论可以说是

---

[1] 乔恩·埃尔斯特在法国和挪威接受教育，他主要在《理性与非理性的研究》（*Studies in Rationality and Irrationality*, Cambridge, Cambridge University Press, 1979）中，主要从哲学基础和社会科学应用的角度去研究理性行动理论。随后，他在 2006—2011 年间，担任法兰西学院"理性与社会科学"领域的讲席教授。他曾多次批评布迪厄的社会学与行动理论，详见 Jon Elster, « Le pire des mondes possibles. À propos de La Distinction de Pierre Bourdieu », *Commentaire*, n°19, 1982, p.451; *Le Laboureur et ses enfants. Deux essais sur les limites de la rationalité*, trad. Abel Gerschenfeld, Paris, Minuit, 1986, p.15—16。

知识分子式的理论，因为它把有意识的意图和理性的计算置于行动的核心。它试图解释人类的所有行为，而不仅仅是狭义上的经济行为（投资、储蓄、信贷等）。比如最近一位令人惊讶的诺贝尔奖获得者[1]加里·贝克尔，他长期以来一直致力于用这种模型来解释婚姻等行为[2]；他对人类学家的著作、亲属关系理论等都不屑一顾，无知无畏地提出了关于成本、收益和损失的婚姻理论。他是第一个雄心勃勃地将这种基于接受人类学理论的经济思维方式应用于人类所有行为的人。通过这些模型，经济学被看作关于人类实践的一般科学，这给所有其他科学带来了问题，因为它渗透到社会学、人类学、广义的历史学等场域。但这一挑战并不是我选择这一主题的真正原因，因为我自己在民族学、人类学和社会学领域的早期工作也涉及了经济、信贷和储蓄社会学的问题。[3] 虽然这不是我决定处理这一问题的主要原因，但在我看来，这一非常强大甚至占主导地位的潮流的存在，加强了对这些问题进行反思的相关性和重要性。我不会直接提到理性行动理论，我已经就那个主题讲过很多次了。[4] 简单来说，我将为一种完全不同的人类学辩护，这种人类学基于以下这一观点：哪怕是为了理解那些被认为是合理的行为，我们原则上也没有必要假设它们就是有理性的或是带有理性的有意识的意图。这基本上就是我将提出的分析的基础。

15

---

[1] 1992 年，在布迪厄讲授此课程前六个月，加里·贝克尔获得了"瑞典中央银行纪念阿尔弗雷德·诺贝尔经济学奖"。

[2] Gary S. Becker, *The Economic Approach to Human Behavior*, Chicago, University of Chicago Press, 1976, chap.11, « A theory of marriage »；*A Treatise on the Family*, Cambridge, Harvard University Press, 1981.

[3] Pierre Bourdieu, Alain Darbel, Jean-Claude Rivet et Claude Seibel, *Travail et travailleurs en Algérie*, vol.2, La Haye, Mouton, 1963；P. Bourdieu, *Algérie 60. Structures économiques et structures temporelles*, Paris, Minuit, 1977；另见布迪厄从阿尔及利亚回到法国不久后组织的一项调查：Luc Boltanski et Jean-Claude Chamboredon, « La banque et sa clientèle », *rapport ronéotypé du Centre de sociologie européenne*, 1963。

[4] 见 P. Bourdieu, *Sociologie générale*, vol.2, *op. cit.*, p.983—992。

经济行为与经济世界的祛历史化

这种理性行动理论在很大程度上依赖于经济学家的实践——我认为我们在此可以这么笼统地说。经济学家们的实践，除了极少数个例外，其总体特点是对经济施动者和经济世界进行了一种非常深入的祛历史化。就这一方向，我向各位建议：在我看来，要真正解释人类的行为，包括那些最接近理性模型的行为，即高度发达社会的经济行为，人类学理论必须重新历史化（ré-historiciser），必须考虑到经济学理论所忽视的两个维度：一方面，我们必须重新引入经济秉性（disposition）的非自然部分的起源：只需进行比较人类学研究，我们就可以发现我们认为最明显的经济行为，如储蓄或信贷，对于那些不在这一世界中形成的社会而言，都是非常困难的历史发明。另一方面，我们必须重新引入经济世界的起源，无论是市场还是信贷：经济制度都是历史的发明；它们没有普遍性，也不是纯粹理性的产物。因此，我们有必要重新介绍我们称之为"经济"的这一世界的形成过程的历史，更确切地说是经济世界自主化过程的历史。经济世界从未与其他世界完全分离，例如家庭世界，但在我们的社会中尤其如此。随着时间的推移，这种分离的进程愈渐缓慢。所有这些都值得谨记，而我将努力说明这一切。

理性行动理论的捍卫者所犯错误的原则——至少在我看来可以说——是他们通过将经济行为祛历史化，把我们所处的特定历史情况普遍化了。从像我们这样特殊类型的社会的经济行动的特殊情况出发，更准确地说，从这些特殊社会的特定区域出发，我认为他们犯了社会科学中最致命的错误之一：就是在不知晓特例为特例的情

16

况下将其普遍化，即对某一特殊情况的特殊性赋予了其普遍性，而忽视其特殊性的一面。这样一来，它们普遍适用于像我们这种属性的社会世界，在这里，经济场域（champ）得到了自主化，它运作或应该运作的原则就是如此形成的。以其他方式建立经济理论的一个重要原因是，理性行动理论家所发明的幻想般的人类学，实际上禁止经济学去处理所有的前资本主义社会——或者像马克思所说的那样，不谈论它，正如教会的教父们在谈论《圣经》与《福音书》之前的社会时所说的那样 [1]——它也禁止经济学真正去触及经济世界所形成的所有社会区域，这些区域，如家、家庭关系等，这些区域仍然不在理性经济模型的控制之内。这就是我要提出的总体意图。为了让这一想法更为易懂，也为了方便在座各位理解我将要展示的东西，那作为一种介绍性的寓言，我来分析一下礼物。

礼物的情况

因此首先，我想谈谈我所提出的基本问题，即关于礼物现象的特殊情况。正如你们所知，这一现象是人类学理论的中心，这里有莫斯、列维-斯特劳斯 [2] 以及一切思考过"交换"（échange）这一概念的学者们。对礼物的反思很重要，也是中心，因为如果我们坚持

----

[1] "乍一看，这些形式似乎属于一个社会时期，在这一社会时期中，生产及其关系支配着人，而不是由人支配，在他的资产阶级意识中，这些形式似乎同生产劳动本身一样是一种自然的必然。难怪它对待资产阶级生产之前的社会生产形式，就像教会的创始人对待基督教之前的宗教一样。"（*Le Capital*，1ʳᵉ section，chap.1，IV，trad. Joseph Roy revue par Maximilien Rubel，in *Œuvres*，t. I：*Économie*，Paris，Gallimard，« Bibliothèque de la Pléiade »，1965，p.615—616.）

[2] 布迪厄在这里和本讲后面提到的两篇文章是马塞尔·莫斯《论礼物：古式社会交换的形式和原因》（1902—1903）和克洛德·列维-斯特劳斯的《马塞尔·莫斯的著作导言》。见 Marcel Mauss，*Sociologie et anthropologie*，Paris，PUF，« Quadrige »，1997 [1950]，分别位于 p.IX—LII 和 p.143—279。马塞尔·莫斯著作第一次出版是在 1923—1924 年（*L'Année sociologique*，seconde série，t. I）。

到底，它就要求我们阐明经济理论所涉及的基本前提，同时压抑它们，而不只是明确地阐明它们。因此，通过这个例子，我们可以对我想说的话有一个直观的、概括性的、系统的想法：我们将遇到的一方面是施动理论、行动理论、时间理论、经济秉性理论所带来的问题，另一方面是关于经济世界与**幻觉**（*illusio*）的特殊形式的理论，以及使经济行动成为可能的信念理论。

　　我将回到一个非常经典的角度上来，虽然就我个人看来情况 18
并非如此。这些东西都属于科学传统，也是我自己的工作场域，只是我从不同的角度来写，目的是为了阐明一般原则。在我的《实践感》[1] 中所提出的分析里，我已经表明，人们可以从三种不同的角度来看待礼物，这三种观点在表面上是互斥的，但实际上可以整合为一体。莫斯那奠基性的文本是人类学科学中最伟大的文本之一，也是最重要的文本之一。[2] 它清楚地表明，不能以本土经验（experience indigène）的方式来思考礼物。莫斯曾断言（根据列维-斯特劳斯的观点，这一断言还不够深入；我将稍微解释一下两位作者之间的区别），礼物对于施动者（agents）的生活经验而言是不可再缩约的。我们在通过自我分析或观察分析那些自发的或合成的话语（如谚语、格言等）来收集这种生活经验时，会发现它们都显得模棱两可或互相矛盾。赠礼、无私与慷慨被认为是人类的最高成就，它们举世闻名并广为称颂。如果我们寻找基于经验的普遍性，那我认为承认慷慨就是其中之一。可以说，没有一个社会不以牺牲个人为代价，没有一个社会不优先考虑普遍的东西：社会都普遍地承认普遍性先于个人。这是一个经验性的、可检验的命题，而这恰恰是一个观察机会，观察人们对礼物态度的机会。

---

[1]　Pierre Bourdieu, *Le Sens pratique*, Paris, Minuit, 1980, p.167 *sq*.
[2]　M. Mauss, « Essai sur le don », art. cité.

当然，这里也有一些具有讽刺意味的保留意见，比如卡比尔人（Kabyles）会说"礼物是一种不幸"或"你得到了一枚鸡蛋，就必须归还一头牛"。但是，尽管有关于赠礼的成本及其模棱两可的民间传说，然而也没有一个社会不承认慷慨，也就是说在某种程度上，无偿赠礼是对利己主义的胜利。换句话说，人们普遍热情地赞扬慷慨、无偿赠礼和无回报的礼物——且"无回报"这个词非常重要，因为人类学家将以此为基础来评判赠礼的实际经验。人们普遍都赞颂慷慨、无偿赠礼、无回礼的礼物，亦即免费与无偿的赠礼。人们赞扬无偿的礼物，也就是没有目的、没有支付、没有报酬、没有正当理由的礼物。在极端情况下，它是武断的、不合理的，在此意义上应该说，它是对社会科学的一种基本挑战。就像所有的科学一样，它的目的也是证明理性。然而，它所面临的是一种毫无理由、毫无根据、武断的行动，除了纯粹的慷慨意愿之外，没有任何正当理由。没有理由就没有坚决：它既不是由动机决定的，也不是由经济或社会限制决定的。免费礼物也是无偿的：因为它是无偿的，没有任何回报，它似乎是人类最伟大的成就之一。当不同社会的社会施动者谈论礼物时，他们是在真理层面谈论礼物，那是真正的礼物：一种真正完全慷慨大方的礼物，就如我刚才定义的那样。什么是礼物的本质——且正如哲学家奥斯汀所展示的[1]，在许多情况下，本质分析试图揭示一种行为、一种实践、一种在其真理中定义的实体的真理——也就是什么是那种真正的礼物？它默认与那些不真实的礼物是完全相反的。因此，这个看似纯粹的述愿性（constatif）定义中有其规范性（normatif）的意义。（我认为这是一种重要的反

---

[1]　可能暗指约翰·朗肖·奥斯汀在《感知的语言》中所主张的，与本质分析相反的"以言行事型"（les actes illocutoire）的约定观念，见 John Langshaw Austin, *Le Langage de la perception*, trad. Paul Gochet, Paris, Armand Colin, 1967 [1962]；及 *Quand dire*, *c'est faire*, trad. Gilles Lane, Paris, Seuil, « Points Essais », 1970 [1962]。

思技巧，在一个定义面前，我们总要自问它是关于"什么是什么"[此处就是"礼物是什么"]，还是关于"真正的某物是什么"[此处就是"作为真正礼物的礼物是什么"]：既然述愿性陈述通过提及其所考虑事物的最理想状况，它不就正是这样参与到规范性陈述了吗?)

礼物现象学进路（德里达）

　　雅克·德里达最近在一本名为《给予时间：1. 伪币》[1]一书中又提到了礼物问题。他以一种非常系统和激进的方式重复了生活经历和本土定义，并使之完全融贯。他以一种极其彻底的方式重复了活生生的生活的定义，而我相信各位会看到，他在做一种我们可以称之为奥斯汀式处理的事，在谈论礼物的外表下，谈论真正的礼物。我引用一下他的话："要有礼物，就必须没有互惠、回报、交换、回礼或债务。如果另一个人要**归还**或**亏欠**我，或必须归还那件我给了他的东西，那无论是立即归还，还是在更复杂的长期延异[2]的计算中进行，就都不会有礼物了。很明显，如果是那样，另一个人，即受赠人，就会**立即**还给我同样的东西。"[3]他接着说："要有礼物，受赠人就**应该**不归还、不还本、不偿还、不履行、不签合同、绝不欠债。"[4]德里达很清楚这是规范性的……[……] 顺便说一句，有趣的是，他认为礼物的真实性不仅取决于给予者的表现，而且取决于接受者的表现，因为一旦——这就是德里达所说的礼物悖论——接

---

[1] Jacques Derrida, *Donner le temps. 1. La fausse monnaie*, Paris, Galilée, 1991.

[2] "延异"（la « différance »，用 a 取代 e）是雅克·德里达在 20 世纪 60 年代所创造的新词，旨在补偿"差异"一词含义中的某些损失。它指的是所有差异的积极运动。

[3] *Ibid.*, p.24—25.

[4] *Ibid.*, p.26.

受者知道这是礼物，它就不再是礼物，礼物不再是无偿的，因为另一方知道他已经收到了，并且很感激：这就有了一种对债务的承认，它摧毁了作为礼物的礼物。这就是德里达所论证的：礼物是不可能的，因为在其自身完成的简单事实中，即使它是建立在忘记自己是

21 礼物这一意愿上的，它也会暴露于另一个人无法忘记这一事实，即使他人不会忘记等等。

　　这是一个非常好并且非常重要的分析，它激化了问题。我认为这是错误的，但也是非常激进的，因此这非常有趣：它以一种非常严格的方式提出了礼物经济学必须解决的问题。让我再读一遍："要有礼物，受赠人就应该不归还、不还本、不偿还、不履行、不签合同、绝不欠债。如果他承认这是一份礼物……"在这里，德里达运用了"承认"（reconnaître）的双重含义：承认债务，就像我在街上认出某人般的承认事实；我承认债务作为债务（我知道这是一种债务），而（德里达没有这么说，但这非常重要，所以社会学家补充道）一个不在这种圈子中的人，即一个没有在一个以这种或那种方式交换礼物的社会中接受过培养的人，可能不承认礼物是礼物（就像我们轻拍他的脸颊一样，他可能会认为我们给了他一耳光）。因此，承认意味着知道如何识别礼物本身，但也意味着人们视之为赠礼行为并要表示感谢。"承认"这个词的两层意思对于理解整个分析是至关重要的："如果你承认它是一份礼物，如果它看起来是一份礼物，如果礼品作为礼品而存在，那么这种简单的认知就足以抵消这份礼物。为什么？因为它使事物本身成为了一种象征性的等价物。[……]因此，只要对方感知到礼物就足够了，不仅是[……]感知到一种货物、一种金钱、一种奖赏的意义，还要感知到它作为礼物的性质，[……]礼物的**意向性意义**，这种对礼物**作为**礼物的简单**承认，就像这样**，甚至在它成为**对感谢的承认**之前，就足以取消了礼

物作为礼物的意义。"[1] 我相信这已经很清楚了。

因此，真正的礼物必须是给予者不知道他在给予，而接受者不知道他在接受。我不是在胡编乱造，这在第 27 页："如果另一个人意识到这一点，如果他把它看作礼物，那么这份礼物就会被抵消。[**布迪厄**补充说：这抵消了礼物那免费、慷慨、无偿、没有回报等等性质。]然而，给予者同样既不应该看到也不应该知道它，否则，从一开始，他就开始为象征性的承认付出了代价。[……]"事实上，如果一位给予者把礼物视作礼物，并对自己说："是的，我给了，我很慷慨，我很了不起。"那么他至少获得了一份代偿，一个象征性的补偿：被承认为慷慨的代偿。这一点很重要，因为在宗教传统中，有一种对圣洁（sainteté）问题的思考——我将稍后回到这个问题——与这个问题密切相关。最圣洁的圣人可能会质疑他那种无私的自由：被承认为圣人（在这个词的双重意义上）并拥有圣洁所给予的所有象征性利益，即献祭、礼物或仅仅是尊重，难道不存在对自由的侵犯吗？一些极端激进的圣徒提出了这个问题，甚至为此而犯罪。这些都是历史上的例子：历史令人敬畏，正因为它其实比任何对它想象的变体都要好，它能提供德里达这样最飘逸的哲学精神所能想象的东西。

如果礼物被给予者和 / 或接受者视为礼物，它就不再是礼物。德里达在另一页写道："为了形成赠送礼物的条件 [在这里我们转向海德格尔的 *es gibt*[2]，但这无关紧要]，这种遗忘不仅对受赠者而言是根本性的，而且必须首先对赠礼者而言是根本性的。对赠礼'主体'（'sujet' donateur）而言，赠礼不仅不应该得到回报，而且应该作为

[1] Jacques Derrida, *Donner le temps. 1. La fausse monnaie*, *op. cit.*, p.26.

[2] 德里达在他的书中（特别是第 34—37 页）评论了海德格尔基于 "*es gibt*"（字面意思为 "存在着" 或 "它给予"）的格言："*es gibt*" *Sein*，"*es gibt*" *Zeit*，等等。

牺牲的象征，作为一般的象征被保存在记忆中。因为象征符号立即就开始了补偿。[……] 仅仅是简单的对礼物的意识 [**布迪厄接着说：这就是我刚才用另一种方式为各位所讲述的圣人的故事**] 就立刻把给予者（l'être-donnant）的善良或慷慨的令人满意感形象化了，他们知道自己是这样的，就循环地、镜像地以某种自行承认、自我认可和自恋的感激之情来认识自己。"[1] 这意味着"我真是太慷慨了！"德里达分析的价值在于，它以某种方式激进地呈现了一种普遍观点；它表达了一种极端的、极其彻底的表达方式，即普通的礼物体验纯粹是无偿的，但同时也是一种控制：如果"礼物是一种不幸"，正如卡比尔人所说，那是因为我们很清楚必须归还它，并令其增加，以百倍奉还；这是所有社会交换礼物的基本规则。因此，一份礼物就开启了一次进程，而接受礼物的人就是这个进程的对象：送礼有一种侵入性。

你会在后面看到，这种入侵发生在交流的所有初始行动中，例如对某人说话。在语言学家中，我想是巴利[2] 注意到了，除非伴随着一系列的委婉措辞，不然一个人都无法问别人一个问题："我能容我自己问你一下时间吗？"如果措辞并非总是那么有礼貌，那总得有一种努力（例如人们用疑问式取代命令式）的形式，因为任何交换的开始都是一种突然袭击或入侵，只要它涉及另一方参与的过程，而不管对方是否愿意。我向各位展示一下：他可以回答是或否，也可以报以轻蔑，但无论做什么，他都是回答了。最初的交流行动

---

[1] Jacques Derrida，*Donner le temps. 1. La fausse monnaie*，*op. cit.*，p.38.

[2] 出处将在下一讲开始时提供：Charles Bally，*Le Langage et la Vie*，Genève，Droz，3ᵉ éd. augmentée，1965。这里可能涉及的是一段具体的话，查尔斯·巴利在其中谈及"谈话的语言"在使用时本能地展示了他的雄辩："如果你想让人来找你，你并不能总是用同样的说辞，你的表达会根据你与说话对象之间的关系而改变，尤其是基于你对他们的抵抗或默许的程度；从这里出发，语言可以无限变化：'来吧！''你愿意来吗？''你不想来吗？''你会来的，不是吗？''告诉我你会来的！''如果你来了？''你应该来！''过来这里！''这儿！''你能来吗！'等等。这些句子间差异如此之大，都体现出了说话人的一种紧张，他与可能的抵抗作斗争，并将对他所对话的人采取行动。"（第21页）

是非常模棱两可的，而普通人的意识是这样的。特别是赠礼的经验，它基本上是模糊暧昧的。德里达对这种经验提出了一种现象学解释，他反对我将要讨论的任何人类学理论，他允许自己从这种模糊性中得出结论。在他理想的定义中，真正的礼物是不可能的，因为它是一种自行毁灭的行为。我想有人可能会说，就像布勒东[1]的可溶解的鱼一样，礼物是自我毁灭的，因为只要当它被认为是一种礼物，它就不再是一种礼物。它只要认为自己是无偿的、慷慨的、仁慈的，就能立即会被标记为邪恶的、自私的、计算的，甚至是特别邪恶的计算，因为这种否认非常微妙地隐藏在它的反面。可以说，这是社会伪善的最极端策略，因为这通常是邪恶向美德的致敬。[2]正是计算隐藏在慷慨之下。[我想在这里]把全部力量都投入于普通分析中，但我也可以像在《实践感》[3]中所做的那样，引用一系列从卡比尔传统中借用的谚语和格言，它们表明人们认为礼物是模棱两可的、矛盾的。

礼物的人类学分析

由莫斯开创并由列维-斯特劳斯延续的人类学传统拒绝了这种本土经验，以及德里达所提出的礼物现象学。我将很快向各位介绍莫斯的《论礼物》，以及由列维-斯特劳斯所作的编辑与更正。显然，分析的第一步是打破本土理论，即认为礼物是一种没有回报的礼物的生活

25

---

[1] "可溶解的鱼，难道我不是可溶解的鱼吗，我出生在鱼的标志下，人的思想是可溶解的！"（André Breton, *Manifeste du surréalisme*, suivi de *Poisson soluble*, Paris, Éditions du Sagittaire, 1924, p.68.）

[2] 暗示拉罗什福科的一句格言："伪善是邪恶向美德的致敬。"（*Réflexions ou sentences et maximes morales*, 1678, §218.）

[3] P. Bourdieu, *Le Sens pratique*, *op. cit.*, p.183, note 16.

经验。《论礼物》提出了没有回礼（contre-don）就没有赠礼的基本命题，并提出了礼物人类学分析的对象、所构建的对象、真实的对象并非作为一种无回报的、慷慨的赠礼行动，而是一种交换结构。在某种程度上，交换先于初始赠礼行动，并构成了后者的基础。在座各位的大多数都熟悉莫斯的分析。它被重新出版在《社会学与人类学》(Sociologie et anthropologie) 一书中，列维–斯特劳斯在书中对莫斯的作品进行了非常著名的介绍。莫斯的作品对 20 世纪 60 年代的人们来说是一种结构主义宣言。[1] 我认为我们必须坚持莫斯论证中的一些细节：正如我们今天所谈论的许多结构主义一样——大量令人生厌的书大谈特谈结构主义历史，把一切都混合在一起，把没什么可读价值的东西放在同一个袋子里 [2]——在我看来，回顾一些基本原则是很重要的。列维–斯特劳斯认为，莫斯是真正科学的人类学理论的奠基人。同时，他之所以与众不同，是因为他批评了他所没有完全打破的本土经验，并用从美拉尼西亚人那里借来的本土理论来客观地描述本土经验。

　　我再详细论证一遍。列维–斯特劳斯坚持认为，对礼物的分析必须改变对象：它必须从礼物转向交换，换言之，转向一种对交换行动的超越性关系，这种超越性关系一旦被阐明，就与生活中的经验真理相矛盾（没有回礼就没有赠礼），即列维–斯特劳斯在导言第 35 页所谓的"现象学真理"[3]。这是他唯一一次谈论现象学。"现象学"一词很有趣，因为它适用于德里达的解释。我将回到这里，德里达实现了一种惊人的悖论：德里达根据从人类学描述中所借用的论据

26

---

[1] 布迪厄评论过克洛德·列维–斯特劳斯对这篇文章所使用的作序策略，后者通过介绍马塞尔·莫斯的作品来为他的"结构主义"辩护（具体见 Sociologie générale，vol.2, op. cit., p.96—97）。

[2] 暗指弗朗索瓦·多斯，见 François Dosse, Histoire du structuralisme, 2 tomes, Paris, La Découverte, 1991 et 1992。

[3] 布迪厄进一步引用（见本书原书第 27 页）克洛德·列维–斯特劳斯坚持区分"一种纯粹的现象学给予 [以及] 一个比它更简单的基础结构，它承担起了所有的现实"(C. Lévi-Strauss, « Introduction à l'œuvre de Marcel Mauss », art. cité, p.XXXVIII)。

来描述现象学，而人类学描述是针对这种现象学描述而建立的。对于交换的描述与现象学的描述相矛盾的情况，列维-斯特劳斯写道："因此，整个理论都要求存在一个结构，其经验只提供碎片、零散的构件，或者更确切地说是元素。"[1] 换言之，朴素的、前莫斯时代的人类学家坚持把这些元素保持为独立的碎片：他没有把赠礼和回礼联系起来，以建立这种交换结构，而这是赠礼和回礼的真理。

因此，列维-斯特劳斯以一种互惠结构，取代了一系列不连续的、不相关的行动。莫斯预见了这一点，但列维-斯特劳斯指出他没有坚持到底，也就是说，莫斯把交换理论视为自足的，直到列维-斯特劳斯看到这种交换行动的交换结构的首要地位足以充分说明交换行动的存在。在某种程度上，莫斯在接近本土经验的本土理论中寻找交换行动的驱动力。在没有看到交换的原则与其驱动力的结构的情况下，他必须发明一种力量，"一种迫使礼物流通、被给予、被回报的美德"[2]，因为给予是不自然的。为什么要给予（或收到时为什么要回报）而不是不给予（或不回报）？因此，莫斯援引了"豪"（hau）这种力量，即美拉尼西亚土著人用来解释赠礼与回礼的方式。正如列维-斯特劳斯所说，他引用道："特别重要的问题是，一个特定社会的人们理解无意识需要依赖一种意识形式，而其原因则在别处。"[3] 列维-斯特劳斯批评莫斯在这种交换中保持了意识哲学的水平，这种交换的真理是在一种超越意识的无意识结构中，不可还原为可以以意识进行体验的事物。因此，列维-斯特劳斯借助了礼物交换和语言交换之间的类比。他把交换礼物作为普遍交流理论，即结构人类学的一个时刻：交换礼物、交换女人、交换话语、交换礼品

27

[1]　C. Lévi-Strauss, « Introduction à l'œuvre de Marcel Mauss », art. cité, p.XXXVIII.

[2]　M. Mauss, « Essai sur le don », art. cité, p.214.

[3]　C. Lévi-Strauss, « Introduction à l'œuvre de Marcel Mauss », art. cité, p.XXXIX.

等。所有这些交换都被归入同一类交换的范畴，它的结构是人类学科学的主题。列维-斯特劳斯把它与语言学联系起来：他说，如果莫斯把礼物作为一种结构，他会像特鲁别茨科伊（Troubetzkoy）和雅各布森（Jakobson）一样，区分"一种纯粹的现象学给予，而科学分析对其无效 [**布迪厄评论说**：这是一个假设]，以及一个比它更简单的基础结构，它承担起了所有现实"[1]。换言之，在这种现象性的给予下，以及在这种现象学礼物的生活经验的背后，隐藏着一种无意识的结构，这是交换行动的真理，也是施动者对它的神秘体验。这是列维-斯特劳斯的结构人类学中最有力的部分，在我看来也是最具争议的论点之一：科学家可以在某种程度上抹去生活经验、本土经验，在某种程度上，他可以接触到这种人类学无意识，这种无意识可以通过 [施动者的] 行动或言语来传达（只要它们是基于语言结构来构造的），但这从来不完全存在于言语中。这种结构的不可还原性及其在行为或言语中的表现，在某种程度上导致了本土经验的丧失，并将其排除在科学世界之外。因此，任何基于这种经验的一种现象学的科学都没有任何意义。列维-斯特劳斯持一种维特根斯坦般的激进观点：基本上，生活经验是难以捉摸的，无论如何，它都毫无意义。

重新整合生活经验，做实践理论

在我看来，列维-斯特劳斯的这些假设应该受到质疑。我不知道这些人之间是否有很多重大的共同点，足以让他们被一同归类为"结构主义者"，但我认为阿尔都塞派，比如福柯，会接受这一人类学理论，把这种对生活经验和现象学的否定，作为获得生活经验的

[1] C. Lévi-Strauss, « Introduction à l'œuvre de Marcel Mauss », art. cité, p.XXXV.

一种方式，以及用科学将生活经验纳入一门完整科学的雄心壮志，无论这是从现象学还是其他角度来把握。这是我一直反对的一系列事情。这就是为什么当我也被归类为结构主义者时，我会感到不安。在这方面，礼物的情况特别有趣：在我看来，真正解释礼物意味着将礼物的生活经验既描述为不可逆的、没有回报的（"我给予，我不想知道他是否会回报我"），又描述为客观真理，正如给予科学所理解的那样，这是一个结构化的、涉及回礼的交换时刻。[1] 我们如何将这两种真理结合起来？更具体地说，我们如何质疑人类学理论——莫斯、列维-斯特劳斯——对本土理论或本土经验的质疑？我称之为反思性原则：必须既要做一个关于什么是理论的理论，又要做一个**大致上**（*gross modo*）又不是理论的关于实践的理论。

它们是重言式的，但重言式往往是奠基性的：人类学家——莫斯，尤其是列维-斯特劳斯——的错误在于为实践的真理提供了一套理论，或者更准确地说，为证明实践的合理性而建立起了模型。这个错误——我认为我们可以称之为"错误"——在人类学中非常普遍。在我看来，这是人类学中的一个基本错误，我们可以在乔姆斯基的［作为一种理论］的**经济人**中找到，这就是为什么我坚持指出这一点。这一错误是把学者的思想放在施动者身上。为了以某种口号来谴责这种谬误推理，我总是用马克思的一句名言，那就是说黑格尔"为了事物的逻辑而要赋予事物以逻辑"[2]。在这种特殊的情况

29

[1] Pierre Bourdieu, « La double vérité du don », in *Méditations pascaliennes*, Paris, Seuil, 1997; rééd. « Points Essais », 2003, p.276—291.

[2] « Le point de vue philosophique, ce n'est pas la logique des faits mais le fait de la logique » （哲学观点不是事实的逻辑，而是逻辑的事实。见 Karl Marx, *Pour une critique de la philosophie du droit de Hegel* [1843], in *Œuvres*, t. III: *Philosophie*, trad. Maximilien Rubel, Paris, Gallimard, « Bibliothèque de la Pléiade », 1982, p.886). 其他译本中更接近布迪厄所引用的形式为 « Ce n'est pas la Logique de la Chose mais la Chose de la Logique qui est le monent philosophique » （哲学时刻不是事物的逻辑，而是逻辑的事物。见 Karl Marx, *Critique du droit politique hégélien*, trad. Albert Baraquin, Paris, Éditions sociales, 1975 [1843], p.51).

下，列维-斯特劳斯所做的是在礼物施动者的头脑中建立一个模型，以反映他们赠礼的事实，也就是说，假装结构（当然我会说，人们认为"结构是超越的［transcendant］"，词语是隐藏的）、交换、超越交换行动的关系，是优先的，并建立了交换的经验。结构是一种**机械降神**（*Deus ex machina*）。它是解释性的，它反映了它所描述的。为了让它负责，它必须在某个地方，而为了让它在某个地方，它必须在无意识中，并因此在施动者的头脑中，因此在他们行动的原则之中。这一人类学错误掩盖了所建立的模型与施动者的经验之间关系的基本问题。

在我看来，这个问题是首要的：在科学实践中，没有一个时刻你会不遇到它。对人类行为的社会学分析，无论是什么，都需要建立模型来理解与解释。因此，我们有必要考虑模型之间的差异这一原则，也就是使模型构建成为可能的理论姿态，以及模型所应呈现的实践，以及在没有模型的情况下根据模型运行的实践。我在一开始（贬义地）提到的理性行动理论清楚地阐明了自身的谬误推理：它混淆了逻辑的事物与事物的逻辑，例如它认为，社会施动者对银行进行信贷和储蓄的经济实践是理性的，是因为他们以理性的经济施动者出于有意识的利润最大化意图而采取行动的理性原因为原则。在赠礼的情况下，我们也处于类似的情况：从某种意义上说，社会施动者不知道他们在做什么，因此当人们要求他们表达他们所做的事情的原因时，他们就发明了本土理论，这些理论仅仅是对他们在其他方面所产生的生活经验的编纂，此外就是现象学。因此，他们在逻辑理论与实践之间留下了一条巨大的鸿沟，而这正是我们这一理论正试图表达的。必须有一种无畏的科学主义来说明，学者们有理由去反对本土经验，但这不算问题；真正的问题是要知道，在构建本土经验模型时，学者们是否不应该做一种不让自己质疑本土经验的操作，并引入既包含模型又包含现实与模型之间差距的一种模型。明确询问模型与实际经验之间的差距，简单地说就是，将需要一个把结构主义视角与现象学视角相结合的模型。

科学所摧毁的时间

为了更好地解释这种科学效应，我们有必要反思科学实践的逻辑。由于［在这里这样做］需要很长时间，我将从《实践感》中回顾我对这个主题的分析。[1] 我引用了胡塞尔的一篇文章，这篇文章没有引起太多的注意，但我认为从社会科学的角度来看，它是非常重要的：胡塞尔坚持认为，科学倾向于用他所说的单义性取代多义性，简单地说也就是瞬时化或共时化。[2] 他说，科学在某种程度上破坏了时间性，破坏了其对象的时间结构，仅仅是因为为了获得模型，它必须克服时间。这就提出了一个问题，即克服时间需要多长时间，因此也提出了并不参与行动的学者的位置问题。这些都是我们能在笛卡尔那儿找到的旧思想。我们重复"没有时间限制"[3]等，但我们不会从中得出任何结果。例如，要理解赠礼与回礼的存在，就需要在某种程度上混合赠礼时刻和回礼时刻。因此，我们必须在不知不觉中消除这一时间间隔。我要重新引入一个决定性的时

31

---

[1] 见 P. Bourdieu, *Le Sens pratique*, *op. cit.*, p.135—166。

[2] 见 P. Bourdieu, *Le Sens pratique*, *op. cit.*, p.140（布迪厄在此引用了 Edmund Husserl, *Idées directrices pour une phénoménologie*, Paris, Gallimard, 1950, p.402—407）。

[3] 此处暗指这段话："毫无疑问，在我们的生活方式中，我们常常被迫接受一些只是颇为可能的观点，因为在能够摆脱所有疑点之前，我们几乎总是没有机会在我们的事务中采取行动。当我们就同一问题遇到许多这样的观点时，尽管我们可能并不比其他人更有可能，但如果行动没有时间限制，那我们要选择其中一个观点的原因，并且一旦我们选择了它，我们就会一直跟随它的原因，仿佛我们认为它是其中最为确定的。"（René Descartes, *Principes de la philosophie*, Paris, Gallimard, « Bibliothèque de la Pléiade », 1937 [1644], p.433.）

间间隔，在我看来在这一间隔中，生活经验和学术经验能保持一致。例如，建立一个系谱[1]是一项耗时的工作，但建立后效果会立竿见影，正如笛卡尔所说的**一目了然**（uno intuitu），它能让民族学家们在瞬间、一眼、瞬时、共时地掌握施动者们只能在时间中以生命经历的东西——生活三代需要三代人——只能断断续续地讲述，而不能像笛卡尔所说的那样**完全模拟**（total simul），即"一切完全同时"。客观主义者所常常忽视的客观化的秘密是，通常为了客观化，你必须令一切共时化：例如，图表、示意图、概要——概要，它就是一目了然，是概览化的——给你只在时间里才活着的那些东西的一个单一视角、一个瞬间、一瞥，也就是说——这就是我要推进的论题——以一种隐藏结构的形式。

　　我来举另一个例子，它为我的大部分思考提供了基础。人们没有反思日历表的概念，尽管它是最基本的。早年的教士们是日历表的作者，因为男人、女人、城市居民、农民等等的不同人的时间必须要同步。[2]在我年轻的时候，我必须制作农业历法[3]，也就是说，我必须从知情者那里收集所有关于季节、活动和仪式（男性的、女性的、开耕的仪式等）的信息。就像做家谱一样，我写、做笔记、画图表等等。《实践感》中充满了图表，这些图解将直观、瞬时地展示一年的整个周期以及在其中进行的所有活动、谚语、格言，以及你能想到的一切。本土经验恰恰排除了这种可能性：人们没有为自己的周期绘制一幅蓝图的想法；我们可以一步步地动员起来，也就是通过小块，通过片段，科学可以通过一项耗时的工作来掌握这一整体，这项工作需要时间，也就是空闲时间，即**闲暇**（skholè）。

---

[1] 见 P. Bourdieu, *Le Sens pratique*, *op. cit.*，特别是 p.59—60, 271 *sq.*。

[2] 几年前，布迪厄在他关于国家的课程中，分析了日历作为一种集体调控时间的工具的发明。见 *l'État*, *op. cit.*, p.25 *sq.*。

[3] 见 P. Bourdieu, *Le Sens pratique*, *op. cit.*, p.333 *sq.*。

学究观点

基本上，我所说的错误也就是奥斯汀所称的**"学究偏见"**（*scholarstic bias*）[1]：即学究的谬误推理，学究的观点。为了充分理解奥斯汀的惯用语言，我们必须从词源学的角度来理解"学究"[2]：学究观点也就是学校里的人，即休闲人士们的共同观点。奥斯汀在谈到语言的语法用法时使用了这个短语：语法用法是指那些除了分析语言之外什么都不用做的人，而不是那些用语言做某事的人，比如律师——这是柏拉图的一个著名例子：漏刻计时，形势紧迫，我们再次发现了时间[3]。[那些使用语言的人]必须在恰当的**时机**（*kairos*）说话，他们被紧急形势困住了，他们必须说正确的话，他们没有足够的时间，他们受到形势的限制。而学究观点则是有时间克服时间而不知道时间的观点。它引入了一种偏差，因为它没有在模型中引入解释模型和实验之间不匹配的模型构建条件。因此，它不能建立一个完整的经验理论，使人们的经验与学者为了解释和理解这种经验而建立的模型相协调，但如果没有 [这种理论]，它就不完整。

我马上就给出下一讲我将要展开的关键：由于我认为可以理解的原因（学者不认为自己是学者……），列维-斯特劳斯模型掩盖了

反思性分析。反思性分析的实践很多，但人们常把反思与自恋混为

---

[1]　J. L. Austin, *Le Langage de la perception*, *op. cit.* 原书的摘录（*Sense and Sensibilia*, Oxford, Clarendon, 1962, p.3）见 *Sociologie générale*, vol.2, *op. cit.*, p.1024, note 2。布迪厄将在《帕斯卡尔式的沉思》中详细讨论这一点，尤其是在第一章《对学术理性的批判》中。

[2]　希腊语单词 *skholè*（σχολή）的意思是"闲暇"，但也指休闲的地方（区别于实践性的职业），即"学校"（拉丁语为 *schola*）。

[3]　暗指《泰阿泰德篇》中的一段话（172e—173a）：哲学家有充分的时间，而律师必须在法庭上遵守漏刻计时所规定的时间，那是一个水钟，就像沙漏一样，限制了每个人的发言时间。

一谈。我所作的反思性分析尽可能不自恋，因为它揭示了人们不想知道的事情：它甚至没有发现独特的力比多（libido），但事实上，我们的一些想法与我们在社会空间中的位置有关。更普遍地说，它在这种特殊的情况下能发现一些事情，那仅仅是因为我们是思想家，我们不参与行动，我们有时间思考别人的经历。因此在我看来，在一些思想家的错误之中，**学究偏见**是其中最难发现的。这就是为什么它如此普遍，在最伟大的思想家中也能找到。它忘记了什么是思考，忘记了如何成为思想家。它忘记了思考得以可能的社会条件，大体上是把思考者的思想塞进被思考者的思想中。通过我要说的，你会看到这非常具体。

[在列维-斯特劳斯对礼物的分析中，]被遗忘的是赠礼和回礼之间的时间间隔，因为思想是共时性的。在所有的社会中，回报是绝对必要的，但你必须还一些不同的东西，因为还完全相同的东西是一种拒绝的方式，那就像是直接归还收到的东西或者立即归还一样。回礼必须延迟以及不同。它应当在尽可能晚些时候才达成。我将向各位展示交换模型的普遍性（有赠礼和回礼，也有挑战或冒犯，以及回击、质询和回应等），但对时间间隔的管理会因初始行动的性质、入侵的性质而有很大的不同。当涉及维护名誉的挑战时，拖延太久会引发懦弱的指控。但重要的是，有这么一种义务要以不同的方式返还不同的东西。这种对时间秉性的差异——我们会以另一种涵义发现德里达——让它变得不同，而这便是生活。

35　　　　为了解决这个我费劲提出的谜团，为了让人们能谈论莫斯和列维-斯特劳斯曾谈过的，对美拉尼西亚土著人或我们自己所经历的礼物，礼物必须是延迟且不同的；这是因为施动者们可以在一段时间间隔里与礼物一同生活，而不必立刻回报他终将回报的那份礼物。他们活在不连续的行动中，活在一系列自由的决定中，活在一系列强有力的约束行动下的一种行动中。因此，列维-斯特劳斯说礼物受约束，这是对的。它在结构的约束之下，召唤一个回礼，并强制执行这个词的所有含义：它迫使他者作出回应，并使之处于被强迫状态，直到他还清为止。这就是一切的悖论。我们应该要重新引入列维-斯特劳斯式的礼物交换分析中奇怪地缺失了的时间，必须重新引入时间间隔，以理解施动者为何能以不同的方式进行礼物交换、而不令他们失信这一生活事实：他们有理由如此生活，生活就是如此。[1] 我们必须扪心自问，他们如何能以一系列慷慨行动进行生活而暂无回报，这些行动只铭刻在交换结构之中。要做到这一点，时间间隔是不够的。他们必须能不诚实地进行这项工作，在萨特的意义上对自己撒谎：我知道我给了他，他也会还给我，有时我甚至知道我给他是为了让他回礼，但我不想知道，我可能不知道，我可以假装不知道，我甚至可以深深地相信这不是人类学家所说的那样，因为一连串的时间经验消融了结构。这种结构在接续交替中消融，因此是无法察觉的。

此外，在我看来，列维-斯特劳斯的结构分析的一个悖论是，它摧毁了人类学家的所有优点。一个问题是，为什么很难找到交换的结构，为什么像莫斯这样的天才，再加上列维-斯特劳斯这样的天才，两人一起才能找到这种结构。如果说这种结构难以挖掘出来——这就是我们所看到的社会科学的独创性与艰难之处——那正是因为，它被基于交换的时间结构的一切个体的和集体的工作深深地、主动地压抑着。但这仍算是一种分析，比方说，一种个体主义的分析；接下来，重要的是要问自己，为了使这种自欺结构发挥

36

---

[1] 更普遍地说，此处也能找到布迪厄在任何社会学分析中都揭露的三个时刻：记录社会主体的经历的主观主义时刻（特别是通过访谈）；基于统计、打破经验并揭示了行为的客观真理的客观主义时刻；以及包含对主观进行的客观呈现的第三时刻。

作用，为了使一个人能够对自己撒谎，必须满足哪些社会条件。萨特对自欺（mauvaise foi）的著名分析属实有问题[1]：自欺（"我骗自己"）意味着，我们所做所想的都不是我们所做和所想的。一个人怎么可能既自己说谎又被自己骗呢？我认为，在萨特或埃尔斯特这样的意识哲学中，不诚实的问题是无法解决的（在《尤利西斯与海妖》中也有同样的问题[2]）：如果主体故意对自己撒谎，他就不可能不知道自己在撒谎。因此，要使自欺成为可能，就需要另一种意识哲学，而不是像列维-斯特劳斯那样的无意识哲学，还需要社会条件来建立这种与自己的非常特殊的关系，即信念关系。因此，我们需要一种信念哲学。我的演讲到此为止。

---

[1] Jean-Paul Sartre, *L'Être et le Néant*, Paris, Gallimard, « Tel », 1976 [1943], p.82—107.

[2] Jon Elster, *Ulysses and the Sirens. Studies in Rationality and Irrationality*, Cambridge, Cambridge University Press, 1979.

第二讲　1993年4月8日

听众提问：哲学家的无畏。回礼之于礼物的错误映射。超越礼物的主客观。三种差异。前资本主义经济对计算精神的阻挠。经济秉性与集体压抑。魅惑的经济关系。集体无知的基础。失落乐园的乡愁。

听众提问：哲学家的无畏

我首先回到［上一讲结束后］听众向我提的两个问题。第一个问题涉及参考书目：“说与他人交谈是一种系统性侵入的那位语言学家叫什么名字？”他叫查尔斯·巴利，这一观点在 1965 年日内瓦的德罗兹出版社出版的《语言与生活》(*Le Langage et la Vie*) 一书中。另外，我提到了列维-斯特劳斯对特鲁别茨科伊和雅各布森的引用，在《社会学与人类学》的第 35 页（法国大学出版社，1950 年）。最后，有人问了我一个有点讽刺但非常相关的问题：“关于雅克·德里达的分析，你多次使用'激进'一词：这种非常经典的解构及其预期的悖论何以是激进的？"我不想回避这个问题。我想指的是"激进"一词最平凡的含义：我认为哲学家，特别是当他们独当一面之后，他们自己就是"激进"的。我可以引用路德的话（"*Pecca Fortiter*"，即**勇敢犯错** [1]）：这些哲学家的功绩就是在特殊情况下无畏地犯错。[2] 萨特经常很莽撞，德里达也时不时如此，因此我认为他们走向了极其彻底的极端形式的错误，即现象学的错误。我认为，极其彻底、极端、无畏这些措辞方式十分有趣。[我说]"无畏"，是因为你需要一点胆量和脸皮去面对两个世纪以来的人类学成就：这对一个单枪匹马的人来说就已经足够了。但相反，我的策略还是建立［在人类学的成果上的］，这可能正是哲学立场与科学立场之间的区别之一。但当我说"无畏"时带着微笑，是因为我想到了这种无畏和这些无畏者的许多优点 [3]：像德里达提出的那样分析就会提出一些独特的问题，而对科学传统的信任可能恰恰会压抑住这些问题。我向你们提出的一些想法，既建立在传统的基础上，以及我在实践中所能写出的东西的基础上——我将重复几次——又在阅读德里达的文本时得到了加强和启发，这对我来说既有些烦人又非常具有挑战性。

---

[1] "*Pecca fortiter, sed fortius crede*"（勇敢犯错，但更要坚信）这句格言出自路德 1521 年 8 月 1 日写给菲利普·梅兰希通（Philippe Mélanchthon）的一封信。

[2] 关于萨特的"极其彻底"的进一步讨论，尤见 *Sociologie générale*，vol.2，*op. cit.*，p.201，915—916，950；关于"伟大的哲学以极其彻底的方式发展人类的精神倾向"这一能力的论述，见 *Sociologie générale*，vol.1，*op. cit.*，p.274。

[3] 布迪厄与德里达在 1949 年的预科课程中相识，并在高等师范学院一同学习，之后又在阿尔及利亚重聚，尽管他们有所分歧，但有着互相尊重的关系，常常能够一起辩论（见 « Derrida-Bourdieu. Débat »，*Libération*，19—20 mars 1988）或分享同样的政治承诺，特别是在 20 世纪 90 年代关于外国人的权利。

回礼之于礼物的错误映射

我回到我上次说的地方。我已经指出，在礼物问题上我们可以采取三大类立场：我称之为现象学的立场，德里达给了这种立场一个极端的形式；我称之为"结构主义者"的立场（结构主义一词应始终用引号，但在这里的特殊情况下，它可能是最符合本意的，因为如果有一个案例可以说是结构主义的，那就是结构语言学和直接受其启发的列维-斯特劳斯）；最后是我将在前两个立场的基础上提出的立场。

德里达的立场很有趣：它为现象学分析提供了一种非常激进的形式，分析了赠礼在生活经验上的真理，因为他［德里达］是一位非常好的现象学家，但这也是因为他阅读过结构主义作品。他的分析得出了一个实际上不可能的非常矛盾的结论，即现象学分析的赠与经验仅仅是无偿的、慷慨的、无私的（赠与并不存在，赠与的可能性在术语上是矛盾的），因为这指涉了结构分析所揭示的礼物的真理，即赠礼总是涉及回礼。对德里达来说，给予是一种自我毁灭的行为，因此是不可能的。正如他在书中反复指出的那样：赠礼不是给予（le don n'est pas don），因为它涉及回礼的计划。我们知道给予是存在的，我们见过它，但这位哲学家告诉我们，它不存在，因为根据定义，它不是他认为的那样：慷慨、无私、无偿，以及无私品行［对德里达来说］是不可能的。

在这一点上，我可能会胜出：我很久以前就曾在《实践感》第191页写道（那句话太长，我就不念了），理论建构中存在矛盾，即

"将回礼映射回（projeter）赠礼的计划（projet）中"[1]。这正是德里达所做的：我们从人类学分析中知道，这一点是建立在生活经验之上的；而对此，现象学家则通常认为，生活中那些无回报的礼物会得到回报，会存在着一种回礼；在这种对礼物的客观真理的认识指导下，人们［雅克·德里达］回顾了礼物的经验，把回礼映射到了礼物之中，假装礼物中有回礼的一种计划。"计划"（projet）[2] 一词很重要：一个人假装礼物有意识地暗示着接受回礼的计划——计划的概念意味着意识的概念，德里达经常谈论意识。也就是说，一个人把礼物当作是为了得到一份回礼，这样就没有更多的慷慨了。这么说有点粗鲁。德里达进行了提炼：他说道，当一份礼物如此认识到并承认自己是这样一种礼物（其实他也不会说这么天真的话），这就包含了对自己的否定，因为它包含了对承认的认识：我知道接受者会感激我，因此我并非真正的慷慨。这就是全部的悖论——我曾读过相关的文章。因此，［在《实践感》中］我就提前写了一些预先反驳——这比**事后**（*ex post*）反驳更有价值——针对德里达所说的话（顺便说一句，德里达说了我写下的这些东西，但没有说出来，就像哲学家们常做的那样：哲学家并不真正阅读；如果他们真的读书，哲学和社会科学都会好得多——这是我想顺便提的一个小插曲……）。

---

[1] "将回礼映射回赠礼的计划中的理论构建，其效果不仅是将日常策略的冒险而必要的即兴偶发转化为一系列机械化的行动，这些策略因以下事实而变得无限复杂：赠与者未经证实的计算必须依赖于受赠人未经证实的计算，这样才能满足貌似无视他们的受赠人的要求。在同一操作中，它在消灭了由制度组织并保证的误解的可能性条件，这是礼物交换的原则［……］在持久的关系中，因为这种关系是以实物为基础的。"（P. Bourdieu, *Le Sens pratique*, *op. cit.*, p.191.）

[2] 布迪厄经常批评计划（projet）的概念，特别是让-保罗·萨特提出的"原始计划"（projet originel）的概念（例如见 *Le Sens pratique*, *op. cit.*, p.84）。在1966年的一期《现代》杂志的结构主义特刊中，布迪厄发表了一篇文章，针对萨特的"计划创造者"（projet créateur）这一（哲学）概念，他发展出了"知识场域"（champ intellectuel）这一（社会学）概念（见 « Champ intellectuel et projet créateur », *Les Temps modernes*, n°216, 1966, p.865—906）。

超越礼物的主客观

在回顾了德里达的分析之后，我回到自己之前暂停的地方：无论是现象学的观点还是结构主义的观点，都不能真正解释我们所经历和观察到的礼物，以及当我们用客观视角和科学客观性向外看时，也不能解释我们所生活和经历的礼物与我们所描述的礼物之间的矛盾，我们会说："先生，你不是在做你认为自己在做的事。你认为你自己送出了一份没有回报的礼物，而事实上，不管你是否知道，不管你是否喜欢，你都在送出一份注定会得到回报的礼物。"我们必须认真对待这种对立，反对（或者同时接受和拒绝）客观主义和主观主义：我们必须接受礼物的主观真理和客观真理，以及自称是两者之一的理论，以便建立起一种礼物理论，将作为无回报的礼物主观真理与其客观真理整合起来。德里达对我再次颇有帮助。我经常重复这一点，但这对那些从社会学场域开始进入这个议题的人来说非常重要：作为一名有科学抱负的人类学家，我们最好在我们的学科中引入一种哲学家自称垄断了的实践；我们必须养成一种习惯，永远重新思考我们认为我们在想什么，并试图把同一观点重复验证几次。这可能会导致纯粹而简单的重复（比如我今天讲给各位的部分内容，其实已经写好并重新检验了很长一段时间），但也可能导致新事物的出现，因为社会学家的道德观没有表现出哲学家经常为自己所构建的那种非凡气质，当然我们也可以非常出色。在这里，我要感谢哲学家德里达，他让我找到了一些我之前没有完全解释清楚的东西，这些东西就是为了回应他的分析而做的。这就是为什么我认为他的分析很重要。

42　　正如我上次所说，解决这一矛盾的第一步是引入时间间隔。好的观察者，比如莫斯，会注意到回礼最终会被归还。莫斯注意到了时间间隔的存在，但他没有从中得出任何东西。作为一位优秀的人类学家，他读过不少人类学著作，发现了大多数人类学描述所明确表达的这一属性，但他没有从中得出任何结论。正如我上次所说，时间间隔是非常重要的：它处于两者之间，它是两个连续行动之间的一种间隔，但科学使它消失，因为科学总是（用胡塞尔的话来说）单义性的，而非多义性的，它是混合的、同步的、共时的。在这种特殊的情况下，对科学实践和作为一个科学家的固有属性的那种反思，使我们能够发现这种科学效果，这种效果经常会破坏其对象的属性。关于人的科学，我们可以用一些哲学家们喜欢的关于海森堡不确定性概念的话题[1]等等：社会学家经常处于这样的境地，只有通过认知模式才能知道事物，但这又使他面临着会摧毁知识对象的那些决定性的属性，特别是时间属性的风险。像"结构对历史"这样的**拓扑**（*topoï*），在结构主义时代有很多（据说结构主义者忽视了时间），其中部分是真实的；诚然，结构主义的姿态往往忽视了实践的时间维度。在［礼物这一］特殊情况下，以及在［分析］婚姻交换、仪式和大多数实践中，结构主义倾向于消除实践的一个基本维度，即是什么使实践是实

43　　践而非理论（就像理论在试图从时间流中提取内容时才是理论）。实践在其生活和客观现实中，本质上都是时间性的。在礼物这一情况下，给予时刻和接受时刻之间的时间间隔可能会非常长。

　　我来举一个具体的例子：代际关系。我们不习惯用赠礼和回礼的逻辑来思考它，莫斯甚至没有提到它，但这其中有着一种代际象征

---

　　[1]　指量子力学创始人之一维尔纳·卡尔·海森堡在 1927 年提出的"不确定定理"（或"测不准原理"）。该定理指出，对于一个粒子的两种性质而言（例如它的位置和速度），对一个粒子的认知精度的任何提高都会导致对另一个粒子的认知精度的降低。

交换的经济学（这就是我今天要谈的：象征交换经济学的具体逻辑）。它基于这样一个事实，即给予时刻和接受时刻被一代人所隔开，有时甚至是更多代人，这就是为什么**爱**（*philia*）[1]，例如母爱，可以像无回报的爱一样存在着。这是永远无法得到回报的，也不是为了得到回报而产生的。时间间隔应予以考虑，因为它使生活经验和客观经验之间的实际协调成为可能。如果人们能以另一种方式令礼物实现，如果人们能讲述关于礼物的故事，如果人们能对礼物评论几句，如果就礼物而言正如莫斯所说"社会总是为自己的梦想支付伪币买单"[2]（这是一位社会学家，甚至一位思想家所能写出的最精妙的句子之一），在科学的并置与混合两个行动之间存在着时间上的差距。

三种差异

这是我要提出的三件事中的第一件。这三件事是为了解决生活真理和客观真理之间的矛盾，以及现象学的主观主义和结构主义的客观主义之间的矛盾。在我逐步展开论证之前，我先直接把我要介绍的东西说一下：第一，时间；第二，施动者与行动的另一种哲学；第三，作为有其特定逻辑的经济秩序的一种象征性商品的经济理论。我将会先从时间开始讲，但我要说两句关于施动者与行动哲学的话：从意识与意图的角度来思考行动，必须用秉性（disposition）或惯习（habitus）来代替思想。使两个相互矛盾的真理存在的另一原因是，

44

---

[1] 在法语中，希腊语"友爱"（*philia*）一词通常被粗暴地翻译成"友谊"（amitié），而特别是在亚里士多德的《尼各马可伦理学》中，"*philia*"一词指的是两个人之间的无私关系。

[2] "归根结蒂，社会总是为自己的梦想支付伪币买单。"（Marcel Mauss et Henri Hubert, « Esquisse d'une théorie générale de la magie », in M. Mauss, *Sociologie et anthropologie*, *op. cit.*, p.119.）

导致了人们给予的是给予的倾向，而不必是一种给予的意图（除非是公司的礼物，正如后面我们将要讨论的，经济体必须作为经济来构成，以便纯粹的经济意图成为可能）。用德里达的话来说，"有礼物""它给了"（"*es gibt*"，正如他所说的 [1]）是因为有施动者"准备给予"（disposés à donner），这不仅仅是"倾向于给予"，而是"有能力给予"：他们对慷慨有着持久的秉性，这种秉性是通过沉浸在一个象征性商品经济中而形成的，在这个经济体中，心照不宣的游戏规则是：给予是好的，给予者会从某种特定类型的利益中获得象征性利益。因此，这是一个［根据］意愿和［根据］意识进行分析的问题。最后，我建议引入象征性商品经济，即存在特定形式资本的经济秩序（我称之为"象征资本"）、具体形式的利润（我指的是"象征利润"）和具体形式的象征性"意图"（慷慨秉性）。我将要提出的一个问题是，在这些世界中的经济秉性是存在的，而且是有回报的，但这在我们的社会里还有吗？在我们的社会中，这些秉性在哪些领域得到回报？这是我今天想谈的内容的大致轮廓。

45 　　关于第一点，即时间间隔，我不打算详细说明（［……］在我来之前，我问了自己一个问题：如果我给各位当场读一些文章段落并评论，这不算太奢侈，但我更希望让你们自己再读一遍，我会告诉你阅读原则。在《实践感》中，很多事情讲得简略而洗练，以至于许多读过这本书的人可能会说："噢哟，我可没感觉读过这本书。"——但这本书还是有一些好读者存在，［我这么说］至少证明了我要做的一些重复的事情是合理的）。时间间隔使我们能掩盖生活经验和客观真理之间的矛盾，更准确地说，它把客观和持续的交流变成一系列完全不连续的自由与慷慨的行动。换言之，民族学认为

---

[1]　见第一讲，本书原书第 22 页。

的"有赠礼与回礼"是无限的，并制定了一个简单的模式，引入了连续性。[对于社会施动者而言，]这段时间间隔允许在赠礼和回礼[之间]引入一条分界线；于是一下子，回礼就变成了礼物：我们就有了"礼物／礼物／礼物"的连续。

这种转变很重要，有以下几个原因：如果说礼物是如此迷人，那是因为它最能体现象征性的炼金术，即它是社会研究工作的最佳场所。我再引用了莫斯的那句话："社会总是为自己的梦想支付伪币买单。"（我不记得他是在《论礼物》还是在《论巫术》(« Essai sur la magie ») 中这样说的，但礼物与巫术是同一个问题，同一个故事）礼物是用来抓住社会研究工作的一个很好的机会——炼金术这个词很方便——通过它，你可以将经济转化为象征性的，通过它，你可以将可量化的物质商品的交换转化为与所交换商品的市场价值不可比的东西。所有民族学家都观察到，我们绝不能把礼物交换缩减为只是交换物品的价值那样的真理；在那当中发生了更多事情。这就是列维-斯特劳斯的一个著名例子：在法国南部的一个村庄[的酒馆]里，两个素不相识的人面对面坐在一张餐桌前；当侍者为他们上了一壶餐酒时，第一位把酒倒在第二位的杯里，第二位也把酒倒在第一位杯里。[1]就商品价值而言一切都没有改变，但发生了一些其他事情，一种炼金术，一种福音意义上的圣餐变体

46

---

[1] "在餐费包含了葡萄酒的小餐馆里，每位客人的盘子前都有一小瓶通常不怎么值钱的饮料。这个瓶子和邻座的瓶子很相似，就像是一个女侍应在店里所分发的肉和蔬菜一样，但是人们对于液体食物和固体食物的态度立刻显示出了独特差异。这个代表对身体的强制，那个代表了奢侈。[……]与是一种个人福利的'日常菜肴'不同，葡萄酒是一种社会福利。这个小瓶子里的东西大约只能倒满一个杯子，且不会倒在持有者的杯子里，而是倒在邻座的杯子里，邻座会立即做出相应的互惠姿态。其间发生了什么事？这两个瓶子体积相同，内含液体的质量也相似。最终，在这个启示般的场景中，每位参与者都没有得到任何额外的东西，除非他已喝掉了自己那部分。从经济的角度来看，没有人赢，也没有人输。但事实上，交换中所产生的东西比用来交换的东西多得多。"（Claude Lévi-Strauss, *Les Structures élémentaires de la parenté*, Berlin, New York, Mouton de Gruyter, 2002 [1949]，p.68—69.）

(transsubstantiation)[1]：物质的酒变成了象征性的、友谊的酒。交流就被创建起来了。此处发生了一些事：那些不交流的人开始交流了。

这一古老的分析仍然是正确的，但必须更进一步。礼物交换将经济转化为象征，因为它创造了一些与所交换之物的价值不可分割的东西。因此对两个对话者来说，有一种共同交流的象征性利益，至少在两个对话者之间的身份平等以及对礼物和回礼的平等的假设中是如此（你将在后面看到事情更加复杂……）。这种炼金术基于一种否认（dénégation）、一种**否认**（*Verneinung*，在这里，我认为我们可以在弗洛伊德的意义上使用这个词），即一种行动，通过这种行动人们会说，什么不是什么，或者事物不是它们所是的东西。而其否认发生的事情可以用"银货两讫"（donnant-donnant）的逻辑来描述（一份礼物和一份回礼就组成了"银货两讫"），因为我们会说存在着一种"礼物—礼物—礼物"的连续性。正是由礼物与回礼两者之间的时间间隔所促成的给予的炼金术，由回礼被推迟和它与原本的礼物不同的这一事实，产生了对交换的客观真理的否认，同时也使其他东西得以存在。只有当给予者和接受者，即给予和接受的人，都同意拒绝承认礼物作为一种银货两讫的真理，只有在这种条件下，这种炼金术才有可能。有一种心照不宣的契约，或者确切说（"契约"一词不太恰当，因为人们是在无意识的和隐含的秩序之中），双方默契地反对客观真理：双方都同意说"我不想知道"。一切都像是两个施动者同意用伪币来交换礼物，并拒绝了解客观真理。

奇怪的是，当我对象征性商品经济进行一次完整分析时，我在《实践感》中把这种否认当作一种个体行动，这当然是精心策划的，

---

[1]　圣餐变体是指面包与红酒转化为基督的身体和血液的实质。这是根据福音书中所记载的耶稣在最后的晚餐时所说的话（"这是我的身体，这是我的血"）。

因为这两个施动者有同样的秉性，不打算把礼物当作礼物，但我当时低估了这种共同否认之所以可以存在的社会条件的重要性：这两个施动者中的每一个，都以某种方式在推行一种鸵鸟式政治，拒绝看到他们所做之事的现实；但这还是不够的，他们必须把自身嵌入社会。长期以来，为了在经济和社会世界有适当的秉性，你就该这样做，就像人们所说的"得这样才行"。我所描述的压抑与否认必须得到来自集体的鼓励与支持，并实际上要通过拒绝计算的教育来加以支撑。

前资本主义经济对计算精神的阻挠

我很快就会提到这种自相矛盾的经济，即前资本主义经济。在人类学家的著作中，有对这种经济进行的描述（而我现在要说的是，我们［也］可以从我们社会的子世界（sous-univers），如家庭中获得一个概念：这种经济模型在那儿依然非常有效，但那是小岛上而非在海中，是在计算的海洋中的孤岛状态——这是马克思在《共产党宣言》[1] 开头的一句名言：在一个只是作为避难所的世界里，**友爱**（*philia*）再也不能成为像在以**友爱**为基本法的世界里那样的生活经历了）。通过民族学分析，我们可以发现社会秩序的一般规律，而不仅仅是［在特定范围内］拒绝、否认（我说的是"否认"[dénégation]，而非"否定"[négation]）我们所理解的经济，也

48

---

[1] "资产阶级在历史上曾经起过非常革命的作用。资产阶级在它已经取得了统治的地方把一切封建的、宗法的和田园诗般的条件都破坏了。它无情地斩断了把人们束缚于其天然尊长的形形色色的封建羁绊，它使人和人之间除了赤裸裸的利害关系，除了冷酷无情的'现金交易'，就再也没有任何别的联系了。它把宗教虔诚、骑士热忱、小市民伤感这些情感的神圣发作，都淹没在利己主义打算的冰水之中。"（Karl Marx et Friedrich Engels, *Le Manifeste du parti communiste [1848]*, in K. Marx, *Œuvres*, t. I：Économie, *op. cit.*, p.163—164.）

就是经济作为交换礼物的客观真理；这是一种对"银货两讫"的否认。我指的是我很久以前做过的一些研究，它们分析了在前资本主义经济中培育起来的人们进入我们所熟知的经济体后的一种状况，以及前资本主义人被抛进"银货两讫"经济体时所面临的困难：在《阿尔及利亚的工作与工人》里，及其经过重新思考与浓缩的版本《六十年代的阿尔及利亚》里[1]，当时我描述了通过家庭秩序的社会秩序倾向于阻挠计算倾向和计算精神的集体策略，这是一种人类学上的普遍秉性。举一个（非常奇怪的）例子，马克斯·韦伯说，即便是作为反经济的避风港之一的宗教精神，也发明了祷告磨坊[2]，也就是象征性利润的最大化：如何在尽可能短的时间内获得最大的恩典？我们可以把宗教生产变得机械化，或以某种方式来让它福特化[3]，当一种宗教社会学传统在解释宗教实践时，会用**以物换物**（*do ut des*，"我为你的给予而给予"）的逻辑[4]：造物与造物主的关系因此是一种经济关系，在这种关系下，造物主给予的是一个我们能给予他供奉的条件，而造物的行为方式是为了获得赏赐，等等。比方说，各位可以去阅读勒高夫关于炼狱的那本书。[5]

（这是一个非常困难的社会学问题：是否存在某些普遍的人类学

49

[1]　P. Bourdieu, A. Darbel, J.-C. Rivet et C. Seibel, *Travail et travailleurs en Algérie*, *op. cit.*；P. Bourdieu, *Algérie 60*, *op. cit.*

[2]　参考以下注释："在绝大多数情况下，社区化总会以某种方式涉及经济方面。但是，这里不应采用不准确的用法，把经济看成了一切理性目的而进行的活动。根据那种宗教的教义，祈祷是获得一种内部'财产'的适当手段，然而即便对我们来说，它既不是一种经济行动，也不是任何符合经济手段原则的活动或生产。"（Max Weber, *Économie et société*, trad. sous la direction de Jacques Charvy et Éric de Dampierre, Paris, Plon, 1971 [1921]；rééd. Pocket, « Agora », 1995, t. II, *L'organisation et les puissances de la société dans leur rapport avec l'économie*, p.50.）

[3]　布迪厄在亨利·福特（Henry Ford, 1863—1947）的基础上创造的新词，福特是一种提高生产力的工作组织形式的创造者。

[4]　这一传统已经在马克斯·韦伯身上找到了："**以物易物** [……] 对所有时代、所有民族和所有宗教的大众的日常宗教信仰都是如此。即使是在这个世界上最遥远的宗教中，对'尘世间'的外在邪恶的厌恶和对'尘世间'的外在利益的吸引，都是任何正常的'祈祷'内容。"（*Économie et Société*, t. II, *op. cit.*, p.171.）

[5]　Jacques Le Goff, *La Naissance du Purgatoire*, Paris, Gallimard, 1981.

秉性？特别是**拜金狂热** [*auri sacra fames*]，这是普遍的还是社会构成的？计算的秉性，也就是用拉罗什福科 [La Rochefoucauld] 的眼光看待社会关系的倾向，是否普遍？[1] 作为社会学家，我们不太喜欢普世性的、人类学的、自然的这些词；我们的工作是揭露它，因为它经常用催人入睡的德性来解释一切 [2]，而且它经常掩盖自然主义、种族主义等政策。我们不太喜欢这样，但应当保持开放。我相信我们可以接受，计算的秉性是普遍存在的。）

50

无论如何，在经济支配法则否认严格意义上的经济学的社会中，在我们所理解的意义上，在经济支配法则否定"银货两讫"的社会中，此时的经济计算只存在于一种倾向状态中。因此，有趣的是，在卡比尔人中，我们所知道的经济是留给妇女的：这是男人描述的妇女经济，也是妇女根据性别分工实行的经济。在经济被否认的那个世界里，妇女的经济与我们所知道的经济最为相似：妇女贷款时会提出到期日，而一个有尊严的男人会说："你可以在方便的时候还我。"我们把计算与精确留给女人。在我们的社会里，这仍然是真的。[**布迪厄扮作一位丈夫，要求他的妻子**]"问他价钱"[3]，这意味着计算的意愿本身是社会分配的或社会允许的；在获得授权的情况下，它是发达的，它在获得授权的人中比在未经授权的人中更发达。因此，正如我们所知，与经济的关系在秉性上存在着差异，直到社会

---

[1] 这里，布迪厄再次想到了马克斯·韦伯的著作（特别是 *L'Éthique protestante et l'Esprit du capitalisme*，trad. Jacques Chavy，Paris，Plon，1964 [1904—1905]；rééd. Pocket，« Agora »，1985，p.57，以及更笼统的一节 « L'esprit du capitalisme »，p.43—80）。

[2] "鸦片有催人入睡的德性"是莫里哀给医学业士创作的一个重言式的例子，他在《无病呻吟》（第三幕，场景 14）中用了一句话来解释："我乃博学的医生 / 回答原因和理由，为何 / 鸦片能作用于睡眠 / 我回答说，/ 因为它其中有 / 催人入睡的德性。"

[3] 布迪厄特别提到了在房屋销售调查中收集到的观察结果（具体文章见 *Actes de la recherche en sciences sociales*，n°81—82，1990，致力于"住房经济"，其中大多数文章也载于 *Les Structures sociales de l'économie*，Paris，Seuil，2000；rééd. « Points Essais »，2014）："我们观察到，在购房过程中，各行各业的男性都不会低头询问，而是让女性问问题、问价格，如果可以的话，就可以了。如果不可以的话，那就是她们错了。"（« L'homme décide，la femme s'efface »，entretien avec Catherine Portevin，*Télérama*，n°2532，22 juillet 1998.）

经济在总体上被否认，计算精神在总体上被压抑。

我们应当说明所有的结构，比如亲属关系，如何为了组织起经济压抑的永久性场所。我在不同的书中引用了两个经济体之间过渡问题的例子：当一个卡比尔移民回到自己的村庄，在荣誉上受到挑战，他以一种货币挑战来回应说："你敢烧掉［一张钞票］吗?"；但他脚下的土地改变了，这让一切显得完全荒谬。另一个例子是（我举过很多次了），一个工人在得到了一种仪式性的给付后，被迫（他帮助建造了一座房子，这是一种集体的、圣性的行动，因此从定义上讲，它不受经济交换残酷事实的影响）要求以货币支付，尽管这将肯定会以货币来支付，但一般不是在这种时机下，尤其是在提出要求的时刻。[1]

文化适应和经济联系的情况，是我们对经济隐含事物的实践分析工具。顺便说一句：通过对这种象征性经济的基本原则进行非常粗略的分析，我当然可以预测我们经济的基本原则：我们所熟知的经济体将使压抑现象消失。社会场域通常是通过重言式来建立的（当你开始说"为艺术而艺术"时，艺术场域就建立起来了），经济场域是通过说"生意就是生意"来建立的，此外还有"做生意没有感情"，也就是"生意中没有**友爱**"。［于是］经济逻辑就不再是象征性的逻辑，只在家庭领域发挥作用。韦伯对此非常了解，他对经济学的"**作为**"（*als*）[2] 开展了很多思考，他说（当我引用时，总会有些重构，但我会去找出处的——但愿各位不要问我那些……）我们是从原本亲属关系作为经济关系模型的社会，走向了经济关系甚至

---

[1] 关于这两个例子的详细情况，见 P. Bourdieu，*Le Sens pratique*，*op. cit.*，p.315 et 194—195。

[2] 在德语中，连词 *als* 的意思是"作为"。基于场域自主化进程分析的干部动员，尤见 *Sociologie générale*，vol.2，*op. cit.*，p.157，1005—1006。

渗透入侵亲属关系的社会[1]，也就是说，我们甚至在情感世界中做生意，这在无论哪一个世界都令人难以置信。 52

　　因此，在整个经济秩序都建立在否认的基础上的世界中，礼物交换找到了充分实现的条件：双方的否认都得到了整个社会秩序的支持，整个经济秩序几乎无法想象以下情景：你从别人那里得到一罐牛奶后，把罐子空着送回去（还有一些神话方面的原因：空着会带来厄运，意味着贫瘠、不孕等等）。不言而喻的是，我们当然会送一些别的东西回去。是否应该这样做甚至是一个问题：在一个建立在各类条款和博弈空间之间的深刻协议基础上的完善的社会秩序中，很多事情是不言自明的；这里的问题是隐含的。研究意识和理性计算的经济学家（在我的分析中，他们离意识很远）忘记了这一点，但经济秩序在我们的社会中也以这种方式运作。施动者的秉性是从小就制定的，所以他们在作为经济的经济体中能够如鱼得水一般。我有一个很好的例子：当我在阿尔及利亚工作时，我在阿尔及尔的一份报纸上剪下了［一篇文章］：英国洛斯托夫特的小学生为了对抗惩罚而建立起了保险制度；他们意识到要结成伙伴；被惩罚的那个人会得到十五先令作为补偿，等等。[2] 这意味着三个世纪的资本主义文化[3]，也意味着为了计算的社会惯习已经深入肌理组成，并 53
成为秉性，我们不仅不能压抑计算，而且还要完成它。

　　而另一方面，我们知道，卡比尔人很难想象我们不会做他们

---

　　[1]　可能布迪厄思考了韦伯在《经济与社会》的某一节中所阐述的那种分析，该节题为"家庭社区的解体：功能角色的变化和'可计算性'的提高。现代商业公司的出现"（*Économie et société*, t. II, *op. cit.*, p.109—123）。

　　[2]　布迪厄在其他地方提到了："1959年10月29日报纸上报道的英国洛斯托夫特的这些孩子的故事，他们成立了一家惩罚保险公司，规定被保险人在挨打时会得到四先令，而且在某些虐待行为面前，制定了一项补充条款，规定公司对蓄意事故不承担责任。"（Pierre Bourdieu, « La fabrique de l'habitus économique », *Actes de la recherche en sciences sociales*, n°150, 2003, p.8.）

　　[3]　可能暗指柏格森的一句话，布迪厄会时不时地引用："培养一位像斯图亚特·密尔这样的功效主义者需要几个世纪的文化。"（Henri Bergson, *Les Deux Sources de la morale et de la religion*, Paris, Alcan, 1937 [1932], p.126.）

所做的那些事，他们也看不到我们可以做任何其他的事情，以至于（在他们的社会里）没有慷慨的美德。事实上，当慷慨不是美德的时候，就到处都有着慷慨；当荣誉不是美德的时候，就到处都有着荣誉，当荣誉受到威胁时，卡比尔人才开始谈论荣誉。这一人类学观察已经进行了不下百次：价值观受到威胁，就更值得庆祝；但只要它们是显而易见的，那它们就不言而喻，就没有人会想到庆祝它们。在这些综合的象征性经济的世界中，[有着]"象征大师"，可以说（这也是韦伯的另一个隐喻：他指的是宗教大师[1]），他的模范形象是一个留着漂亮胡子的有荣誉感的人，他在象征性中如鱼得水，对象征性经济秩序的要求反应迅速，而这常常让女人们哭笑不得（大笑或大哭），因为他这样会在市场上做傻事，造成大麻烦，例如，他会只因一颗牛头太棒了而想买它，或他会想儿子做割礼却忘了自己其实囊中羞涩。

我们还有另一个极端，它就是经济学著作所描述的**经济人**。他在经济上似乎如鱼得水，但这并不意味着他是一个理性计算者。他也不比那些荣誉之士更为理性。他确实拥有经济头脑、经济习惯，但这只是由持续沉浸在经济世界中所形成的秉性在反射状态下运作，以至于经济结构本身成为了心理结构，这样一来，你只需跟随心理结构所产生的东西前进，就可以适应经济，而不必进行理性的计算。54 我曾在最不利的案例中也核实了这一点：四五年前，也许更早些时候，我写了一篇关于雇主的文章[2]，这是一个表面上最符合官方所定义的**经济人**的行业。我一直在调查我们是否能猜到或理解什么是经济活动的原则。如果各位回顾一下，你会发现有一章是关于前辈的

[1] M. Weber, *Économie et société*, t. II, *op. cit.*, p.306—308.

[2] Pierre Bourdieu et Monique de Saint Martin, « Le patronat », *Actes de la recherche en sciences sociales*, n°20—21, 1978, p.3—82.

价值 [1]，例如作为老板的资历。有一系列证据表明，熊彼特式的企业
家 [2]，也就是理性经济计算者，是最接近社会核心阶层的，但我们发
现他们也和其他人一样，服从无意识、过度决定的社会秉性。在经
济学家的意义上 [3] 来看，纯粹的经济维度只构成了其中的一小部分；
也许只有在危机情况下，人们才开始求助于咨询顾问们来进行计算。

经济秉性与集体压抑

我曾预料到了我今天想谈的 [三点中的] 第二点：时间间隔许
可了否认，[这是] 象征性炼金术的原则，通过这种原则，在以交换
礼物为社会关系基本规则的方式构成的社会中，礼物的交换被以某
种方式从银货两讫中撕开了。这种社会于是通过一种集体否认的方
式从银货两讫中剥离出来，这种集体否定使那些不以理性意图的慷
慨为原则，而是服从于秉性的实践成为可能。我曾指出过以下三点，
并在更早时就预见到了它们：对于像前资本主义经济体那样的象征　　55
性商品经济体，或像我们所熟知的一个作为经济的经济体而言，想
要发挥作用，[其一] 需要的不是良心，而是秉性，因此需要整个社
会秩序，说简单点就是在头脑中自我再生产（se reproduire）这些想
法。[其二，] 它需要一种基于某种集体自欺、集体对自己撒谎的经
济逻辑。因此，我之前引用的莫斯的那句话，也适用于仪式的运作。
这就是为什么我刚才说，莫斯的《论巫术》和《论礼物》的意义是
完全一样的。人们可能永远不会想到把它们放在一起看，尽管它们

---

[1]　Pierre Bourdieu et Monique de Saint Martin，« Le patronat »，*Actes de la recherche en sciences sociales*，n°20—21，1978，p.30—32.

[2]　根据约瑟夫·熊彼特（Joseph Schumpeter）的看法，真正的企业家是一个经济施动者，其功能是生产出新的生产组合。因此，他反对吃息族和纯粹的经理人。

[3]　特别指 Léon Walras，*Éléments d'économie pure，ou Théorie de la richesse sociale* (1874)。

涉及的是一个完全相同的主题：要使巫术发挥作用，就需要一个巫术经济体。莫斯的文章美妙至极[1]；他说需要有巫术工具、巫术施动者、巫术场所、巫术观众等等。所有这些都需要存在，也就是说，[其三]需要存在巫术能在其中发挥作用的社会场域。同样，要使礼物存在，就需要一个社会场域，而在这个场域里，礼物的作用已经达到了一种不再以其现象学真理被感知到的地步：你甚至不想问它是否是无偿的——它就这么完成了，仅此而已。

德里达所提出的[关于礼物的]问题只对一个沉浸于某种经济体中的现象学家而言成为问题，因为在那种经济体中，支付行为那样被构造，同时无偿行为也那样被构造。我上次曾论证过免费礼物、无偿礼物等概念：为了使无偿的东西存在，付出的东西必须被构造成无偿的。同样，对于服务的交换——我之前谈到了在卡比尔人那里建造房屋——或收获，要成为一个问题，对于人们[问自己是否]要请人做事并支付他们的问题，挣钱的人必须被构造成这样的人。在这些过渡情况下，所有的悖论都是非常清晰的。我能够收集到的关于一些特殊案例的证词，例如：一位儿子不顾任何礼节，向父亲要一份工钱，而从象征性商品经济的规范来看，这是骇人听闻的。在我们的社会里，也仍然有相应的例子。卡比尔人的例子为我们提供了一幅明显的画面，我们每天都会[在周围]发现（我经常想起很多类似这样的例子，但我会先审查一番再考虑是否要说出来，以免它们可能会过度震惊到各位……我希望你会理解这一点……）。

最后，这种象征性商品经济正在信念上运作。这也迫使我们提出一个非常重要的问题：它是唯一一种在信念上运作的经济体，还是我们的经济体也在信念基础上运作？为了使这种象征性商品经济

---

[1]　M. Mauss et H. Hubert, « Esquisse d'une théorie générale de la magie », art. cité.

发挥作用，支付的逻辑和"为之而为"（c'est fait pour）的逻辑必须被深深地压抑起来，以至于提到它们甚至达到了几乎难以想象、可耻或令人厌恶的地步（在众多听众面前即兴发言总是异常危险与困难……）。几年前，我做了一项关于主教的研究 [1]，当我听完采访录音或重读记录手稿时，我感到非常震惊，每当有人以粗暴的方式谈及主教立场的经济基础时，主教们总是发出很有规律的笑声——我后来想发表一篇文章，题目就叫"主教们的笑声 [2]"。弗洛伊德对笑，对笑声与性爱有一个著名的分析 [3]：我认为金钱对主教来说（性也是……这是一样的［哄堂大笑］）与性对每个人而言是一样的。在被问及报酬以及任何让人回想起某些做法，特别是那些无私的做法、慷慨的做法的经济基础的问题时，人们极其经常地发出既尴尬又要求宽恕的笑。我认为没有谁比知识分子更像主教了，你应该观察一下知识分子，当有人问他们说："你需要一份授课次数登记卡吗［它核实劳务酬金]？"有一种与家庭，以及艺术界 [4]、科学界等子世界的存在有关的集体压抑：实践的经济真理不可能在不造成侵犯不引起问题的情况下涌现出来。

57

　　回到我的初衷上（我东扯西扯，离题太远了……）。为了提出关于无偿的问题，必须存在支付，为了提出关于无偿的问题——例

　　[1]　Pierre Bourdieu et Monique de Saint Martin，« La sainte famille. L'épiscopat français dans le champ du pouvoir »，*Actes de la recherche en sciences sociales*，n°44—45，1982，p.2—53.

　　[2]　在法兰西学院 1994 年一门名为"墙外"的课程的一篇讲稿中（1993—1997 年因法兰西学院维修而关闭），其中一节的主题就是"主教们的笑声"，布迪厄将在实践中阐述宗教制度与经济关系的问题，即"象征性商品经济"。见 « L'économie des biens symboliques »，in *Raisons pratiques. Sur la théorie de l'action*，Paris，Seuil，1994；récd. « Points Essais »，1996，p.173—211。

　　[3]　西格蒙德·弗洛伊德讨论了笑，特别是在《诙谐及其与无意识的关系》中，见 *Le Mot d'esprit et ses rapports avec l'inconscient*，trad. française M. Bonaparte et Dr M. Nathan，Paris，Gallimard，1930 [1905]；rééd. « Idées »，1969。

　　[4]　Pierre Bourdieu，« La production de la croyance. Contribution à une économie des biens symboliques »，*Actes de la recherche en sciences sociales*，n°13，1977，p.3—43；*id.*，*Les Règles de l'art. Genèse et structure du champ littéraire*，Paris，Seuil，1992；新修订版见 « Points Essais »，1998。

如在家庭内部的交换关系中——那显然就必须存在着酬劳。由于我现在只能说一些非常浅显的东西，我就再呈现我所做的另一项研究，它已经出版，题为《背井离乡》[1]，另外这也必须和《阿尔及利亚的工作与工人》联系起来。这本书重点描绘了从我所描述的前资本主义经济，即从象征性商品经济体，过渡到我们所知道的今天这种经济体。我还特别分析了一些不言而喻的东西的诞生，我们甚至没想过要去质疑它：工薪阶层概念的诞生，即工作与工资之间的对应关系。我们承认"所有辛劳都值得回报"是一种重言式的看法，但这其实是一个非常有问题的看法，也根本不是理所当然或不言自明的。古代史学家（例如芬利就对古希腊进行过此类分析[2]）以及所有人类学家都遇到了这个问题。我不确定它是否已经被彻底分析过：试着看看，在接受一份工作后可以获得现金等价物时可能所牵涉到的一切。例如，某种马克思主义传统，特别是一位我认为十分杰出的波兰马克思主义者已经说过了（当然，我只是通过翻译了解他，我对他仍然知之甚少，但这点零星的了解依然让我觉得他的这些文本非常重要，因此我邀请那些能够使用这门语言的人读一读，并让法国公众能接触到这些文本）。那里有着悠久而完整的研究传统，研究的是前资本主义经济、农民经济[3]及其在货币交换中所经历的转

58

---

[1] Pierre Bourdieu et Abdelmalek Sayad, *Le Déracinement. La crise de l'agriculture traditionnelle en Algérie*, Paris, Minuit, 1964.

[2] Moses I. Finley, *L'Économie antique*, trad. Max Peter Higgs, Paris, Minuit, 1975 [1973].

[3] 布迪厄想到的是博古斯拉夫·加尔斯基（Bogusław Gałęski）的作品，他对农业经济和农民逻辑的特殊性的研究是在俄国民粹主义者的工作基础上进行的，特别是亚历山大·恰亚诺夫（Alexander Tchayanov）的作品《农民经济理论》（*The Theory of People Economy*），1925年写作，20世纪60年代初由Basil Kerblay和Daniel Thorner翻译成英语（法语译本：*L'Organisation de l'économie paysanne*, trad. Alexis Berelowitch, Paris, Éditions du Regard, 1990）。不排除他会想到其他波兰作家，如维托尔德·库拉（Witold Kula, *Théorie économique du système féodal*, Paris-La Haye, Mouton, 1970 [1962]）或耶日·托波尔斯基（Jerzy Topolski, « L'économie rurale dans les biens de l'archevêché de Gniezno depuis le XVIe jusqu'au XVIIIe siècle », *Recherches internationales à la lumière du marxisme*, n°63—64, 1970, p.86—98；« La reféodalisation dans l'économie des grands domaines en Europe centrale et orientale, XVIe—XVIIIe siècles », *Studia Historiæ Œconomica*, n°6, 1971, p.51—63）。

变，以及当货币交换这种迄今为止仅限于工业劳动的秩序，变得普遍化并开始成为所有交换的模型，支配了东家和仆人之间，乃至父与子之间的交换时所经历的转变。我们今天仍然抵制某些类型的关系——爱情、友谊、家庭等——中的货币交换，这可以作为理解经济的基础，在此类经济体中，货币交换不再是一种特例性的压抑，而是一种普遍化的压抑。

魅惑的经济关系

最后，我再插入一小段，之后我将会回到德里达。他能提出关于无偿的问题，并提出这些关于不可能给予礼物的悖论，那是因为他和我们所有人一样，生活在一个经济利益、经济计算就像呼吸空气的世界中。在这个世界中，任何辛劳都值得回报——在付出的同时，无偿也就被这样构成。我认为，无偿的想法意味着建立一种观念，即事物应该对应于一份等值的金钱。为了使象征性经济的逻辑发挥作用，必须有一种魅惑关系的家庭模型，在这种关系中，人不计算、拒绝计算，计算是一种犯罪。在此种关系中，礼物就是像德里达所说的那样（即没有回报、慷慨、无偿等），侵入生活的所有关系，包括市场关系。因为这会是一个较为漫长的分析，我再次请各位回到《阿尔及利亚的工作与工人》以及《背井离乡》，在那些书中我分析了资本主义时代之前的人，即**前资本人**（*homo precapitalisticus*，[**这一表达在大厅里引起了一阵笑声，布迪厄为自己辩护道：**] 这是为了让大家别忘了，我在谈论**经济人**），他设法将亲属关系的魅惑重新引入市场世界。例如，他可以求助于担保人；仍然有许多公司总是通过熟人作担保（例如，当我在阿尔及利亚时，人们

59

总是告诉我："要是你需要一张机票，那我会找来给你的，我有一个表亲在那儿工作……"那里的人们不是去机场买票的，不用那种"**一手交钱一手交货**"[的商业模式]）。那是一些非常深入的结构。在这里，我们需要对这种魅惑的经济关系，也就是按照家庭模型所设计的关系进行详细分析；而在我们的社会中，这将是东家 / 仆人的模型。

一位瑞典社会学家做过一项非常好的研究（不要问我出处），她把东家 / 仆人的关系视为一种被否认的经济关系。她很好地描述了男仆或女仆被附属于家（*domus*）的策略，以及这意味着什么：主人鼓励他去爱孩子们，用小礼物和非金钱的关心来奖励他；整个非货币交换都以这样一种方式包裹着经济交换的真相，即这种交换可以以一种完全不同的方式存在。同样，在前资本主义社会中，地主与马格里布佃农（khammès）之间的关系也有类似的非凡描述，马格里布佃农也就是两成佃农（le métayer au cinquième）[即他从其耕种的土地的收入中只获得五分之一]：佃农可能知道他受到了剥削，但地主也对他的这些仆人们作了大量照顾。马克斯·韦伯对 19 世纪德国东部底层人口从家庭仆人到农场工人的转变作了著名的分析 [1]，这也很好地说明了我上面所分析的：农场仆人或佃农（他们俗话说的"两成佃农"）的构成方式，使他们不再完全是他们自己。家长式作风，在其古老的、理想的形式中，依然在现代领域内持续着重建的努力。在现代领域里，经济体作为经济来被构成，支付被构成为与前资本主义类型那无偿的、魅惑的关系相对立，在那里，老板 / 雇员的关系不会被还原为其经济真理和货币真理，而货币交换就将成为一种礼物交换。在这种情况下，现代社会重新发现了前资本主义

[1] Max Weber, « Enquête sur la situation des ouvriers agricoles à l'est de l'Elbe. Conclusions prospectives » (1892), trad. Denis Vidal-Naquet, *Actes de la recherche en sciences sociales*, n°65, 1986, p.65—68.

社会所采取的最完美的策略：它经济交换的残酷性包裹在一套关系中（我们会发现商务礼品），其中包括象征性关系，例如握手、颁发奖章、问候公司最年长的员工等等。同样，在婚姻交换中，嫁妆的交换也是一种掩盖残酷经济真相的礼物交换。

这里应该提到家庭中的不可分割性这一特殊制度，分析人士对此也都知之甚少。[1] 就卡比利亚（Kabylie）地区而言，财产由所有的父系亲属，即家族的男性成员，以不可分割的方式拥有，而家庭也不遗余力地使真正的共同所有权得以持续。如果真正的共同所有权的不可分割性被摧毁了——卡比尔人总是说"被女人毁了"，这在社会学上是可能的，因为在某种作为经营的经济学（l'économie en tant qu'économie）意义上，妇女总是站在经营那一边——卡比尔人会说"它在表面上仍然不可分割"。他们有一份完整的词汇表，一本妙不可言的小词典："人们分了锅""女人分享""分开煮汤"，而我们保持了这些表面功夫。这项保持象征性经济运行的最小的表面功夫至关重要。我们当然需要具体分析它们，但这非常困难。我只是想表明，要使真正意义上的礼物作为一系列彼此完全独立的慷慨行动发挥作用，成为事实上的一个交换循环中的一部分，就需要一个完整的经济逻辑和一项旨在使这种逻辑持续化的经济基础，也就是集体信念。而且正如我所说的，我越来越倾向于相信，我们所知道的经济也是如此：所谓的**经济人**和我们所听到的一切（如作为数学经济学意义上的、理论意义上的经济学的基本工具的数学），都是我们社会的集体信念（我可能不该用这种非常专横的方式说这样的话，但……好吧，还有一些东西，容我后面以更为平衡的方式来讨论）。

61

---

[1] 见 Pierre Bourdieu, « Les usages sociaux de la parenté », in Le Sens pratique, op. cit., p.278 sq.。

集体无知的基础

要使礼物真正发挥作用，就需要一个充满魅惑的社会关系的世界，正如马克斯·韦伯所说，在这个世界里，每个人都在互相讲故事，每个人都同意听故事（社会、伪币等），但显然，我们需要的是与象征性商品经济的客观运作相对应的东西：我们需要经济秉性，需要象征性惯习；也就是说，需要那些有秉性以做出魅惑行动的人，以及那些有能力以着迷的方式感知到这些魅惑行动的心理结构的人，也就是说，那些在慷慨行动面前不会采取拉罗什福科式的那种愤世嫉俗的幻灭犬儒姿态的人。

我所说的这些也并非那么新鲜（我对此不抱任何幻想），但其中有一部分是新颖的，因为事实上，我正在深入挖掘那些已经完成的分析。社会学家和人类学家们很难真正理解这类情境与社会，这显然是因为在我们所处的社会中无偿和付费是如此构成的，但也是因为我们的学科原则是以超越表象为预设前提的。通过谈论"怀疑社会学"、谈论尼采 [1] 等来干扰社会学是一种愚蠢的批评。这种批评自认为是一种对真理的启示，但总体来说，它只是以更复杂的形式向社会学家们提出那些他们已经自问过一百次的问题。社会学家虽然不坚持那种必须永远怀疑的哲学，但他们确实也有一种职业倾向，即怀疑倾向，不要把事物想得太美好，也不要让自己为言语而付出

---

[1]　在开设这门课程的那几年里，法国的社会学家开始使用"怀疑社会学"一词，有时是为了与布迪厄的工作方式区分开来。这个词或多或少地复制了"怀疑哲学"的标签，在这个标签下，保罗·利科（Paul Ricœur）将马克思、尼采和弗洛伊德聚集在一起，分享了一种"首先将整个意识视为'虚假意识'的决定"（De l'interprétation. Essai sur Freud, Paris, Seuil, 1965）。例如，尼采的一生就曾一直与"怀疑学派"联系在一起，他写道："我自己不相信有人会以如此深刻的怀疑来看待这个世界。"（《人性的，太人性的》序言）

代价，不像另一位哲学家［莱布尼茨］[1] 所说的那样，把"话语的稻草当作事物的谷粒"，也不把线人所说的当作到手的真金白银。重要的是，例如，他们要打破对礼物的现象学观点，说："有赠礼，就有回礼。"他们感到满足是因为，特别是在涉及知识分子，因而涉及竞争对手时，社会学给了他们一种反常的享受（"众人皆醉我独醒"）。反思性要求学习如何在一系列职业冲动中保持鲜活，这些冲动使人们很难理解象征性交换的世界，无论是像前资本主义经济体这样的 63 全球性经济，还是像我们社会中的艺术、宗教、知识、文学、社会学等等这样简单地遵循这一逻辑的领域。在这些世界中，所发生的事情与我所说的荣誉之士非常相似：社会学家不再蓄胡子，但他们也有自己的荣誉点。我认为，他们很难理解这些行为，也很难超越［那种简单的］去神秘化……

当我［前几年］谈国家时，我说过，在第一阶段总是对国家信仰的天真幼稚的坚持，然后是失落的、祛魅的第二阶段，也就是马克思所代表的阶段 [2]：代表普遍性的官僚，实际上就是以其个人名义占据普遍性的人。这就是告发、丑闻、生意等必然结果。在我看来，国家是前资本主义经济仍然延续存在的地方之一，至少在理想状态下是如此，而这是对社会学家而言很难跨进的第三个时刻。[3] 他们遇到了很大的困难，因为他们既要克服他们作为**资本人**（*homo capitalisticus*）的秉性，又要克服他们的职业所特有的怀疑倾向，而

---

[1] 在谈到经院哲学家时，莱布尼茨称他们是"那些经常在微妙的事情上感到迷惑，并把术语的稻草当作事物的谷粒的人"（Gottfried Wilhelm Leibniz, *Essais de théodicée*, § 301, Paris, Garnier-Flammarion, 1969 [1710], § 320, p.307）。

[2] 尤见 P. Bourdieu, *Sur l'État, op. cit.*, p.16—19。

[3] 布迪厄在社会学分析中通常区分三个时刻：第一个时刻是通过社会施动者收集主观世界观（布迪厄称之为"录音机社会学"，现象学进路中最好的案例就是这样）；第二个时刻是打破主观主义，通过统计调查等手段，揭示社会事实之间存在的、个体不知道的客观联系；第三个时刻是回归社会施动者的主观，这是为了客观地反映社会施动者的主观，因为主观不是随机分布的，而是建立在客观因素基础上的。例如，为什么在学校的成功是以这种方式而不是另一种方式来经历的？宗教使命的基础是什么？等等。

这往往是他们所坚持的职业原则。你有时会为了深入表象背后而成为一名社会学家：像戈夫曼这样的人，他是一位非常伟大的社会学家，是一位跨越表象的专业人士。他把社会世界看作是一个有前台和后台的戏剧世界。这是一个典型的小资产阶级视野，是一种，我不知道怎么说好，《鸭鸣报》(Canard enchaîné)［的观点］［哄堂大笑］。我们必须克服这种视野的倾向，以便我们能理解，在虚假中也有真，在表象上也有真，幻觉也不都是虚幻的（这是黑格尔说的 [1]），神秘化就是一种自我神秘化，误解也是有充分根据的，它是社会基础的一部分。集体无知（这是一个比"集体信念"更好的表达）是社会的真正基础。社会在很大程度上是基于误解而运作的，当我们摧毁了无知，实际上我们也依然无法理解任何事物。要理解［象征性交换经济］，你必须理解这种经济的逻辑，但也要明白，在这些经济体中运作的人必须有一种秉性，或者正如我所说，有一种行动的倾向，以及与这个世界相适应的心理结构。必须不带怀疑眼光去理解这些人，因为他们必须如此前行。

我一直提到卡比尔人的例子，但我也可以以贵族为例，贵族阶层是依靠象征资本运行的阶层。在这里，我可以引用埃利亚斯在《宫廷社会》开篇的那个极好的例子 [2]：一位贵族——我不记得是哪一位了——给了他的儿子一笔钱；过了一段时间，孩子还没有花掉它，父亲就把钱包拿起来，扔出了窗外。他教给他象征性的惯习，他教他，要成为一个贵族，就是要活在一个象征性的经济中，在其中，消费才是储蓄，就是把经济变成象征性的，也就是说，从经济资本变成象征资本：为了获得象征资本，他在资产阶级储蓄的时候，

---

[1] 一个可能的来源，见 P. Bourdieu, *Sociologie générale*, vol.2, *op. cit.*, p.335, note 1。

[2] 根据埃利亚斯从泰纳（Taine）那里得知的关于黎塞留公爵的轶闻：*La Société de cour*, trad. Pierre Kamnitzer et Jeanne Étoré, Paris, Calmann-Lévy, 1974 [1969], p.48; rééd. Flammarion, « Champs », 1985。

必须花费经济资本（随着时间的推移，资产阶级学会了，也成为了
贵族阶层——于是出现了贵族资产阶级——但首先他还是要储蓄，
要秘密地积累，也还不理解那种象征性的经济）。为了令这些储蓄发
挥作用，你就要知道无价之宝的价格。这就是艺术的领域了，这就
是为什么如今的艺术经济学［即经济分析］往往显得有些原始：它
把象征性经济的秩序压缩到经营经济学（économie économique）的
秩序中，而没有看到无价之宝之所以成为无价的过程中所包含的必
要劳动。以今天所有的那些赞扬毕加索的演讲为例就足够了：这就
是完美的象征性商品经济。[1]

失落乐园的乡愁

我作个简短的总结。为了针对主观主义和客观主义的理论，我
们必须重新引入时间，也就是引入某种经济逻辑——我称之为象征
性商品经济的逻辑——以及相应的经济秉性，这些秉性是这种经济
运行的条件，也是对我们所理解的**经济人**的压抑。这些人从骨子里
否认经济。他们是我们所谓的"慷慨人"（gens « généreux »）：他们
作决定不计较、说话不计较、消费不计较、活得不计较，把蜡烛两
头一起烧那样挥霍钱财。这里有着一种耗费经济学（économie de la
dépense）。简而言之就是，他们［准备好］献出自己的生命和其他
无价的东西：贵族们愿意为祖国而死。如此看来，我已经给出了能
解释慷慨行动这一奇妙悖论的一些要点，［其中最大的悖论］就是为
国捐躯[2]；事实上，没有什么比用人们所说的"最高牺牲"来否定自

---

[1] 见 P. Bourdieu, « La production de la croyance », art. cité。
[2] 布迪厄可能指的是恩斯特·坎托罗维奇的著作《为国捐躯》，见 Ernst Kantorowicz, *Mourir pour la patrie*, trad. Laurent Mayali et Anton Schütz, Paris, PUF, 1984。

己是一个**自我**、是一个利己主义者更为慷慨的了……为了理解这样
的行动是可能的，而不只是把它们解释为疯狂（既然科学必须给出证
明理由），必须像我所做的那样，引入一种象征性商品及其相应秉性
的经济学。我们过去所知道的经济学，也就是那种作为经营的经济
学，正在破坏所有这些工作。在 19 世纪末和 20 世纪的德国，**幻灭**
（Entzauberung）这个词很流行（而且有点法西斯色彩），对世界的幻
灭是一个经典的保守主义主题。[1] 许多民族学家 [2] 对失落乐园的乡愁
使他们无法充分理解 [象征性商品经济学]：他们参与了对失落的人
间乐土的怀旧，在从经济行动中积攒红利的同时，对非经营经济学
的怀旧感到十分着迷。

从本质上讲，作为经营的经济学，就像尼采说的那样（我不知
道我为什么引用尼采，除非这让我显得更权威 [哄堂大笑]），依赖
于社会基础对自己的某种承认，就好像社会在说："是的，我为自己
的梦想支付伪币买单。"因此，我们理解社会学家扮演着一种十分奇
怪的角色，当他们工作时，他们甚至看上去有些变态反常——特别
是当我们依然喜爱他们时，这就显得可疑……他们的作用是在每个
人都相信国王穿着衣服时，说"国王没穿衣服"[3]。这是纯义务的象
征。社会学家们会说，事情是这样的，"生意就是生意"，或者更确
切地说，我们的社会，特别是我们的心理结构，是建立在一种经济
基础上的，这种经济体承认生意就是生意，并把那种越轨行为视为
一种亵渎。想想中世纪的信贷禁忌吧，历史学家们已经分析过了，
但可能还没有达成目的。要理解信贷禁忌是多么强烈，它是多么像

66

67

---

[1]　在社会科学中，这一主题特别与马克斯·韦伯有关（另参第四讲的开头关于马克
斯·韦伯的脚注，见本书原书第 87 页）。

[2]　见 P. Bourdieu, *Sociologie générale*, vol.2, *op. cit.*, p.828—832。

[3]　这句话来自安徒生的一个故事（《皇帝的新衣》，1837 年）：两个骗子向一位皇帝提
议，要他用一种非凡的布料做一件衣服，但傻瓜看不见这样的衣服。等皇帝穿上这件衣
服，没有人敢承认没有看到它。最后只有一个小男孩喊道："国王没穿衣服！"

犯罪，我们必须看到它就等于是说"是的，钱就是钱""生意就是生意"。一切都好像在说，作为经营的经济学是社会集体向自己承认自己是什么样的一种产物。换言之，它把交换的客观真理视为交换的主观真理，并说："即使是交换礼物也是要银货两讫的。"

同样，在这场革命之后的社会里（这场革命显然十分漫长，而且永远不会结束，因为它仍然有零星的抵抗），这种自我透明的经济，把事物看作其所是，把付费的看作付费的，无偿的看作无偿的，并对一切皆可交易表现出可疑性。因此，我们可以称之为"怀疑社会学"。但事实上，（被集体压抑的）愤世嫉俗的观点正是在那些客观的基础上形成的。我认为前资本主义社会也有着惊人的魅力。正如我刚才所说的，一些民族学家对失落的人间乐土有些怀念，这种情绪有些保守，有时甚至有点法西斯主义，但其中也有着一种合理的怀旧情绪。事实上，这些社会也以一种非常拼命的方式在工作，以拒绝人与人之间的关系受愤世嫉俗的犬儒主义驱使 [1]，也就是说，他们在主观上符合他们所认可的客观真理。在这些社会中，人们不希望那种情况发生，因此这种拒绝也受到了集体的支持与鼓励。这就提出了一些政治问题：德里达在莫斯 [2] 身上发现了一种我从未见过的对共产主义的怀念。他引用了一段非常美妙的文字：莫斯对"理想共产主义"怀有一种怀旧之情（对此，我们今天不知道该说什么好……[3]），在这样的社会里，人与人之间的关系，引用马克思的

68

---

[1] 布迪厄的某些立场，就如他对 1986 年 12 月的那场高中运动所表达出的同情一样，暗示出他同意那样一种拒绝。见 « À quand un lycée Bernard Tapie? » Entretien par Antoine de Gaudemar », *Libération*，4 décembre 1986，后载于 *Interventions 1961—2001. Science sociale et action politique*，由 Franck Poupeau 和 Thierry Discepolo 选编，Marseille，Agone，2002，p.211—216。

[2] 例如："引导莫斯这段话语的伦理和政治倾向于重视给予的慷慨。它们把自由社会主义（即马克思主义共产主义）与经济主义唯利是图的非人冷酷（即所谓的资本主义重商主义）这两种经济主义对立起来。"(J. Derrida, *Donner le temps*, *op. cit.*, p.64.)

[3] 布迪厄的尴尬毫无疑问是因为，这门课程是在柏林墙倒塌和苏联解体的后几年开设的。

话来说，不会成为物的附庸[1]，不会受愤世嫉俗的犬儒法则的支配，也不会把他们的生活真相当作客观真理——工薪族就是个领薪水的，等等。

下一讲，我想简单地谈谈信念的功能，以及官僚界、艺术界、科学界甚至法律界的信念庇护所，并说说今天礼物的逻辑可能是什么。对于那些知道礼物是一种银货两讫的人来说，除了作为对自己的有些令人绝望的神秘化之外，礼物的逻辑还有可能吗？

---

[1] 暗指马克思的商品拜物教理论（K. Marx, *Le Capital*, *in Œuvres*, t. I：Économie, *op. cit.*, première section, chap. I, IV, p.604—619）。

第三讲　1993年4月29日

适应规则与自欺欺人。象征性商品经济。对经济行为的历史与经济条件的遗忘。可计算性的产生。

[由于技术原因，本讲开头的一小部分缺少录音。不过我们安排人员记录了一份笔记，尽管算不上完整，但这也提供了一份关于布迪厄在第三节课开始时的主题纲要。因此，尽管这些笔记颇为简略甚至不算成型，但我们依然在下文中转载了这些未经编辑的、匆忙写就的笔记。]

礼物现象就是一个非常复杂的社会现象，不仅本身复杂，而且引起了各种各样的解释，特别是在经济学家中。此外，分析这一现象的障碍，还有对社会学来说很致命的一系列常识性对立选择，例如"利己／利他"的对立，还有"约束／自由""个体／集体""有意识／无意识""自私／无私"等等的参照标准上的对立。

这涉及理解这些范畴的基础问题，例如，为什么社会施动者想知道一项行动是否与自己有利害关系。经济理论就建立在接受这种对立的基础上；它将常识形式化，利用数学将这些常识概念化为科学范畴，但又是作过手脚的曲解，从而使思考经济的范畴来自常识范畴，即历史范畴。事实上，无偿的经验确实是一种历史的产物。因此同理，历史的产物是从本身由历史中产生的范畴中思考出来的。这就是为什么必须进行彻底的历史化：因为这才是考虑到了**经济人**是一种被忽视了的**历史人**（*homo historicus*）的事实。

请读一下《实践感》的第六、七、八章，其中描述了反对经济主义的斗争。

礼物的客观真理是交换；礼物的主观真理是无私。这两件事怎么可能同时存在？正是由于允许了不可逆性的时间间隔，即允许了赠礼和回礼之间的不连续性，它们就可以是不矛盾的。仅仅用一把剑去刺穿人类学的结是不够的：那样只是消除了问题，但没有解决问题。我们必须分析礼物经济所基于的谎言的社会生产。礼物经济的特征是自欺（人们在计算，但表现得像是不在计算）意味着一种集体努力（而非个体的"意识的觉悟"）。当自欺成为所有人的谎言时，成为在大家面前宣布的官方的、公共的、可公开的知识时，它就不再是一种谎言了。每个人都知道礼物的客观真理：不回报就是忘恩负义（甚至有个专门的词来形容它）。因此，就有了这么一种社会推崇的观念，这是一种集体鼓励。顺应这种集体观念可以使自己与整个社会秩序同在，并得到奖励和赞扬。当社会施动者从小就被纳入礼物经济时，他们会在丝毫不考虑是否应该这样做、这样做是否有利益的情况下采取行动。他们直接就这么做了，仅此而已。要知道游戏规则，就必须生在该游戏之中。要按部就班调整自己，来适应情境。

礼物是普遍不变的吗？尽管有些人支持这种看法，但实际上它是一种在历史上确定的交换形式。但我们有必要正式相信大公无私，拒绝把"生意就是生意"放在首位。结果，当人类学家保持客观的情况下，他也会被认为是愤世嫉俗的犬儒（他说了人们不想听到的东西，他揭示了隐藏的真相）。他的真理是一种检举和揭发。这就要求有一个市场，在这个市场上，"慷慨"的行动要被视为有效的，并能得到奖励和回报。例如，请看看卡比尔人的荣誉感。

社会都不喜欢破坏游戏的人。社会要求人们尊重社会给予自己的那些官方真理。这就是斯宾诺莎所说的**阿谀奉承**（*obsequium*），它不单单是随波逐流，而是对更深层的社会秩序的一种依恋。这是社会秩序对人们的最低限度的要求，当我们违反它时，它使我们感到内疚。最基本的规则都是隐性的。例如，当你在公共场合讲话时，你必须说"主席先生"。你可能会说，这不需要任何代价，这是无偿的，只是说几句感谢的场面话而已。但这句话的实质是从说话人身上提取出来的：这可不是为了取悦主席的自我，而是为了承认主席职位的存在。这是为了与社会秩序保持一致。

[笔记结束]

适应规则与自欺欺人

没有什么比规则更普遍了。顺便说一句，我当初说这话，是为了激怒一场会议上的哲学家们，在那次大会上，我被要求为普遍性理论作出社会学家的贡献（这非常困难，因为社会学家都是特定领域的专家）。于是我说，在我看来，道德的唯一可能基础是规范自己的行为，把自己置于秩序之中；它的普遍性表明，从人类学的角度来看，不可能不给予社会秩序最低限度的敬畏和参考，包括在一个人不能［遵守］规则的情况下，至少要装作表面上遵守它。换言之，道德可以建立在这样一句名言上："伪善是邪恶向美德的致敬。"这是非常悲观的，我就不详细说明了，但如果各位仔细想想，你就会发现一个人可以在不诉诸任何超越性的情况下建立一种道德。而社会学家也必须那样做：他也可以拥有他想要的一切超越性，但在他的职业操守中，他被迫保持在严格的内在性限度内。

72

关于规则的这段题外话，我认为是很重要的，因为由维特根斯坦（Wittgenstein）发起的、哲学界关于"什么是遵守规则？"的广泛讨论与我正在讨论的内容有关。[1] 但我并不幻想我能迅速处理掉规则问题。我只想表明，在这样一个社会里，慷慨是一正常的（de règle），因为这个社会为经常（réguièrement）慷慨提供了某种条件（注意：说"火车经常会晚点"和说"火车通常要晚点"根本不是一回事，两者之间有一个非常重要的区别）[2]，因为有条件让

[1] 布迪厄曾在索尔·克里普克（Saul Kripke）的一本书出版之前，就提到了这些辩论（*Le Sens pratique*, *op. cit.*, p.64—68）。那本书后来也再版了（*Wittgenstein on Rules and Private Language*：*an Elementary Exposition*, Cambridge, Harvard University Press, 1982；在本课程授课后有法语译本：*Règles et langage privé. Introduction au paradoxe de Wittgenstein*, trad. Thierry Marchaisse, Paris, Seuil, 1995）。该讨论的基础有时被称为"遵守规则的考虑"（rule-following considerations, 见 Ludwig Wittgenstein, *Investigations philosophiques*, trad. Pierre Klossowski, Paris, Gallimard, 1961 [1953]；*Remarques sur les fondements des mathématiques*, trad. Marie-Anne Lescourret, Paris, Gallimard, 1983 [1956]）。这些问题包括了悖论或质疑"遵守规则"一词的含义，例如我们认为，我们观察到的人的行动所遵守的规则不一定是他所遵守的规则；他以后的行动可以与后者保持一致，但与前者相反。维特根斯坦还想知道："我们所说的'遵守规则'是不是只能是一个人、只能是一生中**只做一次**的行为？"

[2] 参考保罗·齐夫（Paul Ziff）对"火车**经常**（réguièrement）会晚点两分钟"和"火车**通常**（de règle）要晚点两分钟"之间区别的分析。见 P. Bourdieu, *Le Sens pratique*, *op. cit.*, p.67—68, 此处引用了英语文献：Paul Ziff, *Semantic Analysis*, Ithaca, Cornell University Press, 1960, p.8。

你经常慷慨，所以**自欺欺人**（*self-deception*）[1] 在某种程度上是不言而喻的，因为正如我一开始所说，它得到了整个社会秩序的支持。它背后有整个社会秩序。这种"交换规则"对交换的结构和经济世界的逻辑而言是内在的。例如，大多数交易是在家庭成员和熟人之间进行的，这与市场的关系相当特殊。正如我在上一讲的例子中所说，我们正在努力将市场缩小到传统的家庭内部关系，并辅之以担保人。在这些社会中，交易场所强烈地受制于慷慨交换的法则，所有教育制度——家庭教育、同伴教育等——都鼓励人们习得这些规则的处理方式，这让慷慨的秉性得到了强烈的鼓励和强化，以至于在双方没有意识的情况下，人们可以按照交换礼物的逻辑运作。简言之，自欺欺人的问题在一个经济秩序中自动得到了解决（即包括一个经济结构体系和［适应这些结构的］经济秉性），这使自欺欺人成为一种集体行为，并得到永久的社会强化。

（我知道我没有太多时间，但我还是想在这里提一篇令我恼火的文章。我只想给各位一个参考，希望它也一样会让你生气［零星的笑声］：菲利普·巴蒂富利耶、洛朗·科多尼耶和伊夫·泽努，《经济理论对社会学传统的借鉴：礼物与回礼的案例》，载《经济学评论》，第 43 卷，第 5 期，1992 年 9 月，第 217—246 页 [2]。和所有的科学论文一样，这篇文章是一个系列的一部分，但由于这是最近发表的，它正好能成为经济学家关于礼物和回礼问题所提供的基本

---

[1]　英语 self-deception 一词源于一部重要的英语哲学文献，是指当一个人确信自己的信念是错误的时，对自己撒谎。

[2]　Philippe Batifoulier, Laurent Cordonnier et Yves Zenou, « L'emprunt de la théorie économique à la tradition sociologique：le cas du don contre-don », *Revue économique*, vol.43, n°5, septembre 1992, p.217—246.

参考的一篇范文。我认为，那些想在这一领域和我进行理论对抗的人——这有助于建立你的防御系统，防止我垄断性地强加我的分析，因为我现在在这个市场上没有真正的竞争对手，至少在这里没有——绝对必须阅读这些文本和它所提到的文本。你还应该读一下格兰诺维特在 1985 年发表在《美国社会学杂志》上的一篇文章。[1] 我本想谈论所有这些文章，但我无法这么做，因为这会让进度又倒退回去。)

74

因此，我要说，自欺欺人是不言而喻的，因为它是由一个自我欺骗的经济体的存在所造成和促进的。卢卡奇（Lukács）说，前资本主义经济体是那些拒绝存在的原始土壤的经济体，它们拒绝成为我们所狭义理解的经济体 [2]，这就是经济的基本公理。你们中那些熟悉本维尼斯特的《印欧语系的词汇》的人 [3]，可以利用对这本书的熟悉程度来听我解说：在我看来，我所提议的分析给出了一个统一原则，它归纳了本维尼斯特关于礼物与债务、荣誉和交换等等的语言学研究中所提出的一系列观察。本维尼斯特的书是一本精彩的经济人类学著作（当然还有其他方面），我们可以随时举例，例如关于作为政治依赖而非经济依赖的礼物与债务的一章。简言之，这些分析能具体说明我的观点。我应当描述一下这种经济的逻辑，也许我之后会尝试作一些这样的描述。

[1] Mark Granovetter, « Economic action and social structure：The problem of embeddedness », *American Journal of Sociology*, vol.91, n°3, 1985, p.481—510（课程中使用的法语译本：« Action économique et structure sociale：le problème de l'encastrement », in Mark Granovetter, *Le Marché autrement. Les Réseaux sociaux dans l'économie*, trad. Isabelle This-Saint Jean, Paris, Desclée de Brouwer, 2000, p.75—114；rééd. sous le titre *Sociologie économique*, Paris, Seuil, 2008）.

[2] Georg Lukács, *Histoire et conscience de classe. Essai de dialectique marxiste*, trad. Kostas Axelos et Jacqueline Bois, Paris, Minuit, 1960 [1922], 尤见 p.265 *sq.*。

[3] Émile Benveniste, *Le Vocabulaire des institutions indo-européennes*, t. I：*Économie, parenté, société*, Paris, Minuit, 1969.

象征性商品经济

　　我们用来描述这种象征性商品经济的术语可能与经济学家用
来描述我们所知道的经济的术语相同："资本""利益""策略""投　　75
资""积累"。不过，这些术语虽然相同，却在两种经济学的逻辑中
却有着完全不同的含义。使用同一个词也会产生相反的含义：如
果"利益"一词是在象征性商品交换经济的背景下使用的，并且
如果被理解为边沁式的、功效主义者们和经济学家们所理解的含
义，则会产生误解。我的这项工作是建立一个经济世界的理论，在
这个世界中，利益有着完全不同的含义。在我看来，这种礼物经济
学的基础是，它拒绝自己作为一种狭义上的经济学，也就是说拒绝
自己作为一种以追求利润最大化和自利计算为导向的经济学。它的
建立基础是对银货两讫经济的原则性、集体性的否认。从某种意义
上说，每一个施动者都知道，其他施动者完全不想知道我们所理解
的经济是什么，但他们的拒绝，也就是压抑能起作用，是因为每一
次个体压抑都是要经由一种原则性的集体压抑、通过一种原则性
的审查制度来支持的。从我刚才的简单评论中得出的第一个结论
是：并非只有**单一的**经济（*une économie*），而是有**诸多的**经济（*des*
économies）。任何一个受过良好结构训练的人类学家（无论是社会
学家、民族学家、经济学家等）的雄心壮志都是建立一种实践经济
学的一般理论，这就意味着要认识到存在着**诸**经济，也就是说，不
同的经济世界具有不同的客观和主观逻辑，而我们不能用其他世界
的语言来简化或描述其中的任何一个世界。例如，马克思（天知道
他经常屈服于经济主义，但他还是比大多数当代经济学家更清楚）

说，经济学家经常谈论前资本主义社会的样子，就像教会的神父们谈论原始宗教一样。[1] 因此，用某一种经济学的语言，用经济话语的整体句法来谈论前资本主义经济，就等于摧毁我们试图描述的对象。

在某种程度上，《实践感》一书就试图描述这种经济，这种经济
76 正朝着一种特殊的目的发展，即所谓的象征资本积累。正如我上一次所说，当象征资本是根据符合这种资本被构建、积累的结构的感知类别被感知时，象征资本就可以是任何一种财产。象征资本的典例就是荣誉，可以说，前资本主义经济既依赖于作为象征资本的荣誉的积累逻辑，也依赖于（这是这种积累的一个条件）具有荣誉感的施动者，他拥有承认这种经济所提出的目的，即象征资本。这种经济的例子就是我所描述的前资本主义经济，但在与我们时代更接近的社会中，也可能是埃利亚斯在《宫廷社会》[2] 中所描述的贵族经济。这些社会的一个基本机制是在经济交换过程中将经济交换转化为象征交换，并转化为象征。例如，礼物就是这样。我已经展示了礼物是如何成为一种炼金术转变的场合：被交换的东西变得与它们被交换之前完全不可同日而语。它们在本质上是通过交换行动得到了改变。这就是我们可以理解莫斯所依赖的本土理论的原因（列维－斯特劳斯认为这是错误的）：这些本土理论——同样，我们还应该再用莫斯和其他人所引用的例子——是解释、承认、描述交换行动中被交换物的这种转变的形式。

要使这种经济发挥作用，就需要一个结构，一个象征性商品的市场，即一个世界，在这个世界里，交换礼物等行为被认为是有价
77 值的，并得到报偿。它还需要（要有一种经济，就一定要有结构和

---

[1] 见第一讲，本书原书第 16 页。
[2] N. Elias，*La Société de cour*，*op. cit.*

秉性）一种非常特殊的经济施动者，他们早期通过沉浸在我所描述的那种荣誉世界中而被社会化，并被赋予这种慷慨的秉性，这种荣誉感从根本上说是拒绝将人际交换还原到经济层面，即使经济层面一直存在。这种秉性与象征性商品经济的结构间有一种辩证的关系，这种经济结构往往以慷慨秉性的形式出现，而慷慨秉性是这些经济体运作的条件。一个被抛进卡比尔人荣誉游戏中的**经济人**立马就会接连犯错；同样，一个有荣誉感的卡比尔人被扔进我们所理解的市场中，他也会错误连篇。在这两种情况下，都是客观结构制裁了他们。这就是我上次提到的一个例子，从法国回来的卡比尔泥瓦匠不仅要求获得他工作的现金，而且当房子完工时还要求雇主把房子完工时应该请他吃的一顿饭也折合成金钱支付：这是一种连我们都能理解的野蛮行为，我是说……（还有更多微妙的野蛮行为，也许我们不易理解）[1]

　　我之前忘记提及象征性经济的另一个属性：这些象征性经济（在现代意义上）不是经济的，正如莫斯的巧妙描述，他们是为了生存而毁灭。为了说清这一点，我就以我们社会中两种送礼方式（以及这意味着的野蛮行为）为例。我们想送给朱莉一份礼品，她很有魅力并且喜欢爵士乐。我们日以继夜地逛商场寻觅，想找到一张适合她的唱片、她喜欢的版本。这完全是一种炼金术般的劳动。或者我们对她说："我给你一张支票吧，你可以自己买你想要的东西。"显然，从时间、劳动、精力和善意的角度来看，第二种做事方式要经济得多，而且它使构成象征性交换经济的所有部分都消失了：对人的特殊性、独异性、品味和特质的关注，也就是说，使礼物看起来不像一张支票的一切东西都消失了。例如，在我们的社会里，一

78

---

[1]　见 P. Bourdieu, *Le Sens pratique*, *op. cit.*, p.195。

个人很容易选择给他的女仆开支票，而选择给自己的医生送礼物（因为任何类比都有局限性，所以我必须时不时提醒你两个世界的区别）。

对经济行为的历史与经济条件的遗忘

莫斯很好地描述了这一点（但另一件令人惊讶的事是，经济学家也并没有很好地阅读人类学家：我们批驳的那篇文章的作者 [1] 显然没有读过莫斯的这篇非常核心的文章，或完全没有将其用于他们的作品）："因为正是罗马人和希腊人，也许是继北闪米特人和西闪米特人之后，发明了 [**这个用词很重要** [2]] 区分个人权利和财产权利的方法 [**经济学家认为这是理所当然的，是人类普遍性的组成部分**]，把买卖从礼物和交换中分离出来，把道德义务和契约孤立开来 [**致力于契约理论研究** [3] **的经济学家们应该重读一下这一段……**]，最重要的是，他们设想了仪式、权利和利益之间的区别。"[4] 然后你就明白了，经济学家们开始用利益理论来解释仪式和权利是多么可怕。你会想告诉他们，"快滚回你的经济学里去！"（我想到芝加哥的加里·贝克尔。我非常尊敬和钦佩他，甚至对他做出了那么野蛮的行为，也是因为这些行为如此野蛮，以至于有时会引起非常精彩的问题，而这些问题被他局限在自己的学科中而被排除在外。每一门学科都有它的"不言自明"、它的显而易见的预设，然后就像文明

[1] P. Batifoulier, L. Cordonnier et Y. Zenou, « L'emprunt de la théorie économique à la tradition sociologique：le cas du don contre-don », art. cité.

[2] 方括号内是布迪厄的评论。

[3] "契约理论"一词是指 20 世纪 60 年代出现的一种经济学研究潮流，它把对获得不同信息（称为"信息不对称"）的施动者之间的契约安排置于分析的中心。

[4] M. Mauss, « Essai sur le don », art. cité, p.239.

间的相互接触会引起很多思考一样——人们会说，"好吧，我们可以以不同的方式来做"——学科之间的接触非常有趣，这种有趣有时就是在它们的野蛮中，因为它们最终迫使人们去质疑在**博学者共识**[*consensus doctorum*]这一软共识中被遗忘的那些隐性预设。对我来说，贝克尔有一种优点：他用他那大蹄子一脚踩了进去，但他至少进去了。经济学家们很喜欢他，因为他们认为他以一种吞并的方式，终于把社会范畴也纳入了经济学。）

与那些试图从理性计算的假设中冷淡地对待权利和仪式的经济学家相比，莫斯说了一些非常重要的话：是历史发明了道德义务和契约，并逐渐一步步使道德义务和契约互相孤立、自主化，最重要的是构想并设计了不同仪式、权利和利益之间的差异。让我再引用一下他的话："正是他们［罗马人和希腊人］通过一场真正的、伟大的、可敬的革命，超越了所有那些过时的道德和过于偶然、过于昂贵和过于奢侈的礼物经济，那些经济被人的顾虑所淹没，与市场、贸易和生产的发展不相容，令其当时基本是反经济的。"[1]

这篇文章相当精彩。它写于五十年前，但至今对大多数人都还没有影响……人们继续假装这一历史发明，即我们所知道的经济秩序，也就是银货两讫的经济秩序几乎完全自然而然地发展。而我们应该从一开始就注意到，这是一项历史发明，因此它有历史条件，而且举例来说，它的结果之一是——这是我将要讨论的一个关键问题——理性经济行动存在着某种经济条件。对我来说，这个前所未有的悖论是一个研究机会。这是我年轻时在北非工作时的一个发现，当时我发现我研究的社会施动者非常不符合所谓的经济计算能力，它表现为诸多不同的行为（节育、储蓄、按时发放工

80

---

[1]　M. Mauss，《 Essai sur le don 》，art. cité，p.239.

资等），但事实上，它们可能与某种相同的原则有关。我惊讶地发现，当时的经济理论根本没有考虑到这些变化。而悖论的是，经济理论忽视了获得经济行为的经济条件。例如，我观察到，在一个可以用金钱来衡量的门槛以下——我当时做了各种图像、图表等——社会施动者甚至无法想象一种去计算自己工资的雄心壮志。[1] 他们有天然的生育能力，但要是制定生活计划、过可计算的生活、成为一个**经济人**的必要条件未能满足，他们就不可能有经济行为。换言之，[我的工作] 发现**经济人**具有个体发生学的（ontogénétique）条件 [2]（就像康德及其追随者所描述的**审美人**（*homo estheticus*）被我们看作一种普遍人类一样 [3]）：对于每一个主体来说，他们都有机会进行理性的经济计算，如果它是可以获得的，那么其前提就是他们要通过其个体历史来获得这些条件。但是，如果我能用这个词的话，这里也有系统发生学的（phylogénétiques）条件：它必须在历史上形成一个经济世界，它的律法不再是随机的、混乱的、昂贵的、奢侈的赠礼和回礼，简而言之就是莫斯所说的一切，而是严谨的计算和取舍的银货两讫，对此马克思也说过一句很好的格言。[4] 这一经济学认为是完全自然、理所当然和不言自明的历史世界，其实是通过一系列历史发明所创造出来的。另一种经济学 [象征性商品经济学] 有一条基本的公理："计算者不得入内"或"斤斤计较者不得入内"[5]。这种"银货两讫"的经济学悬停了这些开创性的否认，一切好像瞬间发生了，就好像不存在莫斯所概述的、

81

---

[1]　P. Bourdieu，A. Darbel，J.-C. Rivet et C. Seibel，*Travail et travailleurs en Algérie*，*op. cit.*，特别是 p.338 *sq.*。

[2]　在生物学中，个体发生学和系统发生学分别指个体和物种的发育。

[3]　暗指布迪厄对康德品味判断的社会学角度的分析，特别见 *La Distinction. Critique sociale du jugement*，Paris，Minuit，1979。

[4]　可能是布迪厄想到了他在第二讲引用的《共产党宣言》的段落，他在下一段中再次提到了这一点。

[5]　暗指"不懂几何者不得入内"这句话，据说这句话刻在柏拉图建立的学院入口处，而布迪厄在围绕某个场域的入场费的主题时，经常引用这句话。

本维尼斯特在书中所描述的集体的、漫长的、困难的历史性任务一点一点像鳞片脱落蜕去那样逐渐打破那些否认的屏障（"与父母在一起的时候，你不能计较钱，这可不行""你不能给儿子发工资，这很不体面""家庭里仍然是有感情"，等等），而是直接达到一种"生意就是生意"的经济体，而在生意中，人们不会有任何感情。

通过对赠礼与回礼的经济来概括的银货两讫经济学悬停了集体否认，除了在某些特定的领域，这些领域变成了孤岛——这是马克思《共产党宣言》中的隐喻，他在宣言中提到了利益经济。[1] 因此，这里发生的事情不能与"岛屿即海洋"的经济体中发生的事情放在同一模型下考虑：正如我上次所讲的那样，从付款者被视为付款者的那一刻起，无偿被视为无偿的逻辑就出现了。因此，如果我们能在孤岛生活中获得的关于礼物的经验，比如家庭的**爱**之岛或艺术岛，来了解什么是礼物经济学，我们也必须知道那种经济学是一个有偏见的想法：我们需要作出巨大的努力，来重新思考一个经济交换法　82则犹如当今家庭规则一样的世界。

可计算性的产生

不同于否认经济学 [2]，这种经济学 [3] 确认了自身就是作为经营的经济学（我上次说过，韦伯非常清楚地看到的"作为"［als］的重要性），会令其承认它本身就是经营的，而不是"用伪币支付他的

---

[1]　可参第二讲，见本书原书第48页关于《共产党宣言》的脚注。
[2]　指礼物经济学。——译者注
[3]　指"银货两讫"经济学。——译者注

梦想"[1]。同时，它也产生了利益，这不再是在象征交换中被否认的利益，它也涉及了可计算性（calculabilité），但也不再是韦伯意义上的那种可计算性。韦伯以理性为现代资本主义社会的特征，现代经济理性的一个属性是可计算性：一个人可以从一个经济、法律的状态中计算出他所做的事情的后果，并大致知道它的成本或代价是多少。[2] 例如，美国大公司的商业法建立在可计算性假设的基础上：律师们被雇来计算违反法律的成本，计算它是否比不违反法律的成本更高。对于这样一个世界，韦伯的描述是真实的。而我则在另一种不同的意义上使用"可计算性"这个词，意思是"计算是合法的""计算并没有不体面""计算是没错的"。这是韦伯意义上的那种可计算性的一个基本条件，一个你在作出实证观察时会忘记的基本条件："一切都可计算。"换言之，这是对看似愤世嫉俗的犬儒思想的一种授权。

现在，如果我回到那些契约理论经济学家们所使用的语言中，我们很快可以看到，从我所处的角度来看，契约在某种程度上暴露了赠礼／回礼的逻辑，以及它通过时间的中间间隔所压抑和隐藏的一切。契约是对礼物／回礼进行的银货两讫的转变，即"你给予这个，你就会得到那个"。未来一下子就与现在同步，契约签订的时刻与契约履行的时刻相混合：时间在其中完全被取消了。从某种意义上说，要使契约成为可能，就必须使那种愤世嫉俗的观点成为可能。契约存在的默认条件就是对犬儒主义的合法化。契约是合法的犬儒主义：即使是在亲属之间，也就是在**爱**（*philia*）的土地上，订立婚姻契约也是正常的。有些人仍然拒绝某些类型的婚姻契约，因

---

[1] 指莫斯的格言，布迪厄在第二讲中提到了这一点（见本书原书第 43 页）。

[2] 例如："……市场社会的普遍扩大要求以**可计算**的方式（*kalkulierbar*）根据合理的规则来应用法律。"（M. Weber, *Économie et société*, t. II, *op. cit.*, p.49.）

为也有一种不书面订立的方式也可以达成婚约。这是一个非常卡比尔式的否认，但法律打开了可能性的世界，包括那些从象征性商品经济学的角度来看是无法否认的东西：没有什么比法律更愤世嫉俗的了。在研究法律文本以了解农民的婚姻、继承策略时[1]，[我发现]法律存在的影响之一（我可以验证核实）是具有在象征性经济传统的社会中增加了获得犬儒主义策略的机会。例如，农民通过学习法律来变得犬儒。在访谈中，他们经常会给你一张他们试着读懂或读了千百遍的破旧的纸，上面写着他们与老板间的制约的关系。在这些旧文件中，有些东西是直接相关的，而另一些似乎是推论、次要的添加物，但当你读到它们时，它们会给你一些想法、一些补救措施等等。我认为法律和法律文化存在的一个间接影响是，使原本难以说出口的、不体面的事情变得可以明说了，从而也使不容想象的、无法提及的、不可告人的，也就是因为原本不容想象而比被表面上禁止更甚的东西变得可以索取了。 84

　　当我说一个象征性经济体的性质——这里我开始切入我想阐述的核心部分——是否认、压抑等，我的意思是计算的可能性不仅仅是被排除在外，而甚至是不容想象的。甚至没有一个词能形容它，没有一个词可以用来命名那些违反这些基本荣誉道德准则的人：他被排斥在社会之外，被逐出教会，被革除教籍，被排斥在人类秩序之外。那些不容想象的事情，就是那些我们没有思想范畴、没有词语去描述的事情……要感受到那些既十分浅显又非常深刻的事情总是非常困难的……例如，想想同性恋者的位置[2]：简单地说就是，有

　　[1] 布迪厄提到了他 20 世纪 60 年代初在贝阿恩省进行的调查，特别见 « Les stratégies matrimoniales dans le système des stratégies de reproduction » paru en 1972 dans les *Annales*, vol. 27, n°4—5，p.1105—1127（后载于 *Le Bal des célibataires*, Paris, Seuil, « Points Essais », 2002, p.167—210）。

　　[2] Pierre Bourdieu, « Quelques questions sur le mouvement gay et lesbien », in *La Domination masculine*, Paris, Seuil, 1998, p.129—134.

名称可以说、有事情要得到承认，有法律加以规定并可以公开发表，从**常识**（*common knowledge*，我们一直都知道存在着同性恋者）到**共识**（*public knowledge*，你可以在电视上看到一个同性恋者说"我是同性恋"，他的父母知道，每个人都知道——事实并非完全如此，但这是一种趋势），这就是一种变化。从那时起，事物的状态就大不相同了，人们对它们的体验也发生了根本性的变化。[在上文引用的段落中] 莫斯所说的"革命"是一场真正的革命：它是一场象征性的革命，在这场革命中，不容想象的事物变得可以想象了，因为思考这些事物的语言工具 [出现了]。这里，你也可以看看本维尼斯特对债务词汇的说法。[1] 当有人说"我欠他一大笔债"时，那就是卡比尔人。而当你签署了一份带有一串数字的"书面借据"作为契约时，它是同一个词 [但已经不是同一种事物了]。那荣誉债务是如何转向"书面借据"的？荣誉债务是一种隐含的承认，它必须得到承认，因此，就像礼物一样，它也有风险。列维-斯特劳斯的 [礼物] 模型忘记了，给予者也是要冒风险的：他无法确定是否会遇到一个愿意回报的人，为了等待这样一个愿意回报者，他可能会要忍受煎熬、独自祈祷等等。

下次，我将会谈谈礼物社会中礼物交换的政治功能，因为给予是权力的基础。最后——不这么说我就没完没了了——我为各位读拉罗什福科的一句原话，我会请各位像在学校那样，为下一讲去思考这个问题 [哄堂大笑]！这句话清楚地概述了我想表达的内容："过分急于偿还恩惠是一种忘恩负义。"[2] 文学非常强大：它着实浓缩了关于我所说的时间关系的本质。我下一讲再来谈这个问题。

---

[1] É. Benveniste, *Le Vocabulaire des institutions indo-européennes*, t. I, *op. cit.*, p.181—197.

[2] La Rochefoucauld, *Réflexions ou sentences et maximes morales*, 1678, § 226.

第四讲　1993年5月6日

象征性革命与范畴的颠覆。经济世界与经济话语的共同起源。计算意识的普遍错误。交换模型。挑战与蔑视的打击。集体期望（1）。礼物与权力。集体期望（2）。

象征性革命与范畴的颠覆

我首先回到我们上一讲结束的地方，希望能再进一步展开一些，因为我在进行阶段式的思考，我这几天在思索我当时本可以说的一些东西。所以我打算先占用一点时间，然后再继续往下讲。我上一讲引用了莫斯的那篇文章，他在文中谈到了一场"真正的、伟大的、可敬的革命"，这场革命撕裂了礼物经济，他说在当时这种经济在本质上是反经济的。为了更具体地了解我之后会谈的这场革命，如果我可以这么说的话，各位可以阅读本维尼斯特的那本传世之作《印欧语系的词汇》。尽管这么说听起来很奇怪，但这本书通过对许多经济术语含义演变的研究，描述了这些想法揭幕或祛魅的过程。正如人们在马克斯·韦伯之后所说的那样 [1]，这导致了它从物理的或象征性的暴力转向了经济逻辑，更确切地说是转向经济权。例如，你可以在本维尼斯特的书中找到（基本上就是《印欧语系的词汇》第一卷的第 123—202 页）一些段落：从赎回（囚犯）到购买的转变 [2]；从给体育赛事获胜者奖杯到给报酬的转变；从道德承认到债务承认的转变；还有从授予某人**信仰**（*fidēs*）到以书面文件来作为证明、认证和批准那种信念的凭证的转变；或者还有从表面上似乎纯粹主观的道德义务（尽管得到社会秩序的支持）到可在法院强制执行的义务的转变。所有这些转变过程都是通过印欧语系的变化来分析，这也是一种更为具体地了解这场"真正的、伟大的、可敬的革命"的方法。

[我] 这是为了说明，莫斯所指的革命并不像看上去那么容易理解：那是所有伟大的象征性革命的特点。我认为，我们所知道的场域（艺术、文学、宗教等场域）都是象征性革命的产物，即思维方式、思维范畴和心理结构的根本转变。同样，正如导致我们今天所知的艺术场域的象征性革命，例如马奈等人完成的革命，是非常难以理解的，因为我们用来理解它的心理结构就是这场革命本身的产

---

[1] 涉及马克斯·韦伯的"世界的祛魅"主题："我们这个时代的命运，其特点是合理化、智性化，尤其是对世界的祛魅，导致人类将最崇高的价值观从公共生活中驱逐出去。它们要么只能在神秘生活的超验王国中寻求庇护，要么只能在孤立个体之间的直接与互惠的兄弟情谊中寻求庇护。"（Max Weber, *Le Savant et le Politique*, Paris, 10/18, 1963, p.120.）

[2] 由于这句格言涉及典故，我们引用原文节选来说明："……我们认为，哥特语的 *Bugjan*，即'购买'只能与已经证实的词根进行比较，最清楚的就是古伊朗语：阿维斯陀语的 *baog-* 在伊朗语中有着相当丰富的派生词，意思是'解除''解开'一条腰带、一件衣服，然后'释放'，然后'拯救'……很快，宗教的意义就被强调了：通过神的介入达到的自由，通过必须拯救被囚禁的造物的'救世主'获得解放……这与哥特语产生了联系。*Bugjan* 可以基于哥特语动词以及引用希腊语的等价词来使用。我们已经看到 *-bauhts* 相当于 *-lusis*、*-lutron*，即'拯救、赎回'。这种语义过程是在什么条件下发生的？这只能是买人，释放一个被囚禁并被出售的人：释放他的唯一办法就是购买。'购买'就是'解放'。因此，这与 *anda-bauths*，即'回购、赎回'的联系是明确的。"（É. Benveniste, *Le Vocabulaire des institutions indo-européennes*, t. I, *op. cit.*, p.135—137.）

物；困难的是要设法对已经变得非常明显的事情感到惊讶，因为我们就是在用这种颠覆性的产物所生成的范畴来进行思考。[1] 同样的道理也适用于我们所说的经济思维革命：关于我们所知道并实践着的经济世界（当我们作出购买行动时、当我们签署债务时、当我们收到工资时等等），我们很难身在其中来理解其真相，理解使其构成的象征性革命所反对的另一个经济世界，因为我们的心理结构就是这场革命的产物。所以，我们很难理解经济社会并非如是构成的前资本主义社会，而与此同时，可能更难真正理解我们现在所处的世界，因为我们就像鱼一样身在水中。基本上，如果有必要不断地折返，冒着永远向经济学提出它认为已经解决的问题的风险，回到我们所知的经济行为和经济思想的基础，以及作为这些行为和思想之思考方式的经济的基础，这是因为经济学——这基本上就是我想传达的核心思想——认为行动方式和思维方式都是不言自明的，然而这些其实都是极其复杂的历史建构产物。

经济世界与经济话语的共同起源

因此，我想回到这个问题上来。莫斯所说的"革命"，导致出现了一种被排除在给予和慷慨的经济之外的思想形式的合法化。它本质上使计算精神合法化了，而这种精神曾在所有实践领域，甚至在我们认为它们完全可以接受的地方，如市场，都以明示和默示的方

---

[1] 布迪厄在 1989—1992 年开始他的《论国家》课程时，强调了对作为国家结构产物的个体（作家托马斯·伯恩哈德 [Thomas Bernhard] 说是"国家化"的个体）思考国家的困难，这使国家成为"无法想象"的对象（见 *Sur l'État, op. cit.,* 特别是 p.13, 339）。在 1998—2000 年关于马奈的课程中，他将进一步发展这一点（*Manet. Une révolution symbolique, op. cit.,* p.13 *sq.*）。

式被拒绝。例如，卡比尔人——我在书中提及过 [1]——在他们所说的"善意经济"（économie de la bonne foi）和市场经济间存在对立。"善意经济"（其化身就是卡比尔人所谓的**布尼亚** [*buniya*]，是一个纯真的人、无邪的人，不计较、不计算的好人，等等），这是荣誉之士之间的规则，特别是在最广义的家庭世界中；而市场经济是邪恶狡猾的场所，那里允许一切的阴谋诡计，而在某种程度上，荣誉之士是被禁止参与其中的。[2] 因此，我所提到的象征性革命是与礼物经济的集体性决裂，因为它是分析礼物交换后产生的。它使计算精神合法化，甚至在最不可亵渎的领域，甚至在家庭内部经济秩序中，在我上次所说的不容侵犯的孤岛上，它伴随着一种计算秉性的逐渐普遍化——我说的不是一种计算的"意识"——这种秉性伴随着一个可计算的社会秩序开始发展。

我上次指出，可计算世界的存在是构成计算秉性的必要条件。为了说明这一点，我要引用一句卡比尔谚语，它很好地表达了我想说的话："**小农**（*fellah*）一计算，他就不播种。"事实上，小农生活在一个如此随机的经济世界里（当你在四年中只有一年会丰收时，这意味着经济秩序所依赖的所有活动都受制于变幻莫测的气候），在某种程度上，计算是被禁止的，即使在不满足条件的情况下，人也必须表现得好像可以行动。而为了使经济施动者按照计算行事却又不需要计算——这是一种秉性——一方面，他们所处的世界必须在**大致上**是可计算的，即使它涉及风险（但风险是可以计算的，而不确定性是无法计算的）；另一方面，计算的秉性也不能受到社会的压制。

看，这就是两个条件。我认为，对荣誉经济和礼物经济的反思，

---

[1] 这涉及《阿尔及利亚的工作与工人》《六十年代的阿尔及利亚》《背井离乡》《实践感》。
[2] P. Bourdieu, *Le Sens pratique*, *op. cit.*, p.195 *sq.*

揭示了这两个基本命题，这两个命题十分重要，因为古典形式的经济学在某种程度上是随着一个可计算的经济世界的发展而同步发展的。古典经济学与社会现实中逐渐出现的那种可计算的世界有关，这个世界受制于计算秉性，所以我们还可以说，第一批经济学家在某种程度上是经济语言的语法学家，因为这套语法是逐渐被他们发明的。在这里，我将回顾阿尔伯特·赫希曼的一本非常棒的书《欲望与利益》[1]，该书于 1977 年在普林斯顿出版社出版。在书中，赫希曼描述了哲学家（霍布斯、斯宾诺莎、曼德维尔等）所做的工作，即实现了将纯粹经济动机与非经济动机（情感和任何超出逻辑的东西）完全分离，分别形成利益与激情。当然，这种理论上的分离必须与实际发生的分离相联系起来，例如企业和家庭之间的分工。因此，马克斯·韦伯认为，家庭预算和企业预算之间的分离是资本主义企业的一个构成属性。[2] 这种发生在经济实践与表征中的分离，　92
由经济学家在他们的话语中再生产，他们在某种程度上创造了现代意义上的利益，即功效主义的利益。这样一来，我们很难描述一个没有功效主义利益的社会，例如，当我们反对经济主义时，我们总是又被拉回到经济主义上：读者在头脑中有这种区分，但当人们试图超越它时，又会重新引入这种区分。

　　顺便说一句，有一点很重要：经济学作为一门科学的起源是伴随着相对自治的经济世界的起源共同出现的，这一观点与我前几年在《论国家》中所说的相吻合。[3] 例如，博丹（Bodin）、孟德斯鸠

---

　　[1]　Albert Hirschman，*Les Passions et les Intérêts. Justifications politiques du capitalisme avant son apogée*，trad. Pierre Andler，Paris，PUF，1980 [1977]．

　　[2]　"存在着这样一种完全分离的原则，一方面，即职能（或经营）的——或许是资本的——资源与私人资源（家庭预算）完全分离，另一方面，职能的活动地点（办公室）和居住场所也完全分离。"（M. Weber，*Économie et société*，t. I，*op. cit.*；*Les catégories de la sociologie*，p.293.）

　　[3]　见 P. Bourdieu，*Sur l'État*，*op. cit.*，特别是 p.200—201，424。

和其他一些思想家经常被视为国家哲学家，他们的思想可以被看作是在分析国家，并被用作理解国家的一种工具。在我看来，这些思想在理解国家方面仍有意义，还伴随着国家的诞生，创造了国家。早期的国家思想家有一种述行性（performatif）的思维方式，即以观察的方式给出了关于国家应该是什么的规范性命题。我认为经济学也是如此：伟大的经济学理论家们，直到约翰·斯图尔特·密尔（John Stuart Mill），都是以经济应该是什么的方式来谈论经济是什么。他们参与了这个新世界的构建。正如国家是一个新的、前所未有的世界、一项发明，我们所知的经济也一样，也是一项历史性的发明，早期的经济理论家并非以描述的方式，而是以建构的方式为之作出贡献。这是一种原罪，而且我认为即使在今天，这种原罪也依然没有被打破：经济学家们都是密尔的后裔，当他们描述**经济人**时，他们产生了一种想象的人类学；**经济人**并不存在，但它应该存在，这样他们的经济学才能完全发挥其运行的作用。

为了说明我刚才所说的话，让我引用一位伟大的经济理论家萨缪尔森的话。他在《经济分析基础》一书中写道："许多经济学家倾向于通过区分理性行为和非理性行为来区分经济学和社会学。"[1] 下面是赫希曼的观点：经济学家接受激情与利益之间的划分，利益的世界是属于经济学家的（当然不包括社会学家），激情的世界是属于社会学家的。帕累托也是经济学理论的伟大奠基人之一，我们在他身上发现了逻辑行动与非逻辑行动之间的区别：逻辑行动在逻辑上将手段与目的联系起来，在本质上是可计算和受制于计算的，而

---

[1] "事实上，即使在学术界，许多经济学家也会在行为理性还是非理性的基础上区分经济学与社会学，这些术语都是在效用理论的半影下定义的。"（Paul Samuelson, *Foundations of Economics Analysis*, Cambridge, Harvard University Press, 1947, p.90.）本书有一个法语译本：*Les Fondements de l'analyse économique*, Paris, Dunod et Gauthier-Villars, 1983 [1971], p.127。

非逻辑行动区分了不同的原则（剩余物、派生物等 [1]）。我就不谈帕累托的分析了，但它们之所以很重要，是因为它们是经济学家们说"帕累托法则"[2] 时的历史无意识。每当他们在自己的理论中召唤帕累托时，他们都在不知不觉中重新吸纳了一次历史无意识，而这种历史无意识无非是他们的对象和对这个对象的认识的历史，这本身就与对象的诞生有关。基本上，这个问题的提出与我在《艺术的法则》(*Les Règles de l'art*，1992 年）中对艺术问题的描述大致相同：理解我们所知道的经济秉性，就是理解构成这种秉性的世界的起源。　94
正如纯粹的美学理论是通过压抑美学秉性与构成其理论的美学分析联系起来而构成的一样，同样，纯粹的经济理论也是通过将压抑经济秉性与构成其理论的经济分析（以及被构成的、它声称要思考的历史对象）联系起来而构成的。

计算意识的普遍错误

所以，我想迅速回到这一问题上来。虽然有必要进一步展开探讨，但我将在稍后的分析中再来谈这个问题。很明显，从这种最初的错误（我想我们可以这么说）开始，在奥斯汀所说的**学究谬误**(*scholastic fallacy*) 的逻辑中 [3]，出现了许多随之而来的错误，这些错误把学者们为了反映施动者的实践而必须建立的理论置入施动者的意识中。功效主义的视角是随着时间的推移而被发明的，一方面伴

---

[1]　Vilfredo Pareto, *Traité de sociologie générale*, 2 tomes, Paris-Lausanne, Payot, 1917—1919，特别是第二章和第三章中关于逻辑行动和非逻辑行动的区别的部分，以及第六至第十一章中关于剩余物（résidus）和派生物（dérivations）的部分。

[2]　"帕累托法则"是统计学家和经济学家经常使用的一个术语，用来指某些不平等的分配，例如国民收入的分配，其中很大一部分由少数人持有。

[3]　见第一讲的结尾部分。

随着狭义上对利益的定义，另一方面伴随着以利益最大化为导向的计算意识；功效主义视角的这两个支柱是在［人们所拥有的］对事物的意识中建立起来的，而它们是在这些事物的科学的构成工作中形成的。从这种功效主义的观点来看，施动者是由狭义的经济意义上的利益所驱动的，并有意识地追求着这些利益，但许多这样的行为，比如给予，从此就开始变得无法理解或不可能了。于是，它发展出了一种普遍的怀疑哲学，并特别针对慷慨行动和交换礼物。

95 简单地说，我对礼物的分析引发了我们对那种想象出来的人类学的质疑：它是普遍错误、完全错误的，还是只是部分错误的，或是在不同领域错误程度不同？这就相当于重提了莫斯的问题：革命是在实际存在的各个领域内完成了？是否在最彻底的经济领域内完成了？这两个问题的答案取决于经济分析是否能被赋予普遍的有效性。我将尽可能全面地阐述这两个问题。在我看来，即使是在经济学领域，从严格的经济利益的意义上来看，所有人类行动都基于旨在实现利益最大化的计算意识的主张，也是普遍错误的：即使是为了了解那些**经济人们**的经济行动，比如工厂老板或企业家，我们也无法依赖于这样一种人类学，即人们的行动原则具有纯粹经济意义上的利益计算意识；反之，我们有必要把许多从一开始就被萨缪尔森在利益秩序和情感或社会秩序之间作出的最初分割所排斥掉的那些东西带回来。对社会的排斥和经济学与社会学的割裂，最终使得市场研究被抛给了经济学家且又强制抛弃了社会学家，这就造成了一门对自己的历史基础没有进行历史反思，并错误地再生产了历史割裂的学科。这大概就是我想从以前的分析中得出的结论。

这种理论，这种功效主义模型，当它只是以礼物为基础的经济的构成要素时，显然不足以理解礼物的古老形式。但是，即使是在理解形成相对自治的经济世界的社会时，这种想象出来的人类学也特别不充分，因为它遇到了一种特殊形式的利益，它可以称为"象征性利益"，即对于无私的利益。它遇到的不是意识哲学传统中的计算的意图或意识，而是计算秉性，它可以提供可能被视为计算的反应，而不必假定计算是这些反应的原则。这些秉性，就是我在多种场合中提到的游戏感（sens du jeu）[1]，这是一种关于行动的时间性的哲学，我稍后将回到这一哲学。我认为古典经济学（它在 17 世纪的发展并非偶然）与一种有着特殊传统的意识哲学有关。此外，今天试图为**经济人**奠定基础的哲学家们发现了笛卡尔哲学中最经典的问题。他们仍然被困在那些关于自我（ego）、超越自我、与他者（autrui）的关系、他我（alter ego）等等的问题中。我们能从笛卡尔到胡塞尔之间找到这一传统……

　　当经济学家开始担心经济问题的社会层面时，他们最终会问自己一个很经典的问题：如何与他人建立持久的关系？在极限情况下，他者的存在何以有建立的根据？他们特别发现了一种时间性哲学，在我看来，这在人类学上是非常天真的（即使它可以非常有趣，在哲学上也可以非常复杂），因为根据它，任何行动都有意识地以有意识的项目中有意识构成的可能性为目标，行动是在有意识构成的可能性之间的有意识选择。而反之，我围绕秉性这一概念提出的实践理论是，所有行动都有其原则性的秉性，这些秉性与实际构成的客观潜力有关，并且它将自身强化为"必须做的事情""唯一要做的事情"。这些客观潜力根本不具有与其他可能性竞争的地位。在这个人类学理论的核心中，有一种关于意识和时间性的哲学，在我看来，它与真正的实践人类学有着深远的矛盾。那种关于时间性和行动的哲学即使在最有利的情况下也是不充分的，也就是说，在所谓的理

96

97

---

　　[1]　见 *Sociologie générale*, vol.1, *op. cit.*, p.308—317, 以及 *Sociologie générale*, vol.2, *op. cit.*, p.906—909。

性经济行动的情况下，这实际上几乎总是一种理性的行动，但这也并不意味着合理。我稍后会回到这一点上来。

交换模型

前面是一个小小的回溯。我现在回到介绍礼物的最后一点（这一介绍最终比我想象的要长得多，但它让我触及了我想说的一些东西；我认为，这一序曲并非毫无作用，因为它使我们能够全面地处理一系列问题，而这些问题随后将需要通过分析方法加以单独阐述）。我［在上一讲结束时］用拉罗什福科的话提出的最后一点，"过分急于偿还恩惠是一种忘恩负义"，这一主题可以被称作"礼物与权力"。换言之，在莫斯特别是列维-斯特劳斯那里的结构主义传统（我不喜欢这些标签）中，礼物基本上被理解为构成交流关系的交换行动，那它难道不是权力关系的初始行动吗？在本质上，礼物不是一种潜在的支配关系的开端行动吗？在更准确地提出这个问题之前，我将很快概括一下礼物交换的模型，因为礼物交换是我们或多或少熟悉的一系列交换中的一个特例。我将在黑板上画一幅示意图，这张图极其简约，但我又认为这可并不简单：这是一个生成模型，从中可以产生非常复杂的东西。

在这里，礼物是一系列交换的开端行动，例如对荣誉的挑战，分为挑战/冒犯两种变体（其中有非常重要的区别，我稍后将指出）、言语、打击（在拳打脚踢的意义上）等等，这些都是启动交流机制的初始行动。这些行动在施加到某人时，就构成了一次挑战：说话对象可能会觉得言语是一种虐待性的入侵行为。事实上，各种各样的原则意味着你不可能只是在对任意的人说话；对人说话是

98

以种种或隐含或明确的原则所规范的入侵。言语、挑战或礼物都是侵入性的，因为该类行动隐含地假定了它所针对的人是受该行动影响。为了清楚地表明这一点，我将引用当代希腊人类学家发现的**荣誉平等**（*isotimia*，即 ισοτιμια）原理。这一现代希腊语来自 *timê*，即 τιμή，在古希腊语和现代希腊语中，它表示荣誉［前缀 iso- 表示平等］，而 *isotimia* 就是荣誉上的平等。无论你对谁说话，你都默示地提出一个论点："我有对你说话的权利""我有权对你说话""我们在互通有无""我们可以说话"。同样，将要接收到这些发言的人也会质疑：这个人值得和他说话吗？我必须回答吗？这是一个很好的案例分析。

因此，这些行动是一种挑战，一种入侵。这样一来，挑战是一种潜在的侮辱。从有人挑战我的那一刻起，我就无法逃避了，我陷入了困境。这不是一个机械齿轮结构，所以用齿轮作隐喻是危险的，因为它让人相信那种机械化模型，而这原本是一个开放的模型。这根本不是列维-斯特劳斯所梦想的那种礼物交换模型（"机械的"［mécanique］一词在他那儿经常出现）。这是一个开放的模型，但在每一个阶段，人们都会陷入更大的困境，自由的边际也会越来越小。接受挑战的人在没有回应的情况下，可能就会处在潜在的羞耻状态。当然，他可能会对他的回答处于不确定性中："我不回答，因为他是个白痴。"知识分子在论战中经常遇到这样的问题：如果我回答，那么就相当于我用我的答案来祭奠这个傻瓜；而如果我不回答，这就表明我没有什么可回答的。这些确实是非常普遍的模型……因此，这里就有着一种悬而未决的空间持续着，直到回应解决了挑战，作为回礼，等等。

这就是模棱两可之处。挑战本身就是模棱两可的：只要它没有 99 得到回应，它就悬在空中，无法确定；只有当回礼出现时，礼物才会成为真正的礼物。例如，立即回礼（即拉罗什福科的那句话："过分急于偿还恩惠是一种忘恩负义"）意味着我怀疑给我礼物的人是出于某种错误的原因。我立即以礼物来回绝他。因此，礼物的意义来自回礼。最初的礼物的意义在某种程度上是一个双向的东西。双方都必须接受这一默契的预设："我们有权互相交谈""你有权挑战我""我通过反击来承认你提出的挑战是一种挑战""我要么通过回礼而承认你的礼物是礼物，要么通过迅速回礼来怀疑你赠礼行动的意图，这样我就摆脱了你在我身上所创造的质疑和回应你的义务"。这里存在着时间间隔，这是非常重要的，因为只要我不回答，正如大家所说，我就对给我礼物的人负担着一份义务。例如，如果礼物太昂贵，远超出了我的回赠能力，那我就永远承担着义务，我永远处于负债的状态。因此，最符合结构主义模型的可能性是：除非有一个默认的交流中断，否则交流将无限持续下去。

如果无回应、无回击、无回礼，那问题就是要知道不回应意味着什么。不回应可以是故意的：那么它就变成了拒绝。

挑战与蔑视的打击

就荣誉而言，这是蔑视的打击：我剥夺了你挑战我的意图，借此否定了你所自以为占据的挑战者地位，也就是赋予你一种与你自己所作所为的主观感觉相矛盾的客观含义。从某种意义上说，这是对人性的拒绝，对**荣誉平等**的拒绝：你在荣誉上和我不平等，你在人性上与我不平等。对共同生活的排斥形式——种族主义，都是建立在这样的基础上的："我拒绝和你一起吃饭，拒绝和你说话，拒绝和你结婚。"我拒绝交流，在这样做的过程中，我从根本上否定了与你同为人类的平等。这可以被视为一种拒绝，或（这是模棱两可的）

100

一种无力的反击姿态。纯粹的挑战使我们容易看清这一点，这一点在礼物中可能更为隐蔽。（如果我是为象征性击鼓的鼓手，我会说这些概括可以使你看清很多东西，但由于我已经做了［这种分析］很长一段时间，我自己都快看不出它有多么令人惊讶了……　［哄堂大笑］。但既然各位可能还看不清，所以我就告诉你，以防万一　［哄堂大笑]!）

　　在挑战发出的情况下，无力回应就是一种耻辱，而交流也就停止了：达到这一点的人就完蛋了，尤其是在发生冒犯的情况下。这就是卡比尔人在冒犯和挑战之间的区分 [1]：挑战针对的是荣誉，即相对肤浅的东西（回应能力、最终话语权、机智等），而冒犯所针对的是更基本的东西，是不容侵犯的价值观，事实上是一切与**乌玛**（h'urma，即不可亵渎）、**阿拉姆**（h'aram，即禁地、圣地、闺房）有关的不可碰触的事物，也就是家庭世界、女人、亲密、最传统意义上的荣誉。在冒犯的情况下，你别无选择，你不能妥协，选择不回应的可能性从一开始就被排除在外，不回应冒犯的人当然是不光彩的。这似乎是在一个机械的模型中，但即使在这种情况下，这也不是真的，因为我们还是可以摆弄时间。一个受到冒犯的人可能会留下模棱两可的印象，他可以利用他反应的不确定性。显然，反应时间越长，他就越有可能被视为一个无力反击的懦夫，而如果卡比尔人所说的"舆论法庭"，也就是说看着他们所说的"话题人物"的那些人们变得愈发严厉："但他最后还是没有反击……"尽管如此，他依然可以摆弄行动的节奏。时间总是存在的。至少以韵律、以节奏的形式，时间间隔总是生生不息的。例如，人们说，狮子面对同类冒犯，可以先等待再作出进攻反应：而与此同时，对方此刻必然

101

［1］　见 P. Bourdieu, *Le Sens pratique*, *op. cit.*, p.315。

处于恐惧之中（它对自己说："我刚才做了什么……?"）……但要做到这一点，你必须首先是一只真正的雄狮！

那么，谁来判断［两种关于无回应的解释之间的］差异呢？我举一个典型的例子：一位艺术家被邀请去参加威尼斯双年展，但他结果没去。他会想："这不可能，这很糟啊……"他的缺席会被视为拒绝出席或无法出席吗？其中的策略非常微妙。人们会玩味这两种可能，因为它是由共同感知来判断的，而共同感知本身是非常难以捉摸的。优秀的荣誉竞逐者必须清楚地知道，人们会对他所做的，尤其是他所没有做的事情产生了什么感觉。没有什么比不回答的答复更难强加于人的了。我们可以说［这位艺术家］："他自称那是蔑视，但实际上是他退缩了。"（我们可能会说得更高尚些，不过其他某些看重荣誉的圈子里的人们会这样说。）因此，这个非常简单的模型可以解释一个特殊的情况。当某件事发生时，会有无限的可能性，但这些可能性包含在这个图式中，而为了某种程度上预测会发生什么，你基本上必须涉及挑战者的属性、挑战对象的属性以及属性之间的差距。

集体期望（1）

现在就得让第三个术语发挥作用了："集体期望"状态（莫斯在其论述货币的论文中引入了这一术语 [1]），指与所考虑的情况相一致的行为，因为这些集体期望本身有时模棱两可且不确定。这里有一些非常困难的情境。我指的是我与伟大的卡比尔作家、人类学家穆卢德·马梅里（Mouloud Mammeri）就智者在卡比尔社会中的作用

---

[1] 布迪厄在后面的第四讲中提到了这一点，见本书原书第 108 页。

进行的对话。[1] 我们谈论的是那些被邀请来给难以定审的案件下决断的诗人，他们通常以即兴创作的美妙诗歌来解决这些极端的困难。在这些难以定审的案件中，共同良知已经无法判断这是卑鄙还是懦弱，是善良还是邪恶，这就往往会产生非常严重的冲突（在不确定的情况下，人们会尽可能多地判处死刑），而智者在解决模棱两可的问题方面非常有用："智慧教导我们……"因此，我们是生活在一个受到非常严格的逻辑约束的世界中（冒犯使我们进入一个不可逆转的循环，一旦受到冒犯，时间就开始运转），同时空间也是向这种稍后延迟的策略开放的（这就是为什么"游戏感"这一概念非常重要）。你可以拖延，假装你会回答而不回答，假装你可以解释为什么不回答，或者让别人来回答。卡比尔人总是说，每个体面的家庭里都必须有一个暴徒，这样才能报复暴徒［哄堂大笑］！这一问题常发生在知识分子的生活中：因为有些人不能得到体面的回答，我常想，理想的情况是，在卡比尔人的模式下，找一个暴徒来回答另一些暴徒的言论［哄堂大笑］……我们可以花上几个小时来继续讨论那些，但我要回到我的主题上来。

　　要理解这样一个模型，你必须要对使一切发挥作用的生成矩阵有一种直觉。如果各位能立刻明白，言语是一种挑战，而且在一系列情况下，为了避免显得无能，你必须反击，甚至拥有最后的话语权，那你就有一种游戏感，你知道任何言语都需要回应，任何挑战都需要回应。你默默地引入了一个生成矩阵：这就是荣誉的游戏感，是交换的游戏感，是礼物中的慷慨的惯习，是发明出适应挑战、反击等情况的原则。这时，你根本不符合理性计算的逻辑。即使是在极端困难的情况下，有时我们也会想："那我怎么才能摆脱困境呢？"

103

---

[1]　Pierre Bourdieu, « Dialogue sur la poésie orale en Kabylie. Entretien avec Mouloud Mammeri », *Actes de la recherche en sciences sociales*, n°23, 1978, p.51—66.

例如，某些举动可能非常模糊……最初的行动并不总是纯粹的挑战。它们可以在挑战和冒犯的边界上展开："但我没有那么说过啊""我不是那个意思呀""哎哟，可别觉得被冒犯了！"人们会玩那种模棱两可的游戏。我们可以清楚地看到，即便在最困难的情况下——在这些游戏中，往往是攸关生死的问题——我们在游戏层面的行动，远远多于由电脑辅助进行的理性计算。因为首先，在很多情况下，事情发生得很快：如果在拳击比赛中，你要思索三小时再来反击，那你可就完蛋了。这很重要，因为紧迫性是这种交流的一个重要维度。我们在秉性逻辑之中，对丁诸如雅各布森的语言学模型，可能会唤起我们一种反应汇编的想法，就好像我们要反击的人就像电脑开始扫描［用索引来浏览］各种可能而能作出的反应。这意味着它们被如此构成，它们是由编码编纂的，并且人们必须在它们之间作出选择。在现实中，我们处于秉性逻辑之中是这样的：根据其秉性、根据对情况的评估等来选择作出的回应。

礼物与权力

我谈到了社会期望，但先暂停一下这个话题。我刚才提出的交换模型只是我分析这种交换与权力间关系中的一个时刻。为什么权力会参与到这种机制中？为什么这些关系不能简单地描述为交换和交流的关系？为什么会有着一种支配的可能性？正如我所说，因为时间介入进来了：只要没有给出回应，接受挑战或礼物的人就处于被迫的义务状态，他就受到给予者的约束。礼物的规模越大，这种约束就越强。我们接下来就转向夸富宴（potlatch）模型，它在整个人类学传统中都很有名。夸富宴是一个初始行动，但其目的是一个终结行动:"我给你那么多,我早就知道你完蛋了,比赛就要结束了。"其中,给予者和接受者之间的不对称性如此之大,以至于礼物停止了它的开始过程。从压倒性的夸富宴到卡比尔人所说的"维持友谊"[1]的平等者间的小礼物交换之间,有一个完整的连续体,但"维持友谊"者依然包含着这样一种风险:在任何时刻,一个接受者都可能会停止一系列的交换:我会不会看起来像个傻瓜?他不会拒绝我吧?他不会什么都不送回给我吧?所以在不纯粹的交流逻辑中交流,总有被拒绝的风险。拒绝交流,意味着从交流的秩序转向了权力的秩序。另一方面,在不相称的礼物和相称的礼物之间,也有着一个完整的交换连续体。

我来举一个更为常见的例子(夸富宴成为**人类学惊奇** [*curiosa anthropologica*] 的一部分并非偶然:它通过其极端的一面吸引了人们的注意)。像夸富宴这样的极端案例有助于揭示整个体系的真相:它们表明,初始行动总是有可能成为终结行动。然而,这种可能性也存在于看似更微不足道的、具有经济层面的交换之中。我将用两个词来谈谈卡比尔传统中的义务劳动(*thiwizi*)。有些译员称其为"劳役",但这个词很难翻译,正是因为它完全超越了现代经济思想的那种二分法。义务劳动在以下情况下会发挥作用。众所周知,收获季是一个非常忙碌紧张的时期。人们必须迅速收割,所以必须要在短时间内动员起很多人。假如我是一位荣誉之士,假如众所周知,我慷慨大方,有很多荣誉资本,我平日乐善好施,我有很多客户、朋友,而我来动员他们:这就是一次义务劳动。我们可以说,这是一种劳役,因为他们有义务来为我工作一天,但我们也可以说,这是一次慷慨的互助。许多传统农业社会中都有类似的行动,这种情

105

---

[1] 见 P. Bourdieu,*Le Sens pratique*,*op. cit.*,p.182。

况中存在着一种模糊性——我曾坚持认为礼物能够以两种相对立的方式来描述——我们可以看到礼物中的模糊性是如何在一种经济行动中被我们找到的。这是一种自愿、有意、慷慨、不求报酬的合作行动，同时也是一种强制性的援助行动，一种可以估值的经济对应物。在前资本主义的社会，所有可以找到的合作形式和行动都属于这种：它们有这样的模棱两可性，因为与礼物一样，它们同时参与了交换逻辑和权力逻辑。义务劳动是一种动员类型，可以在象征资本转化为经济资本，更确切地说是转化为经济资本来衡量基础上获得。这就是为什么那些不再理解荣誉逻辑的卡比尔人会要求一份等值的薪水："我要求报销我的工作时间。"（我上次举了一个关于泥瓦匠的例子。[1]）

我们可以看到，通过更普通的交换和慷慨形式，社会施动者可以积累一种可以称之为"声望"或"感恩"的资本形式，并对经济效应产生影响。换言之，如果礼物是一种侵犯，而且正如拉罗什福科所说，如果一个人急于归还，那是因为矛盾之处在于，给予就是占有。给予我的人可能会占有我，要么我不能归还，要么甚至是即便我归还了，却仍然欠着感恩的债。在荣誉经济中，给予礼物是强制性的：你没有选择，因为你处在一个必须给予的世界之中。它迫使人们承担这种义务，这是强制性的。与此同时，它在社会中产生了持久的关系，它让我们所知道的统治结构——也就是通过市场、工作所建立起的允许老板对雇员行使的支配权，或教师对助理行使权力的客观结构——都不存在了。唯一可以建立的持久关系，是通过给予来建立的那种关系。

这里，我提一下马克思的一段文章中的两个词。我就不读了，

---

[1] 见本书原书第 77 页。

因为它又长又复杂（可以在《政治经济学原理》中找到 [1]）。我讲一下要点。这可能令你非常惊讶，因为我们原本不会料到马克思会谈这些……马克思谈到了一些以个人依附关系的形式来统治的社会。义务劳动就是一个例子。在阿拉伯传统中，我也提到过的另一种形式是佃农 [2]，他是只能拿两成收成的小农。这种角色也处于个人依附关系中。分析起来会很冗长，简单说就是：东家对他而言就像一位父亲，而且东家经常会把他的一个女儿嫁给佃农的一个儿子。这是一种非常复杂的关系，既有家庭关系，也有经济关系。马克思说，这些个人依附关系会随着独立的统治机制的形成而发展，尤其是那些以经济逻辑行事的机制。马克思说，它们正在逐渐让位于"基于物质依附的人的独立"。因此，与佃农相反，雇农（ouvrier agricole）是独立的：他可以离开，他是韦伯（和马克思）所说的"形式上自由的"，他签署的是一份自由的契约。同时，他也被物质上的依赖所束缚：他可以离开，但他失去了薪水；他可能会反抗，但那会令他在没有报酬或赔偿的情况下被赶走。

　　因此，莫斯所说的革命是一场支配结构的革命，其基础是将个人依附关系转变为非个人依附关系，即以机制为中介的关系。例如，今天，在雇主和他的雇员之间的，是整个经济体系，还有整个教育体系，哪怕只是通过学位头衔来保障。这些制度客观地保证了工作的价值和能力。集体协议和经济法律秩序相互作用，这样老板就可

107

---

　　[1] "交换工具拥有的社会力量越小，它就越与直接劳动产品的性质相关，但为了满足交换者和更多人的迫切需要，就必须有强大的社区力量将不同的个体联系在一起，比如父权制、古代社区、封建制度、公司体制。每个个体都拥有了一种客体形式的社会力量，如果你剥夺了这一客体的社会力量，你就得把这些东西寄托在其他人身上。个人依附关系，最初纯粹是自然的，是人类生产力发展中的第一种社会形式，尽管它规模较小并且只是孤立地在一片小地方。基于物质依附的人的独立，是第二大形式。只有这样，才能形成一个由普遍的关系、能力和需求所组成的广泛的社会新陈代谢系统。"（Karl Marx, *Principes d'une critique de l'économie politique* (*Ébauche 1857—1858*)，in *Œuvres*, t. II: *Économie* (*suite*)，trad. Maximilien Rubel *et al.*，Paris, Gallimard, « Bibliothèque de la Pléiade », 1968, p.210.）
　　[2] 见第二讲的结尾。

以省去那些想留住佃农时所必须要做的象征性工作。那些工作就是交换礼物和善意。我们必须庆祝节日，比如不要忘记给新出生的孩子举行割礼，等等。这是一项永久持续的工作。正是这些小小的礼物才是支配关系中的货币。所以，支配关系每时每刻都处在危险之中，因为它只基于一种人际的、主观的关系，并且它总是要由集体期望来保障。[1]

108　　这里就是我要重回莫斯的地方。前几天［在第二讲中］我说，莫斯的《论礼物》和他的《论巫术》可以相提并论。我曾以为莫斯没想到这点，但我们仍然低估了那些伟大作家。我并不是想说莫斯把这种同化推到了尽头，但他在一篇文章中非常清楚地表明了这种联系：它发表于1914年，题为《货币概念的起源》，收录在午夜出版社《莫斯文集》第二卷。我还想和各位谈谈1934年的一篇文章，在那篇文章中，莫斯在二十年后又回到了这个主题[2]，对于那些抱怨作者总是回到同一主题的人而言，这篇文章其实很有趣：很明显，花二十年迈出一小步不算长……

　　在1914年的文章中，他说："货币不是物质和物理事实，它本质上是一个社会事实；它的价值在于它的购买力和人们对它的信心的衡量。[3] 因此，它已经涉及集体信念。我之前说过，为了交换礼物，必须要有两个人：接受礼物的人也必须相信回赠行为足够重要，

---

　　[1]　在《实践感》中，布迪厄花了很长的篇幅论述前资本主义社会的支配模式（第209—231页）。在1989—1992年，他在《论国家》课程中强调了象征资本在支配中的作用，即成员资格、承认和合法性。他描述了一个缓慢的过程：一个基于相互承认的、并因此脆弱的象征资本分散的社会，逐渐变成了一个客观化的、法典化的、授权过的象征资本社会，这个社会由国家担保，国家认证了各种等级制度并使其正式化，发行证书与头衔并惩罚僭用和篡权行为（*Sur l'État*, *op. cit.*, p.111，327，341，431）。

　　[2]　第一篇是给法国人类学研究所的一篇论文，第二篇是马塞尔·莫斯与弗朗索瓦·西米昂交流后发表的关于货币的演讲。这两篇文章是《货币概念的起源》（1914年）和《关于货币社会功能的辩论》（1934年），载于 Marcel Mauss, *Œuvres*, t. II：*Représentations collectives et diversité des civilisations*, Paris, Minuit, 1969, 分别是 p.106—112 和 p.116—120。

　　[3]　Marcel Mauss, *Œuvres. Tome 2*, *op. cit.*, p.106.

才会作出回应。这是信念，这才是"购买力"[的一个例子]……莫斯继续说，货币和玛那（*mana*）之间存在联系。在许多社会中，表示货币的词是那些圣性的、有魔力的词汇：他列出了黄金、宝石和[澳大利亚土著阿兰达人的]护命符（*churinga*），它们都是拥有的财产，同时也是护身符。他最后说，货币是一种护身符，其力量是一种魔力："货币不仅拥有物质和巫术行动的神奇力量，而且还拥有对人类的权威。"[1] 货币是一种社会关系，是一种潜在的支配力。在同一篇文章中，他又说："货币最初不是用来购买消费品的，而是用来获得奢侈品和对人的支配权。我们认为，原始货币的购买力首先是护身符赋予拥有它的人的一种声望，而这种声望能用来指挥其他人。"[2] 这已经是向前迈出的重要一步。从本质上讲，他所描述的正是象征性经济和礼物的逻辑，在这种逻辑中，交换是一种权力的工具。无论如何，货币不仅仅是一种交流的工具，一种流通的东西；作为物质客体的礼物，是对这种力量的一种浓缩。二十年后的1934年，他在另一篇文章中补充道：货币是一种物神（fétiche），"货币的这种神奇力量，这种声望，随着交换而增长"[3]。因此，他明确了这种权力与被交换的事实之间的联系。这种权力是在流通中形成的。"你[弗朗索瓦·西米昂]提到了易洛魁人著名的'贝壳串珠'（wanpun），它在五个民族内部的胞族之中、氏族之间流动。它的流通量越大，它的价格就越高，无论每个聚落是否增加了串珠上的图案。这与马林诺夫斯基所写的特罗布里安群岛库拉（*kula*）贸易的事实是一样的。这些异国货币的价值，随着流通量的增加而增加。"[4]

109

---

[1] 确切的引文是："马来—美拉尼西亚—波利尼西亚语中的玛那一词，不仅指物质和巫术行动的力量，而且还指人类的权威。"（M. Mauss, « Les origines de la notion de monnaie », art. cité, p.111.)

[2] *Ibid.*

[3] M. Mauss, « Débat sur les fonctions sociales de la monnaie », art. cité, p.116.

[4] *Ibid.*, p.116—117.

仿佛每一次这样的循环，在象征性过剩的逻辑中，都是象征性炼金术运作的一次机会。但莫斯并没有这么说：他并没有完全用巫术来类比货币，而只是以此命名了这个问题。

集体期望（2）

　　他接着说（这是一场学术界的辩论）："此外，我有件事要对你说，这是一件小事，但你会发现这会改变你的思维方式。"[1]（这就是一个人在研讨会上的说话方式，而非演讲时的口吻：莫斯说的是"一件小事"，但他觉得这是决定性的，而他要对话的人——西米安，恰巧是一位著名的货币理论家[2]，那后者肯定会被这句话弄得心烦意乱。）他［莫斯］谈到了公平价格的概念，并提问什么是"公平价格"：这是一种价格分级制度，于是他谈到了"固定期望"[3]。在这里，他就引入了集体期望的概念，并解释说："我们在社会中，在我们自己之间，期望着这样或那样的某个结果。其表达方式有：约束、力量、权威，我们［如涂尔干学派］曾经使用这些概念，它们也有其价值，但在我看来，集体期望这一概念是我们必须努力建设的基本概念之一。我想不出其他任何能生成法律和经济的概念，除了'我期待'，这是对任何集体性质的行动的定义。"[4] 因此，他将社会秩序与共同期望的客观体系等同了起来。提出挑战的人都带着预设，

---

　　[1]　报告中的具体原话是："我还想提出一点。这些都是小事，但那可以让你更完美地表达你的想法。"（Mauss，« Les origines de la notion de monnaie »，art. cité，p.117.）

　　[2]　弗朗索瓦·西米昂曾在涂尔干学派的杂志《社会学年鉴》上负责"经济社会学"板块，他最著名的作品之一是《货币：社会现实》：François Simiand，« La monnaie，réalité sociale »，*Annales sociologiques*，1934，série D，fasc. 1，1934，p.1—58，后载于 François Simiand，*Critique sociologique de l'économie*，Paris，PUF，2006，p.215—279.

　　[3]　M. Mauss，« Débat sur les fonctions sociales de la monnaie »，art. cité，p.117.

　　[4]　*Ibid.*

也可以说是预期。一个负责（*responsible*）的、愿意承担责任的人的每一个社会化行动都是对社会期望的回应，并包含了关于行动意义、对行动的潜在回应以及参与者对行动和回应的理解的预设。它的预设所假定的，是对实践意义的一种共识，这种共识的前提是参与行动与构成行动的感知属于同一个范畴。

所有这些，莫斯从一开始就说过（当他在1914年的文章中谈到"信念"（croyance）、"信心"（confiance）等时），只要稍微往前再走一步，我想我们可以这么说，这种共同的期望体系、这种共同的时间性、这种行动及其意义的可预测性，意味着就世界本身的意义达成了一种共识，参与构成感知和非感知的世界观以同一范畴为基础。我曾引用过一个在卡比利亚听到的故事（可能是杜撰，但依然很有意义），它讲道，一个暴发户到法国，他大撒纸币挑战法国富人说："谁敢这么做？"[1] 这是一个完全不在我们的期望体系中的人，因此他的期待就完全落空了。相反，没有期望体系的人不理解触发这些过程的初始行动，最后他会被逐出社群，回到了孤独之中。反之亦然，在卡比利亚，一个被逐出社群的人就是不再为大家做义务劳动的人，这是一种谴责的形式，因为你想，有很多事情，比如给驴子装载大量货物，或给磨坊装磨轮，如果你只是一个人而没人愿意帮忙的话，你就没法做了。因此，对那些通过行动表明他们从根本上辜负了共同期望、有着不同的思维方式、好似生活在另一个世界的人来说，逐出社群是一种可怕的制裁。例如，革命者就是这样。这位经济革命者，也就是那个泥瓦匠，会说："你这儿的东西很好，但我没有时间可以浪费。与其给我食物，不如给我一笔同等价值的钱。"所以他是一个象征性革命者，就像他那个时代的马奈。[2] 作为象征性革命

111

---

[1] 见 *Le Sens pratique*，*op. cit.*，p.315 以及本书第二讲。
[2] 布迪厄想到了他关于马奈的研究（他有时会使用开除教籍的隐喻）：*Manet*, *op. cit.*。

112 者，先知们会被逐出党团、开除会籍，除非他们能够接触到了在此空间中被支配的人，并说服他们改变他们的思想范畴。因此，莫斯的分析十分重要。

为了完成表征系统，交换礼物——我之前顺便提过的——是一种炼金术行动，就好比像巫术所做的那样：它看起来没有，但实际上改变了被交换的那些东西，这些东西开始具有了不容侵犯的价值，并随着流通的增加，这些东西变得更加不容侵犯了。它改变了参与交换的人，也改变了我们对他们的看法……从某种意义上说，这改变了一切。在不同社会中的礼物尤其如此（所有社会都或多或少有这种情况）：一个人给予，他做了所谓的慈善，他赠与穷人、寡妇、需要帮助的人和受苦的人，他就是在做一种再分配行为。他重新分配了他所积累的经济资本，并通过重新分配改变了它，也改变了他自己。为了用一句话来更好地概括我的想法，我想说从本质上讲，再分配是一种对再分配的承认行动，它承认分配是不平等的。财产分配是不均的：有些人比其他人有更多的牛，有些人比其他人有更多的牲畜（*pecus*），更多的牛也就意味着更多的钱 / 牲畜（*pecunia/ pecus*）[1]。献出自己的公牛为作祭品的人，例如在耕作的第一天就分肉为赏的人，就是按着礼物的逻辑，重新去分配自己的财富。他所重新分配的东西被改变了，也改变了他，这使不平等合法化，使重新分配成为可能。

从这种非常简单的礼物交换模型中，我们可以找到政治资本原始积累的基础。如果慷慨的礼物（我们所说的夸富宴是个极端例子，但也必须回到更为普通的东西）具有这种政治力量，那就是因为它神奇地改变了在那个场合中所发生的事情，尤其是事关重大时，它

---

[1] *pecus* 一词的意思是"牛"，*pecunia* 一词的意思是"家畜产生的财富"，其衍生义就是"钱"。

使经济财富变成了象征财富，也就是转变了原本被承认且因此不被　113
视为财富的一种财富。富人成为了合法的富人，成为一个有理由成
为富人的富人，正如卡比尔人所说的那样，"富有是为了接济穷人"。
志愿服务、慈善救济、捐赠，像福特基金会一样的那些基金，以及
企业赞助 [1]，这些捐赠的逻辑是基于这样一种社会巫术，它发生在我
们把东西给别人的过程之中，而成为了我们的义务。

　　为了尽快结束今天的演讲（否则，我会没完没了地漫谈礼物），
我要说：在"再分配是确保分配得到承认的必要条件"这一命题之
前，人们更多想到的是国家的原始组成。众所周知（这是一种俗
见），国家的职能之一是确保再分配：国家或多或少地以合法的方
式征税和再分配，但官方对税收的看法是，也就是国家征收的资源
是……那些听过以前课程的听众将看到 [我在教学上的] 连续性。
事实上，我坚持认为，在王权统治初期，通过税收积累经济资本沿
用了"夸富宴"的逻辑：再分配是积累拥护者和建立个人依附关系
的工具，而王权一部分正是基于这种礼物的逻辑。[2] 但随着时间的
推移（我已经详细分析了这一点），礼物逻辑正在发生变化，并越
来越去个人化。它不再是人与人之间的关系，而成为了以整个国家
秩序、司法等形式为中介的人与人之间的关系。也就是说，我认为
人们忘记了——我自己也忘了，但对礼物的分析有助于我追溯这一
点——象征性的炼金术也适用于税收，而税收不仅仅是一种可以为　114
国家积累资源以用于再分配等社会目的的强制扣除工具。它也是通
过这种流通来产生合法性和信念的一种行动。再分配是必要的，以

---

　　[1]　布迪厄已经在《实践感》中与当代的再分配形式建立了联系。在他开设这门课程的
那一年，他也完成了重读他与艺术家汉斯·哈克（Hans Haacke）的意见交流，这些交
流特别涉及艺术赞助，并在次年 1 月出版：*Libre-échange*，Paris，Seuil/Presses du réel，
1994。

　　[2]　见 P. Bourdieu，*Sur l'État*，*op. cit.*，特别是 1991 年 11 月 7 日课程。

确保分配得到承认。换言之，从夸富宴到国家之间有一种连续性，并且国家仍然始终面临着回归夸富宴这一类机制，即回归世袭制的国家机制的威胁：人们并非使用这种神奇的炼金术机制、这种礼物交换机制来承认普遍国家，而是可以通过使用这一机制来识别谁是负责再分配的人。那是一种腐败，比任何形式的腐败、比善良的人民所说的任何形式的"中饱私囊"都要严重。正如马克斯·韦伯所言[1]，通过"世袭主义"使用强制性征税，可以象征性地"中饱私囊"。所有制度都是如此：一旦你成为了什么的主席（一个机构的主席、[社会科学]高等学院的主席，等等），就有可能世袭主义地使用再分配，那些被感谢的东西、吸引承认的东西，并非由重新分配职位、房舍、教师等的制度负责分配，而是由有权管理再分配的人在负责分配。这种象征挪用，在我看来，比经常与之相伴的物质挪用危险得多，这是礼物逻辑所固有的。我讲得有点杂乱了……因为我今天想结束这部分，所以我匆匆扫了[回顾]一下[主题]，但各位已经大致有了一条主线了。如果今天我讲的让我感觉有很多遗憾，那下一讲我会再作一些澄清的[哄堂大笑]……

---

[1] 见 M. Weber, *Économie et société*, t. I, *op. cit.*, « la domination traditionnelle et l'économie »（p.316—320）一文及其后。

第五讲　1993年5月13日

经营经济学的局限与象征经济学。通过象征性交换建立持久关系。持续重建信念。市场的帝国主义神话与对商品化的抵制。经济关系的象征性维度，以劳动合同为例。消费中的象征逻辑。理性行动的经济条件。

我曾提议，将礼物视为我想对社会经济基础所进行分析的一个引子。但是这个引子已经发展得有点大而无当了，它逐渐一点点吞噬了我想告诉各位的一切。这更让我担心，由于在这种艰难情况下的交流所产生的不确定性，我不确定我是否确切地表达了我本该说或想说的东西。我走了这样一条路，从作为人际交换的礼物到国家的一条轨迹，试图在这一过程中展示如何克服微观社会学与宏观社会学之间经常出现的对立。我通过含混地提到我前几年所说过的内容，以某种比较危险的方式完成了向国家主题的过渡，但我认为这一过渡很重要，因为它能表明，以人类学知识进行充分分析，可以更深入地了解公民与国家之间的关系，这种关系往往因熟悉而变得难以理解。

116 　　顺便说一句：我收到一些问题，但我不会总是直接回答，因为我认为课程后续的部分其实已经包含了各位想要的答案。但在这里，我收到了一个关于结婚礼物的问题，还有一个涉及回礼不能立即被看到的情况。第一个提问者——她的名字太长，我就不读了——问我："在结婚礼物的情况下，我们收到了礼物，但不会还礼，为什么会有这样的情况呢？"这是我回避了的一个问题。在分析礼物问题时，我本应不可避免地遇到一种特殊的象征物的流通问题，这个象征物就是在许多原始社会中的妇女。我应该把这种流通和乱伦禁忌联系起来，后者意味着给予和流通的必要性，这是许多社会的最基本的社会关系的基础。事实上，我们必须从普遍交换的逻辑上来理解这些结婚礼物，即第一个家庭给第二个家庭，第二个家庭再给第三个家庭，而第三个家庭最终会给第一个家庭。我只想提示一个主题：列维-斯特劳斯所提出的[1]关于乱伦禁忌的得到最普遍认同的解释之一是，乱伦是禁忌的，因为它扰乱和中断了货物和人员的流通。在婚姻交换和以婚姻为契机的交换中，我们正好处于一种广义上的流通状态，在这种情况下，流通并不仅仅局限于正在交换的那两个具体的人。这可能令人困惑，但值得一提的是，一种以礼物为特例的象征性交换的普遍经济学，应该把婚姻交换放在中心，并或许要以不同的方式来重新解释——我相信在我之前所说过的话提过这些要素——如列维-斯特劳斯关于婚姻交换和亲属关系的理论。我仅仅说这么一点，以弥补可能出现的严重空白。

---

[1]　C. Lévi-Strauss, *Les Structures élémentaires de la parenté*, *op. cit.*

经营经济学的局限与象征经济学

今天，我将试图从礼物分析中得出一些关于经济问题的有趣发现。首先，我要说明，我试图提出的对礼物的分析如何使我们考察经济学家所描述的经济交换的局限性：从礼物分析中可以得出若干命题，它们可以描述象征性商品经济的特殊性，并最终确定经营经济学的局限性。我不打算在这里系统地讨论这种［象征性商品的］经济，因为我打算再用一年来从家庭经济，到交换在其中无法还原为纯粹利益和银货两讫逻辑的那些世界（艺术、科学、宗教等）的经济，再到官僚系统的经济，分析不同形式的象征性交换的共同原则。[1] 这里我将坚持仅局限于一种纯粹否定性的分析，试图简单地展示分析象征性交换如何限制古典经济学理论的勃勃野心。

从礼物分析中首先可以看出的是，在某种意义上，存在着一些象征性经济体，特别是前资本主义的那些经济体，它们的基本逻辑是以象征资本积累为导向的象征性交换。在这些经济体中，经济交换本身被否认了，并产生象征性的资本、声望、荣誉和认可，因为 在某些条件下，象征资本本身可以转化为经济资本。我之前就以劳役或互助，即卡比尔人的义务劳动为例，在那里各位会非常清楚地看到，如何把荣誉、债务和认可的资本转化为工作和服务。完全按照这一逻辑运作的前资本主义经济体有一个优点：只要其中的一切都符合这一逻辑，它们就提供了一份象征性交换的粗略形象。它们

---

[1] 布迪厄在次年这么做了。他在1993—1994学年于各省乃至海外开展了全面授课，并讨论这几个主题，特别是在里昂第二大学讲授的两节课专门讨论了此处所指出的"象征性商品经济"。它们后来产生了一篇文本，并以同一标题发表在了《实践理性》中，见 *Raisons pratiques*, *op. cit.*, p.175—217。

在我们的社会中，一方面像孤岛一样一直处于几乎纯粹的状态，但作为孤岛，它们的逻辑也正在发生着变化；另一方面，它在大多数家庭经济中存在着——但这一点也或多或少被隐藏或压抑着。这就让我们想到柏拉图用过的大写字母和小写字母的形象类比 [1]：前资本主义经济体让我们用大写字母来阅读我们在资本主义经济体的核心中发现的那些混乱、扭曲的事物。例如，我一直在研究住房的经济问题（我之后会多次讨论这个问题）[2]；很明显，我们在经济交换中发现，住房所产生的经济交换包含了大量的前资本主义特征 [3]，但如果没有一双训练有素的眼睛来发现看似残酷的商业交换中发现的象征性逻辑，它们可能就不会被注意到。

通过象征性交换建立持久关系

这些前资本主义经济体（我顺便说过，我想借此机会提醒大

---

[1] 暗指苏格拉底试图定义正义时的一段话："我说啊，我们所要做的研究工作可不是小事，而是需要敏锐的目光，这对我来说是显而易见的。还有，因为这是我们所缺乏的一种品质，我的意见是，我们应该像要求视力完全不敏锐的人远距离阅读小写字母一样，研究它是什么；后来，这些人中的一个人可能也会意识到，这些同样的字母可能也存在于其他地方，在更大的范围内，在更大面积的地方；我想，对于那些从读这些大写字母开始的人来说，能够这样观察小写字母是否与它们完全相同，这将是多么的幸运啊！"考虑到"社会是比个体更大的事物"，苏格拉底由此推断，正义的本质首先在社会层面上比在个体层面上更容易界定："让我们从到社会中寻找正义的本质开始；然后，让我们对每一个体进行类似的检查：在最小那一方的特质中的检查，将给我们一个与最大那一方相似的形象。"（*La République*，368c—369a，in Platon，*Œuvres complètes*，t. I，trad. Léon Robin，Paris，Gallimard，« Bibliothèque de la Pléiade »，1950，p.913—914.）

[2] 见 *Actes de la recherche en sciences sociales*，n°81—82，« L'économie de la maison »，1990，这些文章多再版于 *Les Structures sociales de l'économie*，*op. cit.*。

[3] *Ibid.*，尤见 Pierre Bourdieu，Salah Bouhedja，Rosine Christin et Claire Givry，« Un placement de père de famille »，p.6—33，如："在许多社会中，建造一座新房子，就像在旧时的卡比利亚一样，是一项集体事业，要动员整个阿格纳蒂克群体做一项自愿的苦差事（尤其是搬运横梁），这恰逢一个新家庭的成立。即使直到今天，'建造'计划几乎总是与'建立家庭'（或扩大家庭）、建立一家人的计划联系在一起，即建立一个通过婚姻和亲属关系纽带联系在一起的社会群体，而同居关系又使这种联系加倍。"（p.7；*Les Structures sociales de l'économie*，p.34—35.）

家注意这个主题）完全致力于象征性，这在很大程度上是因为，象征性交换是建立持久社会关系的唯一的、几乎是排他性的工具。新古典经济学家提出的问题是，原子化且独一的个体、一种没有门窗的单子[1]、一种完全封闭自己的**计算人**（*homines calculantes*），如何为自己创建社会联系？例如，社会经济行为的精明施动者如何能够同意合作呢？事实上，这个问题在任何社会中都存在：社会纽带是如何形成的？以前不存在的关系如何产生的？社会互动是如何产生的？最重要的是，如何建立持久的社会关系，而不是随着互动的结束就结束了？正如我所展示的，这种关系是通过交换礼物而形成和建立的，它通过象征性的炼金术，在交换的持续时间之外持续存在着，这种炼金术为接受礼物的人创造了一种使之持久回馈的义务：给予者迫使接受者，使之成为一个负有义务的人，从而使他永久地成为一个依赖者。在经济机制不以我们社会的方式形成的社会中，人们有义务成为由义务所约束的人，不然你也无法以其他形式来持久地占有一个人（就像我们的社会可以用工资来占有一个人那样……）。

120

这些经济体提出了一个有趣的问题：人们可以想象，在这些社会世界中，经济机制或与经济机制相关的机制（如产生持久头衔的教育体系）的客观约束将失去效力。在这样的世界里我们将看到，社会关系的发展，例如老板和下属之间的关系，与前资本主义社会中的关系非常相似；占主导地位的支配者将有义务提供各种帮助（用我刚才的表述）。当经济制度、法律、官僚制度以及如等级关

---

[1] 莱布尼茨经常被引用的这句格言，可能是指以下两句话："任何东西都可以通过窗户进出，但单子没有窗户。"（*Monadologie*［1714］，§ 7.）"没有什么能从外面进入我们的头脑，我们似乎认为我们的灵魂好像有个专门的收信空间，似乎它有专门的门窗，这样想是一个坏习惯。"（*Discours de métaphysique*［1686］，§ XXVI.）

系等所有保障持久关系的社会机制被中止时，支配者和被支配者之间的关系就会发生变化，变得新颖而更为迷人。然后在这种情况下，支配者就被迫要建立象征性的交换关系，这是在无法以其他方式占有的情况下占有他人的唯一途径。

我刚才所说的前资本主义社会的面貌是非常模棱两可的。我认为，人类学家对某些非常古式的农村社会的迷恋[1]（毕竟欧洲几乎没有这样的社会）恰恰是因为社会施动者被迫承担义务：社会关系的一种魅力，就源于它否认了残酷的关系经济，它拒斥了工具性的社会关系，但它也有一种非同寻常的能量耗费来掩盖交换的真相。我已经给出了几个例子，这样例子无穷无尽。因此，我可以提出这样一种事实，即当你得到一些东西时，你总是得回馈一些东西。我还可以就卡比利亚的婚姻谈判说几句。在这些谈判中，有身份的荣誉之士把获得最高的婚姻补偿作为他的一个荣誉点，因为这关系到家庭的价值。[2] 在某种程度上，家庭的集体荣誉点在一场看似肮脏的讨价还价中岌岌可危，但这种肮脏的讨价还价以一次慷慨行动作为高潮而得到了加冕，这种行为往往包括回馈比自己获得的还多的钱，以表明你有足够的荣誉，从与自己谈判的人那里得到一个好的价格（你自己要足够娴熟，成为荣誉价值的主人并让这种价格得到认可），但也要归还你所能挣得的，并表明这种行为的无私。

面对这样的事情，各位不由得被伦理和人性上的精湛技艺所迷惑，由于这些行为中所认可的价值观是普遍的（我确实

---

[1] 布迪厄在1983—1984年提出了关于人类学家对原始社会"魅惑"特征的迷恋问题的发展。见 *Sociologie générale*，vol.2，*op. cit.*，p.214 *sq.*。

[2] 见 Pierre Bourdieu，« La parenté comme volonté et comme représentation »，*Esquisse d'une théorie de la pratique*，*op. cit.*，p.83—215，及 « Les usages sociaux de la parenté »，*Le Sens pratique*，*op. cit.*，p.271—331。

认为所有社会都压抑着经济，至少在官方上是这样），人们心中就必定会产生一种人道主义的激动。所有的人类学家都经历过——例如在《忧郁的热带》中。[1] 但科学现实主义迫使我们要去解释，这种人道主义的激动是基于某些经济学原因，并且是基于一种非经营经济学。它基于这样一种事实，即在这些世界中，人们在某种程度上注定要慷慨——这并不意味着慷慨，就不再是慷慨了——就像现代社会的贵族注定要慷慨一样 [2]，因为在与承认这一等级的人的关系中，慷慨是保持他们地位的唯一途径。

122

（这也是一种形式的宿命论，知道这一点非常重要，否则我们会认为有些人比一般人更有人情味。事实上，当条件允许他们更符合我们对人的理想观念时，就会出现更有人情味的人。因此，像我这样的分析似乎总是简化归纳的，这就总是让《精神》[3] 杂志气得发抖，也让人们以为我是一个典型的反人道主义者。然而，人道主义出现的可能性必须满足经济和社会条件，我认为忘记这些基础并不是很人道，因为这等于给那些已经符合了人道主义社会条件的人一份人道主义的特许专利，并以野蛮为由把其他社会拒之门外。因此，重要的是要记住，人道主义的可能性是有社会和经济条件的，即使只是为了确保——如果人们赞成人道主义的话——这些经济和社会条件得到普遍分布，或至少是不那么不平等的分布。

---

[1]　Claude Lévi-Strauss, *Tristes tropiques*, Paris, Plon, 1955.

[2]　见第二讲中引用诺伯特·埃利亚斯所谈及的关于黎塞留公爵的轶事。

[3]　《精神》（*Esprit*）杂志的创办人埃玛纽埃尔·穆尼耶（Emmanuel Mounier）明确宣称自己是人道主义者，并经常抨击布迪厄的分析。例如，在《精神》的主旨下，历史学家安托万·普罗斯特在杂志上以再生产为主题，发表了一篇题为"贫瘠不育的社会学"（Une sociologie stérile）的恶毒评论。同样，《区分》也引起了激烈争论，见：Philippe Raynaud, « Le sociologue contre le droit », *Esprit*, n°3, 1980, p.82—93；Pierre Bourdieu, « Où sont les terroristes ? », *Esprit*, n°11—12, 1980, p.253—258。

乐观主义／悲观主义二选一的选言命题，是我们对一位思想家所能作出的最容易的判断：当我们不知道如何读懂一部作品中的内容时，我们总是可以说它是对的或错的，或者它是乐观的或悲观的……这就是为什么今天许多世俗人士、新闻界人士对作品的判断都是这种类型的，这是一种零分评价。[如上]这样的分析是乐观的还是悲观的？我们对此一无所知：现实是这样的，事物既相同又相反。）

持续重建信念

123

所以我会说，在某些人性的条件中，社会施动者在某种程度上注定要变得有人性，并因此会表现出某种魅力。在这方面，我想到了马基雅维利关于共和国的著名评语，即理想的共和国制度激发人们的美德[1]——这和我说的是同一意思。这种对卡比尔社会或前资本主义社会的反思，导致了一个政治结论：如果我们要建立一个社会，在这个社会中，社会关系会像前资本主义社会中的某些社会关系那样迷人且令人陶醉，那么我们就必须为其创造某些条件，例如，确保等级依赖关系丧失其残酷性，确保支配者有义务在每一刻都持续创造他们的支配。让我举一个简单的例子。在《法兰西学院关于

---

[1] 布迪厄的这句话是引用了马基雅维利的某段文章，例如："这种进步很容易解释：造就国家力量的是普遍的公共利益，而不是特殊的利益；而毫无疑问，只有在理想的共和国里才能看到公共利益：它只决定做有利于公共利益的事情，如果碰巧这不幸地伤害了少数人，而同时许多公民会从中受益，那么人们总会确信他们会战胜那些利益受损的少数人。"（Nicolas Machiavel, *Discours sur la première décade de Tite-Live*, trad. Toussaint Guiraudet, Paris, Bibliothèque Berger-Levrault, 1980, Livre second, chap. 2.）或是："一个良好构建的理想的共和国不会用服务来补偿犯罪。它奖赏善行，惩罚恶行；在奖励一个公民的良好行动之后，如果该公民有罪，它也将惩治和处罚他，而不考虑他以前的行动。"（*ibid.*, Livre Premier, chap. 24.）

教育与未来的报告》[1] 中，有一项极其重要的革命性建议——但显 124
然没有人看到——这包括，可以设想，学校颁发的资格证书应当是
有有效期的，有效期为五年，而且不可续期。关于以限期头衔取代
终身头衔的建议，将从根本上改变教育关系和多少基于头衔的所有
权力关系。这是一个非常简单的例子，说明这些分析并不是纯粹的
空想。前资本主义社会是在不断创造的逻辑中运作发展起来的，其
中每时每刻都必须重新创造关系：[农场的] 主人和他的仆人或佃农
之间的关系，主要建立在秉性和感情的基础上。在我们的社会中，
家庭关系也是如此：那主要是建立在秉性和感情的基础上的。同时，
它们在某种程度上也每时每刻都处于危险之中。它们总是面临着信
念危机，因此我们必须不断地重建信念。

市场的帝国主义神话与对商品化的抵制

因此，有些社会整体上都按照这种象征性的逻辑运作（今天几
乎没有这样的社会了）。如果我能通过我所举的例子不断地从前资本 125
主义社会走向我们今天的社会，这是因为我们的社会中仍有一些地

---

[1]　布迪厄在委托与起草这份在 1985 年提交给共和国总统的报告方面发挥了非常积极的
作用。布迪厄所提到的段落如下："我们还应当努力消除或减少将学校头衔视为不可亵渎
的倾向，这是一种社会教育的基本形式，而它现在却在我们的社会中发挥着与其他时代的
贵族头衔完全相似的作用，禁止一些人因从事某些被认为不值得的工作而受到贬损，又禁
止另一些人渴望自己的未来。为此，在这方面，重要的是重新评估实际成就：例如，在所
有征聘中引入一种基于实际工作和实际成就的选拔与晋升配额（例如，就教师的特殊情况
而言，引进模范的教学创新或非凡的奉献精神）。法国官僚制度最严重的缺陷之一是，受
教育程度不高的人和受过良好教育的穷人，就像平民和贵族之分一样，在所有与社会相关
的观点上，都是终身分开的。而当文凭的选择在整个职业生涯中持续发挥作用，并远超其
原初目的时，就会是有害的，因为对其所发挥作用的实际评估，被不公平地牺牲在公司利
益和对雇员的误解上。我们必须努力改变规章制度和思维态度，以便在保留其作为防止任
意提拔的最终保障功能的同时，只在有限的时间内考虑学术头衔，而不是以一种排他性的
方式来使用它，也就是说仅仅作为一种独特的信息。"（« Propositions pour l'enseignement de
l'avenir élaborées à la demande de Monsieur le Président de la République par les professeurs du
Collège de France »，Paris，Collège de France-Presses du Palais-Royal，1985，p.23.）

区继续按照这一逻辑来运作。更普遍地说，我认为与礼物 / 回礼相反的银货两讫的逻辑，并没有完全征服资本主义社会的经济世界。经济学家所提出的主导性观点似乎表明，莫斯所说的那种革命似乎已经完全彻底成功，似乎银货两讫与现金支付的逻辑已经在整个经济世界中普遍存在了。[1] 为了界定经济理论的有效性在社会学中的局限性，即这些理论往往假定市场是一个独立自主的、自给自足的制度，不受 [非？] 经济因素 [2] 的影响，而且其中的施动者只根据理性计算行事，我们就必须记住，（这仍然非常普遍，但重要的是）事实上，正如经济学所描述的那样，市场逻辑在任何地方都不完全适用，连证券交易所或金融市场也是如此，也就是说，在现代经济世界内部，也存在着它难以适用的地方。因此，我们有这样一个连续体，从这种逻辑很少或根本不适用的地方，到往往能适用的地方，然而事实上，它目前在这些地方仍然是一种实践的逻辑倾向于服从、但从未完全实现服从的规范。

　　归根结蒂，对礼物的分析引发了我们对市场帝国主义神话的质疑。这种神话可以在马克思主义思想家们的著作中找到（想想马克思在《共产党宣言》中关于利己主义像"冰水"一样的著名隐喻，这一利益隐喻渗透到一切事物中，逐渐侵蚀着所有的社会关系 [3]），此外，齐美尔坚持认为用货币来等价会破坏真正的价值 [4]，并将卖淫带入性市场（卖淫问题是这些现金交易理论家们爱好的主要战场之一 [5]），在政治市场上导致腐败，在婚姻市

126

---

　　[1] 布迪厄多次提到这一点，可以说莫斯也是这样做的。例如："正像我们将看到的那样，这种道德和经济在我们的社会中仍然以一种持续的、可以说是潜在的方式在运作。"（« Essai sur le don »，art. cité，p.148）"正是我们的西方社会最近把人变成了'经济动物'。但我们还并不都是这样的人。"（ibid.，p.271）

　　[2] 布迪厄可能口误了，文中的意思显然是"非经济因素"。

　　[3] 可参第二讲的引文，见本书原书第 48 页关于《共产党宣言》的脚注。

　　[4] 尤见 Georg Simmel，*Philosophie de l'argent*，trad. Sabine Cornille et Philippe Ivernel，Paris，PUF，« Sociologies »，1987［1900］．

　　[5] *Ibid.*，p.473—498.

场上导致金钱婚姻，等等。那是一种一切都可以买到、一切都是
商品的思想；经济法则所驱动产生的市场化、商品化的效果破坏
了一切价值这种观点，在马克思主义者和倾向于马克思主义的人
们中是普遍和明确的，也有一种批判作用；而对于新古典主义理
论家而言，这是一种不言而喻的论断，但事实却完全否定了这种
观点。

为了加深印象（我应该在谈到礼物时提到这一点），在这里，我
将引用蒂特马斯的一本经典著作《礼物关系》[1]，这本书是关于血液
市场的（不是被污染的血液 [2]），关于通过输血来交换血液。它与
那些揭露并谴责商品化影响的人的逻辑是一致的。该书所提出的论
点之一是，与基于商品化的交换相比，基于无偿、慷慨和自愿捐赠
的血液交换在技术更有效，在道德上也更安全。当我们从自愿献血
转向商业献血时，为了获取报酬，我们失去了技术质量（要面临危
险等），并反而可能产生了道德败坏的效果（这是他的原话），也就
是说在社会施动者中，我们有可能形成了这样一种观念，即一切都
是可以出售的，一切都是可以商品化的，这同时也推进了利他主义
和团结的衰落。出于上述原因，蒂特马斯坚持认为，对于某些物品
（血液、器官等），只有捐赠才是合适的。我们还能举出许多其他的
实证规范性分析的例子。但蒂特马斯的这个案例特别有趣，因为它
清楚地表明，在人类生活的某些领域，贸易的逻辑会自发地遇到阻
力（比起以面包换钱，看到以血换钱更让我们震惊）：我们应该考
虑与某些物质有关的价值，这些价值使人们自发地不愿将其视为商

127

---

[1] Richard M. Titmuss, *The Gift Relationship: From Human Blood to Social Policy*, Londres, Allen & Unwin, 1970.
[2] 这一澄清源于，在授课的那段时间里，"血液污染事件"一直萦绕着人们的脑海。它指的是 20 世纪 80 年代使用受艾滋病病毒感染的血液制品，自 20 世纪 90 年代初也在法国暴发。

品。[1] 同时，蒂特马斯还得出了一些规范性的结论，并从这些结论推论出，这种商品化反而掩盖了这些事业原本追求的主要利益，即并非所有东西都是可销售的，而既然商业化遇到了阻力，我们就必须寻找这种阻力的原理。只要把自己放进现实的交换逻辑，人们就会发现，有一系列产品的流通，受到一种弗洛伊德意义上的否认逻辑的限制，最终你会感觉到你在交换它们，好像你拒绝交换它们一样，换言之，人们通过将商品交换转化为礼物交换来升华它，以在交换行动中否认了这种交换的可能性。

深层次地看，蒂特马斯的分析为那些人心中不容侵犯的圣地（des lieux du sacré）提供了一个简易指标；我们也可以从我所提出的礼物的分析中，得出一个指标、一个温度计，以标记一个社会中的圣地。一个社会通过揭示它想要从普通交换中拔除什么，来揭示那些东西不容侵犯的价值。因此，目前关于器官捐赠的辩论非常有趣。不管你怎么想，不管你对此采取什么立场，它都揭示了一个地点，一个社会群体在这里的某一时刻倾注于自己的价值观，并通过拒绝将这些相关事物视为商品，背叛了其所投入的价值观。因此，我们可以尝试通过在社会秩序的某一特定领域运作的交换的转变程度，来确定不容侵犯的程度和区域。

经济关系的象征性维度，以劳动合同为例

我还可以延伸到劳动力市场：我们可以用这种指标来看看，例如，哪些服务是可以交换的，哪些可以签订在合同中，还有哪些是

---

[1] 特别见 Pierre Bourdieu, « Le corps et le sacré », *Actes de la recherche en sciences sociales*, n°104, 1994, p.2, 并且整期刊物的标题也是"身体贸易"。

合同无法记录的，即便它们被服务的社会定义默认为是有关服务的一部分。这也可以包括集体协议的文本，如你所知，这些协议是通过工会、雇主代表等多方势力之间非常复杂的谈判而拟定的，其目的是，界定在某一社会位置所要承担的固有权利和义务。和任何谈判成果一样，在这些集体协议中，签署这些协议的人往往对他们所签署的文件描述得含糊其辞，例如仓库工人有权穿白色或灰色外套这样的小事。如果我们能看到，这些看似微不足道的事情其实非常重要，那就是它们回答了这样一个问题：在从属关系、雇佣关系中，真正可要求的义务是什么。

　　为了说明这一点，我可以参考博德洛和戈拉克最近在法国国家统计与经济研究所（INSEE）的《经济与统计》杂志上发表的一篇评论文章。[1] 他们对工资与某些职业属性之间的关系进行了分析（统计学分析：这些都是原始数据，需要从我刚才提出的问题入手再进行深入思考）。显然，他们从一开始就直言新古典经济学所接受的统一、单一市场的假设是不充分的。例如，众所周知，恶劣的工作条件可以通过提高工资来作为补偿。有趣的是，他们注意到，工资往往取决于那些不能直接在简单的商业交换中量化和衡量的东西。工资取决于某些属性，例如工作条件艰苦的可见性，但由于这是一个可见性的问题，因此艰苦程度本身也是感知范畴的一个函数：在最常见的感知范畴的给定状态下，工作条件的某些属性将比其他属性更明显。例如，工人们受到的防热保护比防寒保护要好得多：工资与穿戴隔热设备或使用空调之间存在正相关性，但事实上对于暴露在恶劣寒冷天气下的工作，如建筑工作，就没有相关性，甚至更确切说还有负相关关系。这是因为，那些能够影响并实施评估原则的

129

[1]　Christian Baudelot et Michel Gollac，«Salaires et conditions de travail»，Économie et statistique，n°265，1993，p.65—84.

人，即支配者，优先考虑了炎热而不是寒冷。但是被支配者也有这样一种价值观（必须"坚忍不拔"等等），以至于在内心深处，他们在某种程度上与对自己的剥削串通一气，他们出于不同的原因接受了占支配地位的感知原则。他们认为搬重物就是如此，否则就是娘娘腔："我们不会抱怨搬的东西很重，那样说就会是个窝囊废……"这里有一种心照不宣的隐形协商，因为统计数据所记录的是物质性与象征性权力关系的结果。在这种隐形协商中，显然有占支配地位的感知范畴和占被支配地位的感知范畴。总的来说，如果不涉及严格意义上的非经济属性，如各职业的表征、它们社会形象的表征等等，就无法理解工资与职业属性之间的关系。同样，如果我们继续遵循我刚才就集体协议所指出的方向，即界定工人在特定条件下的权利与义务的规则，我们就会发现，经济生活中的这些基本交换，即雇佣合同，有很大一部分在严格意义上是非经济的，它涉及了非常强烈的象征性的维度、价值、表征等等。

我经常提到贝克尔，因为从某种意义上说，他是最野蛮的经济学家之一，他试图把古典经济学的经济模型从普通经济领域引入学位头衔领域加以研究（他最初的工作集中在教育方面，然后又有恃无恐地去处理家庭等主题[1]），但当他研究作为教育资本指标的学习时间与工资之间的可以观察到的相关性时，他完全忘记了职业的象征维度。我举一个非常简单的例子：从统计调查中可以清晰地看出，一个人在社会等级制度中的地位越高，他就越倾向于选择做一名教育家（éducateur）而非启蒙教师（instituteur），因为教育家也属于教师职业，但要更委婉、更否认、更崇高（叫一个人教师比叫他

130

---

[1] 尤见 Gary S. Becker, *Human Capital*：*A Theoretical and Empirical Analysis*，*with Special Reference to Education*，Chicago，University of Chicago Press，1964；*id.*，*A Treatise on the Family*，*op. cit.*。

教育家更令他气恼）。一般说来，在社会空间中，模糊的地方，定义不清的位置，是出身背景高但又缺少必要头衔的人士们首选的庇护所[1]：你宁可在普罗旺斯当陶瓷匠人，也不愿在巴黎市政厅百货公司（BHV）当搬运工。我举的是极端的例子（不过教育家/教师的例子就更接近现实）；我们如果要深究起来，就必须更加精工细作。

　　要理解这些现象，我们必须要记住，虽然薪酬当然是职业的一个组成部分，但它只反映了一种职业的真正社会定义的一小部分。例如，在集体协议中，职业的名称就非常重要：例如，人们为了从"邮差"（facteur）改名为"职员"（préposé）进行过斗争。[2]但是，由于社会斗争往往是分阶段进行的，一旦改名，人们往往就要求得到与新名字相关的好处：一个人在象征性的领域里为获得满足和认可而斗争，一旦获得这些承认之后，他就会为获得传统上与拥有这个名字相关的利益而奋斗，等等。劳动力市场显然是最残酷的经济市场，我以此为例是为了表明，如果人们只把交换和劳动合同还原到严格的经济层面，我们就无法真正理解它们。如果像贝克尔所做的那样，我们试图用一个学位所产生的收入来衡量它的社会回报，那我们就忽视了 80% 的偏差；例如，我们就会忽略了文凭在婚姻市场上的价值。

131

消费中的象征逻辑

　　因此，在充分理解最严格的经济现象时，绝对有必要重新引入象征性维度——因为它也具有经济性。但这并非像很多社会学家常

---

[1]　见 Francine Muel-Dreyfus，*Le Métier d'éducateur*，Paris，Minuit，1983。
[2]　1957 年的一项法令（有效期至 1993 年）将邮局邮递员的职位名称改名为"职员"，但没有任何实际影响。

做的那样，重新引入象征性（事实上他们并不称之为"象征的"，而称之为"社会的"，但这说了等于没说）作为一种灵魂的补充，以区别于那些制作方程、曲线等的纯粹的经济学家。大约二十年前，我从事对摄影的研究工作 [1]，并有机会接触到一家大型摄影公司委托咨询机构做的研究。这些研究报告总是分为两个部分：第一部分是**硬**（*hard*）经济学，通常有非常简单的方程，如 $C = f$（R），然后是只有几页纸的第二部分，通常是一个精神分析学家（嗯，一个糟糕的精神分析师⋯⋯［哄堂大笑］）说了些精神分析师在摄影方面所能说的一切。经济学家们所需要的额外的灵魂补充在精神分析师那里。这一倾向非常强大，在许多研究机构里现在仍然如此⋯⋯对缺陷的这一补充完成了某些基础工作，也意味着经济中一些非常重要的事物被忽略了：例如，摄影与家庭聚会或庆祝活动有关，这是整合仪式中不可或缺的一部分。我们必须研究这种经济。因此，闪光灯取得了相当大的成功，因为它能够用来拍摄全家福（全家福的典范是圣诞合影）；它在技术上突破了可拍摄性的原本限制，此外，它还增加了一道闪光这种节日元素。要理解这一点，就有必要对摄影实践的经济性进行分析，将象征性维度作为实践本身的一个组成部分，而不是作为一种附加的东西，去勉强解释为我们无法解释的剩余物——而这样做是经济学家们的共识。同样，当我和经济学家们一起研究生育率时 [2]，我的第一个操作是诉诸社会学家的**好奇**（*curiosa*）（如未婚母亲等），但我和其他人一样，也对按性别、年龄、收入等分布的一般生育率曲线感兴趣。但不幸的是，社会学家太容易接受社会学的表征，这种表征使社会学成为解释"剩余物"的主

[1] Pierre Bourdieu (dir.), *Un art moyen. Essai sur les usages sociaux de la photographie*, Paris, Minuit, 1965.

[2] Pierre Bourdieu et Alain Darbel, « La fin d'un malthusianisme », in Darras, *Le Partage des bénéfices*, Paris, Minuit, 1966, p.135—154.

导科学，正如帕累托说过的那样。[1]

因此，我认为，在职业社会学、劳动合同社会学中，必须将象征性交换纳入劳动交换的完整经济学研究中。例如，有一种雇主策略形式是用"福利兑换券"（monnaie de singe）支付，用象征货币而非经济货币支付，这是危险的，因为正如我刚才所说，这种情况就意味着人们可以依靠象征货币来获取经济效益。我还可以举很多其他的例子。一个向经营经济学还原特别令人注目的领域是消费秩序，其程度使最勇敢的经济学家也会感到不安。显然，如果不考虑消费的象征性维度，就很难对消费（任何东西，甚至食物）进行解释。在我以前的工作中，我经常和法国国家统计与经济研究所的人一起工作。为了对产品进行分类（classer），他们正如研究人员经常做的那样使用了分类学，这些分类学是转化到科学中的常识分类学。例如，在"水果"类别中，香蕉和橙子并列出现，而在"淀粉"类别中，青豆和白豆并列出现。[2] 我们只需花一点时间思考一下，就会发现那些产品既是物质的，也是象征的，因此可以以不同的方式被感知，从而带我们进入不同的世界，并看到如果仅仅是出于饮食的原因，那么青豆和白豆是绝对对立的。例如，当主导的感知范畴倾向于苗条和优雅时，很明显青豆是首选。所有的社会阶层都有这种区分，但他们对这种区分的看法并不相同。

这些非常简单的例子使我们对消费现象的理解有了彻底的重新定义，同时铭记，在任何物质产品中，真正的经济维度和真正的象征维度就像纸张的正反面一样不可分离。也许唯一可以肯定的是，象征性在消费决策及使用中的相对权重可能因产品而异。一幅大师

133

---

[1] 可参第四讲关于帕累托的脚注，见本书原书第 93 页。
[2] 见 P. Bourdieu, *La Distinction*, *op. cit.*, p.20, 其中还提到了"谷物"或"大米"的类别。

画作的象征意义肯定比一堆煤要大得多。先锋派画家邦（Ben）在
蓬皮杜展出过一堆煤，这绝非偶然：通过展览将其打造成一件艺术
品。[1] 这些事情是相关联的。

因此，象征性维度总是存在的，可能根据历史时刻和施动者的
感知范畴（即根据他们在社会空间中的位置）而具有不同的相对权
重。基本上可以说，我的《区分》一书就是这样一本关于消费经济
学的书，我在书中分析了不同类型的商品的社会用途，以及作为由
社会构成的偏好体系的品味，它提醒我们，经济学家所给出的普遍
的、非历史的偏好体系，纯粹只是他们虚构的。贝克尔在与斯蒂格
勒合写的雄文《口味绝无争议》[2] 中，总是以同样的无畏精神断言，
没有必要讨论口味和颜色。然而，品味和偏好体系不能被认为是不
变的、非历史的、无起源的：经验表明，购买有形货物、消费品、
房屋、文化产品的决定，都是由品味判断所主导的，而品味判断本
身就是秉性（我所说的惯习或品味）的产物，而秉性本身又是特定
社会条件的产物。因此，我们总是回到这样一个悖论：经济学家忘
记了经济判断的经济和文化条件。正如我在《区分》中所作的分析
所指出的那样：理性的、合理的经济施动者，不是什么都做，而是
只根据自己的能力调整自己的消费，这是一般历史条件的产物，是
一个时代所特有的，但也是由他在社会空间中所占的位置所决定的，
这种位置不仅表现在他的收入上，而且也表现在他的文化资本上。
因此，要理解一次消费决策，就必须了解供应结构（产品的空间），
它本身是有历史的，它本身是由历史决定的，还要了解引导、指挥
决策和具有伦理维度的秉性体系的结构，这在一定程度上是一种**精**

---

[1] 暗指邦在 1977 年蓬皮杜中心开幕时所举办的"关于尼斯"展览上的一件作品。

[2] George J. Stigler et Gary S. Becker，« De gustibus non est disputandum »，*The American Economic Review*，vol.67，n°2，1977，p.76—90. 布迪厄将在第六讲中重温这篇文章。另见 *La Distinction*，*op. cit.*，p.111，note 4。

神气质（*ethos*）。例如，对服装的选择与对身体、性、化妆品等方面的深层次秉性有关。

　　在《区分》里有一张表，那是社会学所能面对的最非凡的东西之一。我是在书快写完的时候才发现它的，但它能如此准确地证实我那本书的主旨，于是我费尽心力打破所有限制，还是把它放进了书里。[1] 这张表是由一家研究机构应一家化妆品公司的委托而制作的。它是关于妇女的，它指出她们在各自社会空间中的位置，导致其在某些领域的实践分布情况：花在化妆、腰围等上的时间，这些实践都表明了她们对化妆品的投资，因此也体现出投资于其身体的社会形象管理的意愿。这些统计数据精密得相当令人匪夷所思，它们展示了一种严谨得可怕的确定性……它们表明，基本的选择，如化妆类型、化妆时间、对身材和体重的兴趣、对健美操的投资等等，都与她们在经济条件的可能性，以及非常普遍的道德秉性（如禁欲主义或严规戒律）有着极其密切的关系，而这些在其他领域也适用，如性行为、饮食习惯等等。

　　我很快地提到这一点，是为了提醒那些既没有直觉又不熟悉的人，也是为了表明，认为市场帝国主义已经逐渐淹没人类实践所有领域这一经济学观点是完全错误的。为了尽可能严格全面地解释生产与消费秩序中的各种实践，一方面必须考虑到商品的象征层面，另一方面必须考虑到由社会构成的、且因此是由社会区分和有历史变化的施动者的秉性。因此，普遍和永恒的经济施动者是一种纯粹的虚构。然而，有一个问题是要理解为什么基于普遍经济施动者假设的模型虽然错误，但看上去却并没有那么错误百出：这就是我之前多次提到的关于"理性的"（rationnel）与"合理的"（raisonnable）

136

---

[1] *La Distinction*, *op. cit.*, p.226. 这张表是根据 1976 年 12 月 IFOP 研究小组的玛丽·克莱尔（Marie Claire）的一项调查访谈"法国妇女与美丽"所绘制的。

的游戏博弈，但我今天先把这个问题放在一边，不然会离题太远。

理性行动的经济条件

因此，对象征性交换的反思导致定义了经济学家视野的限制，甚至包括经济学家在表面上可能获胜的领域。但除此之外（我将很快结束这一点），我在过去几讲中经常提到一些例子，这些例子使我迅速从前资本主义社会过渡到我们的社会，并多次指出，我们必须始终以关系的方式进行思考：在我们的社会中以近乎纯粹的状态幸存下来的前资本主义经济孤岛，仅仅因为被突然插入一个经营经济学价值观正占上风的空间，至少是作为一种理想或官方承认的可能性，就发生了变形。换言之，我们这样一个可以公然计算、计数、信贷和到期日兑付的世界以合法方式存在这一事实，就已经影响了前资本主义经济赖以生存的孤岛。这是我之前很快提出过的关于免费和付费的分析：当付费被如此构建时，免费也可以被如此构建。对我来说，这是［具体理解这一点］一个发现……

（有些事情我们只是抽象地知道，我们需要重新去发现它，这就是为什么在我看来社会科学是很困难的，为什么教社会科学有点像教授某种智慧：你可以抽象地理解，而不必理解任何东西。用萨特关于马克思说的一句最机智的话来说就是："我完全读明白了，却什么也不理解。"[1] 社会科学所教授的东西在某种程度上是难以理解的。）

---

[1] "大约就是在这个时候［1925年左右］，我读了《资本论》和《德意志意识形态》：我完全读明白了，却什么也不理解。理解就是改变自己，超越自己：这种阅读并没有改变我。"（Jean-Paul Sartre, « Questions de méthode », in *Critique de la raison dialectique*, t. I: *Théorie des ensembles pratiques*, Paris, Gallimard, 1960, p.23.）

第五讲　1993年5月13日

　　我和其他人一样，读过那些关于工作概念是一项历史性发明的文章，但直到我在阿尔及利亚与法国国家统计与经济研究所的经济学家们一起工作时，我才真正明白这一点。[1] 他们进行了一项非常传统的就业调查，并询问了阿尔及利亚所有地区有代表性的户主的职业，接着就像我们在就业调查中做的那样，问他们是否在当天、在上周的同一天也在工作，他们上个月工作了多少天，等等。在当时看来（我概括一下，因为实际比这复杂得多），似乎在卡比利亚，这个有大量人口会移民到法国的地方，有较高的学校教育水平和相对较长的学校教育历史，那些声称在调查当天或前一周都没有工作的人，倾向于自称为"失业者"（chômeurs），而在阿尔及利亚南部的撒哈拉沙漠外缘地区，传统的劳动分工和家庭结构模型仍然存在，他们倾向于自称为小农，也就是农民。统计学家们没有注意到这一点，他们认为这是一次编码错误。但我很快就明白，事实上，这两个反应类别是不同的：男性对同一"不工作"情况的称呼不同，一种自称"失业者"，另一种自称为"小农"。这两个答案隐含了对工作的两种不同定义。根据工作的传统定义，一个名副其实的男人是指那些起床后把工作分配给儿子或兄弟（就像女人在家里分配工作一样），然后去集会上与其他男人进行交谈的人。然后，他履行了他的社会职能，履行了他作为男人的职能，这时他便可以说他是一类工作者。卡比尔人显然有这个隐含的定义，尤其是当他们年纪大了；但是他们中的一些人开始采用另一种对工作的定义，根据这种定义，工作只有在有货币补偿的情况下才存在（如果没有实际的、或者至少是可以想象的货币等价物，如果两者之间没有可见的联系，那就没有工作）。这是一个非常简单的发现的例子，它表明工作是一项历

138

────────

[1]　P. Bourdieu, A. Darbel, J.-C. Rivet et C. Seibel, *Travail et travailleurs en Algérie*, *op. cit.*, p.268—312.

史性的发明。

人们诱导了提问，错误地普遍化了一些事情……经济学家们无时无刻不在这样做。他们带着自以为理性的**经济人**头脑［来思考经济］，就像形式主义语言学家和乔姆斯基式的形式主义者们用他们自己的语言来思考语言一样（这是一个很好的话题：经济学家和语言学家的例子）。经济学家的推理让我发笑，但我不会让你也发笑的：我深夜在一个离家很远的加油站，这里没人认识我，我到底给不给小费？其实我再也见不到加油站工了，那如果我给了小费，这是否意味着我摆脱了经济逻辑？我请各位沉思一下经济学家所给出的这个例子……在很多情况下，经济学家们通过将自己与经济的特殊关系的特殊情况进行普遍化，引导出了一种完全不真实的经济人类学，因为它消除并丢失了经济秉性可能存在的经济和社会条件。语言秉性也是如此：当乔姆斯基以自己的语言为对象时，他忘记了乔姆斯基的语言的社会可能性条件[1]，即学校制度，等等。

139　　同样，经济学家们也忘记了在某一特定时刻、被认为在经济上合理的行动的经济和文化条件。我想快速提一下我曾提起过的一项调查结果（它最初以《阿尔及利亚的工作与工人》为题出版，然后我在一本名为《六十年代的阿尔及利亚》的小书中给出了它的实质内容）。我试图从统计数据中说明——这完全不是一种哲学上的推测——经济施动者如何从某个特定的经济文化门槛出发，在生育与节育、信贷、储蓄、投资、消费等方面，达到我们所认为的理性（实际上是合理）的经济行为。这种门槛对于理解被严重误解的现

---

[1]　关于对乔姆斯基"生成语法"的批评，特别见 Pierre Bourdieu，« La production et la reproduction de la langue légitime »，*Ce que parler veut dire*，Paris，Fayard，1982，p.23—58；再版标题为 *Langage et pouvoir symbolique*，Paris，Seuil，« Points Essais »，2001，p.67—98。

象是非常重要的。例如，有一种对底层无产阶级（sous-prolétariat）的社会救助观，这在社会学里很好理解，然而在社会学中又是错误的。许多社会工作者关于贫困家庭的报告都基于这种社会救助的伦理观的启发。但正是严格意义上的小资产阶级观点，才让他们达到了可计算性的文化条件……[课程又继续了几分钟，但录音到此为止。]

第六讲　1993年5月27日

社会学家与经济学家。一种非历史的演绎主义。一种双重的祛历史化。为了一种历史主义的理性主义。市场的定义。纯粹理论的历史条件。

在作了大量曲折的回顾和介绍之后，我现在就要进入我今年想对你们说的核心内容，也就是进入最中心的，但也是最危险和最困难的一点。首先，我想指出我所理解的新古典经济学的哲学基础；其次，我用经济学家自己提供的武器，对这一哲学进行批判，正如我在开始时所说的那样，他们构成了一个场域，因此构成了一个讨论学科基础的空间；再次，我想提出一个替换这种哲学的替代理论，并再次依靠新古典主义理论和挑战它的经济学家所能提供的东西［……］。最后，我将通过反思我几年前在住房生产经济学方面所做的一项实证工作，来说明这些不同方法的成效，在我看来，在这项工作中，我所提出的那些建议都有充分的根据。很明显，那些建议

120

也都是从我所做的实证工作的经验中得出的：两者之间有一种往复关系。

在概述了这一路径之后，我将逐一进行阐述。上次，我非常简短地回顾了经济主义的局限性和商品化的局限性——我们可以说是社会世界，甚至是最商品化的世界、严格意义上的经济世界的局限性。我还回顾了那些象征性经济孤岛的存在，一如我在最初的课程中所分析的那样，这些经济孤岛所遵循的逻辑就是礼物逻辑。最后，我还分析了多元经济体的存在，因此有必要提出一个能够解释这些不同经济体的普遍经济理论。

142

社会学家与经济学家

我现在开始谈谈我刚才所宣布的内容。首先，我想指出这种新古典经济学的基本哲学原则。在我看来，我们可以毫不含糊地说，新古典经济学在三个基本且根本的方面是彻底笛卡尔式的。第一，它是演绎主义的，即便不能详细阐述，我依然将展示 18 世纪剑桥哲学家所说的**数学症**（*morbus mathematicus*）[1]，即一种数学带来的症状，是如何与这种将科学视为演绎科学的观点密切相关的。第二，它是非历史的、祛历史化的：它把经济世界描述为一个完全没有历史的世界，在某种程度上是瞬时的世界，这仍然是笛卡尔式的。第三，它的行动和施动理论仍然是笛卡尔式的，它将其描述为一种由意图决定的、具有明确目的的意识。换言之，我将试图在这三个基本问题上表明，大多数经济学家，特别是所谓的**硬核派**（*hardcore*）

---

[1]　布迪厄借用了恩斯特·卡西尔的这一提法，卡西尔在《启蒙哲学》一书中指出，"剑桥学派的思想家们谈到笛卡尔的**数学症**，他们在那里看到了他的自然学说的根本缺陷"（*La Philosophie des Lumières*，trad. Pierre Quillet，Paris，Fayard，1966 [1951]，p.109）。

最普遍接受的理论基础以及这一传统的核心，在我看来是典型的笛卡尔式的。

首先，我想提醒各位（我一开始就说过，但你可能忘记了），我显然不喜欢社会学家们喜欢做的那种把经济作为一个整体来抨击的操作。这是社会学家被经济学家高度支配的表现之一，这是很愚蠢的，因为反倒是在经济学的某些领域中才有着更多的社会学，这要比人们称为社会学的论述之中更多。我强烈反对把经济作为一个整体来处理的想法，尤其是说一些让经济学家都发笑的陈词滥调，那种嘲笑是对的。社会学与经济学之间的讨论，总是因为复杂的原因而一直被回避，并在又时不时地重新出现。[1] 例如，哈佛最近出版了一本经济学家和社会学家观点的文集汇编。[2] 事实上，我认为这种对话纯粹是虚构的：这两个学科走在两条平行道路上，走到无限也永远不会相遇。所以，我认为这里只有一种讨论的表象，而这是社会分工差异的结果，而非知识差异的结果。如果我们对这两类文化生产者的形成和选择模式进行遗传社会学研究，我们可能会发现，许多被描述为理论上的误解和不相容，在根本上是由培养教育的不相容所形成的。

在自然科学中也有类似的情况，在有些学科中数学的重要性很强，例如物理学和化学领域，而另一些学科中则更注重经验。在这里，也存在着一种理论上的宗教战争，这实际上就是培养教育方式之间的战争。知识事务中的巨大对立，就是那些无视自己头脑的社会局限，并倾向于将自己的局限性普遍化的人们之间的对

---

[1] 讨论最激烈的两个时期，一个是19世纪末，在边际效用革命的背景下，特别是在涂尔干社会学形成之后，另一个是20世纪末，随着美国从20世纪80年代开始发展出的"新经济社会学"。

[2] 也许说的是 Richard Swedberg, *Economics and Sociology*：*Redefining Their Boundaries. Conversations with Economists and Sociologists*, Princeton, Princeton University Press, 1990。

立。这就是尼采所描述的怨恨的逻辑：只有弱者才说必须软弱。[1]   144

那些不懂数学的人说不要做数学，数学在科学中的任何应用都是

有害的。相反，那些只懂如何做数学的人会说，任何不属于数学

的、他们不知道如何处理东西都不是科学的存在。这种愚蠢的宗

教战争（听起来就很像宗教战争）经不起社会学的分析。我并不

是说社会学的分析摧毁了宗教战争的基础——如果是，那可就太

好了——但至少我们可以希望，研究人员能够将知识社会学应用

于他们自身，这样他们就可以观察到合法化的冲动下所隐藏的冲

动（十有八九的冲动都具有令自身缺陷合法化的功能）。今天，许

多关于社会学的数学化，或关于现象学所启发的常人方法学与数学

社会学之间的关系的一些最终立场［都属于这一机制］。这些都是

无能的冲突，我一点也不想掉入这个陷阱，即使它可能发生在我

身上，因为没有人能逃脱社会条件的局限性。可以这么说，我是

在警告这样一种事实：试图避开这种困境的我，依然可能会陷入

其中。

　　如果说为什么很难进入对经济学的讨论，那是因为它是一个非

常分散的场域，在这个场域里，学者们所做的事情只有名义上的共

同点（社会学也是如此，但我认为它在程度要轻得多）。但话虽如

此，做着多种多样事情的这些学者们却有着一个共同的标签：他们

倾向于在相同的杂志上发表文章、加入相同的委员会、进入相同的

圈子，而且有不少社会分类也将他们归入同一类别。然而，从学科

最基本的操作上来看，他们是分开的。这也适用于社会学：有些人

被贴上了社会学家的标签，但他们没有像我想象的那样，做出任何   145

构成社会学家职业的操作。这就带来了一个问题，如社会学这样高

---

[1]　Friedrich Nietzsche, *Généalogie de la morale*, 1887.

度分散的学科，进一步导致其巨大的社会脆弱性。[1] 经济学的形势则大为不同。作为社会科学中一门潜在的支配性学科，它可以从自身的分散中汲取非凡的力量。我曾用勒拿湖的海德拉打过比方：你永远无法杀死它，因为它有一百颗头，总有一颗头在回击另一颗所遭受的打击。你可能会想到教会，它作为一个场域，也有类似的能力对反对意见作出反应：当人们攻击一位宫廷牧师时，总有一位工人阶级的牧师站出来。[2] 我认为，这个类比足以说明我的意思：在统一中有着很大的分散性。

为了理解这一点，我可以用存在巨链（grande chaînc de l'Être）来作比喻。这是比较文学史学家洛夫乔伊的一本名著的标题 [3]，他从许多经典著作中，从普罗提诺到莎士比亚等，通过某种连续性揭示了一个反复出现的隐喻，即从上帝到蚜虫的存在巨链。我认为，就经济方面而言，我们也有类似的现象。在一端，我们有一般均衡理论，有著名的阿罗—德布鲁模型 [4]，他们是这条存在巨链中的神。他们做纯数学，几乎没有任何关切……（也许除了阿罗，他是当代最清醒的学者之一。他说过一些震撼人心的话，并让人感到不安。他是一位反思之神，他担忧自身存在的基础，并在绝对超凡的文本中表达了这一点。你会在这个人身上读到经济学基础中那些最令人不安的事情，而他本身却也是这个基础的一部分——展开这一点其实会非常有趣，但我不能这样做，因为那会变得耗时且乏

146

[1] 布迪厄在 1982 年 11 月 23 日和 30 日的课程中花了很大一部分时间讨论大学学科、它们形成的空间以及它们的特点，例如它们的"分散性"。见 Sociologie générale，vol.1，op. cit.，p.515 sq.。

[2] 布迪厄和德圣玛丹在《神圣家族》一文中讨论了天主教会的统一和分散问题，art. cité.。

[3] Arthur Oncken Lovejoy, The Great Chain of Being: A study of the History of an Idea, Cambridge, Harvard University Press, 1936.

[4] 肯尼斯·阿罗和杰拉德·德布鲁于 1954 年发表的一篇论文（« The existence of an equilibrium for a competitive economy »，Econometrica，vol.22，1954，p.265—290）被认为是作为微观经济学基础的"一般均衡理论"最彻底的数学证明。肯尼斯·阿罗和杰拉德·德布鲁分别因其工作于 1972 年和 1983 年获得诺贝尔经济学奖。

味。）而在光谱的另一端，有一类小巧的应用经济学家，他们研究家庭消费或储蓄，他们在实践中往往与阿罗—德布鲁模型毫无关系，尽管他们曾在学习研究的某个时刻确实学到过这些。他们知道那确实存在。他们无法很好地重建方程式，但他们确实参与了对这种不可亵渎的、奠基性的对合法性的担保。在这两者之间，有一群使用多少有些片面的小模型的修补匠，但他们不顾一切地自称是包含了一切的一般均衡理论的一部分[1] [……]。因此，在演绎主义的哲学中，人们可以感觉到存在巨链是一条演绎巨链。这正是笛卡尔的幻想，它也是从悬空的上帝出发，最终降到被造之物那里。[2] 我们可以重做笛卡尔的六个沉思，从阿罗—德布鲁出发，下降到应用于 A 和 B 两家公司之间博弈的小模型上。这完全没有任何讽刺意味。147 我确实认为，面对这样如此困难的理论，了解所有这些是非常重要的。

　　这种学科结构具有非凡的合法化效果，因为人们很容易理解，经济引起了一种**神圣的恐怖**（*pavor sacer*）、一种恐惧、一种不可亵渎的崇敬。当你没有非常高水平的经济学技能时，你就会感到犹豫并不愿意面对那些非常优秀的数学家。经济学家们自己也经历了这种**神圣的恐怖**，但这种感觉向他们保证，它把那些不愿接受这种学科纪律约束的人排除在外了。

---

　　[1]　在这一课程的三年后，也就是在 1995 年 11—12 月的社会运动之后，布迪厄在一个更直接的政治框架内，以更广泛的方式，对经济使用"存在巨链"的隐喻："新自由主义思想的力量之一是，它将自己描绘为一种'存在巨链'。[……] 在新自由主义的星云中，在最上面，即在上帝的位置上，是一位数学家，在最下面是一位头脑清醒的思想家，他对经济学知之甚少，但他可以通过一些技术词汇来让人相信他懂一些。这条非常强大的链条具有权威性作用。哪怕是这一链条中的激进分子也不由得怀疑，赋予特里谢先生 [M. Trichet，本文撰写时的法兰西银行行长]、德意志联邦银行行长蒂特迈尔先生 [M. Tietmeyer] 或其他专栏评论家的话语权威的主要社会力量，在一定程度上是理论的力量。这不是一系列的论证，而是一系列的权威，从数学家到银行家，从银行家到智慧的媒体人，从专栏评论家到新闻记者。"（« Les chercheurs, la science économique et le mouvement social », *intervention lors de la séance inaugurale des États généraux du mouvement social*, Paris, 23 novembre 1996, 后载于 *Contre-feux*, Paris, Raisons d'agir, 1998, p.60—61。）

　　[2]　见 René Descartes, *Méditations métaphysiques*, 1641。

　　然而，这种多样性也可以被用来找到我们的武器，这也就是我将采取的策略，不是批评经济学，而是试图展示现有经济学的弱点，并重建另一种范式。这可能听起来有些傲慢，当我主动提出上这门课时，我根本没有想到过我会达到这样傲慢的程度，但总之为什么不呢……诚然，社会学家们——我将引用凡勃伦写于1898年的一篇优秀的文章，我今天也会强调的涂尔干的一些文章——在我看来已经阐明了社会学与经济学之间的区别，以及经济学基础的根本的不确定性。但我们可以利用这个世界的多样性，寻找关键武器来接近它。快速说一下，一方面，有一种**硬核派**，他们描述一个孤立个体，有时也被冠以"代表性施动者"（agent représentatif）这个非同寻常的名字（我待会儿将会回到这个概念），以及一种市场理论，也就是一般均衡理论，我要揭示其背后的哲学；另一方面，还有对这一纯粹理论的一系列修正，这些修正是由正统派中的一些异端人士引入这一纯粹理论的逻辑的，他们在局部上进行了各种剪辑。

　　这是因为，当你身处一个有这种社会力量的学科中时，你很难摆脱它（一个社会学家已经没有什么可失去的了……）。被支配者总是要面临这样的备选方案：对于一个讲法语的瑞士人来说，备选是继续做一个讲法语的瑞士人（在日内瓦或洛桑上学），或者来巴黎上学；对于小资产阶级来说，备选是认同资产阶级的方式，这使他总是要面临被提醒要遵守秩序，或被迫肯定双方之间的差距，但这种差距永远是一种匮乏、一种剥夺。对于那些对主流经济学模型及其理论基础不满的人来说，另一种选择则是令人感到痛苦和心碎的。我可以举一些例子，其中一些人的工作半途而废了，结果反而受到了双方的谴责。他们特别容易受到**硬核派**的谴责，后者认为他们是叛徒或弱者，他们的离经叛道的越轨行为会被认为是无能的结果，而非选择的结果。一般来说，对于那些想要创造一种差异（一种"异文献"[littérature différente] 或任何其他东西，都一样）的人来说，这是一个巨大的问题：他们首先会被看作为是被剥夺了中心地位。[1] 拒绝总是可以被描述为剥夺（"他们拒绝是因为他们没有"）；这就是对被支配者服从于怨恨进行指责的策略。因此，即使他们认为自己正在实现一种非常激进而彻底的突破，他们仍然被困在这个系统之中。（恐怕有些熟悉经济学的听众会很清楚我在说谁——我说的确实是针对某个人——但对其他人来说，这些可能很空洞……那些最了解经济学的人想必觉得我太啰嗦，而其他人则觉得我讲得不够透彻，但当我在这里演讲时，往往就是如此……）

　　所以总之，有一个中心、一个理论的核心，然后是一群受指控的异端，作为为系统打补丁的人。我总是把他们比作第谷·布拉赫，他在托勒密范式崩溃后，试图通过加以修正来拯救它。我认为经济学的范式本质上已经被破坏了，而这些异端经济学的一些努力具有拯救范式的功能，而我也将试图广泛使用这些努力来重建一些东西，我们会试图用制度理论，用某种形式的博弈论来拯救它……最后，在经济学场域内也有反对者、持不同政见者（张伯伦、琼·罗宾逊[2] 等）使用经济学的武器，而他们的位置有些暧昧：从支配者的角度来看，我们不知道该怎么说他们好……这些反对者是非常重要

149

----

　　[1]　布迪厄在他关于马奈的课程中，通过讨论批评家对画家的接受问题，回到了非常相似的主题。见 *Manet. Une révolution symbolique*, *op. cit.*。

　　[2]　生于 1900 年左右的美国人爱德华·张伯伦（布迪厄将在第七讲中详细讨论）和英国人琼·罗宾逊于 1933 年同时出版了两本书（Edward Chamberlin, *The theory of monopolistic competition*, Cambridge, Harvard University Press, 1933；trad. fr.；*La Théorie de la concurrence monopolistique. Une nouvelle orientation de la théorie de la valeur*, trad. Guy Trancart, Paris, PUF, 1953；Joan Robinson, *The Economics of Imperfect Competition*, Londres, Macmillan, 1933；trad. fr.；*L'Économie de la concurrence imparfaite*, trad. Michel Ananda Covindassamy, Paris, Dunod, 1975），他们帮助建立了一个不完全的竞争理论。后来，琼·罗宾逊为凯恩斯主义和马克思对经济科学的贡献进行了辩护。

的，因为他们从内部以某种权威触及了基础。这就是事态发展的大致状况。

我不打算花那么多时间来描述这种多样性及其可能产生的影响，但这对于重新建立这两个学科的感知结构非常重要，因为如果我们明天举行一场"社会学家与经济学家"的座谈会，那么我们 90% 的时间都会在讨论我刚才所描述的事情上挣扎："那你到底在讲什么？"这种关于学科与学科结构间关系的基本社会学是任何理论所讨论的认识论社会学前提。我想做的事看上去可能太多了，但我知道这还是太少了：我们必须走得更远，真正详细地研究人们的利益、分工，以及他们的学术资本和他们的科学立场之间的关系。

一种非历史的演绎主义

话已至此，那我再来谈谈**硬核**经济学的人类学预设。我已经说过，那是一种笛卡尔式的人类学，其第一点是演绎主义的认识论。可以说，演绎主义是数学家们的一种教条主义的形式，他们无休止地提出论点进行本体论论证，这些论证不断地从逻辑走向存在，或从逻辑的事物走向事物的逻辑。[1] 这种演绎主义导致了严密但毫无效果的构造。经济学内部的反对者们经常这么说：许多理论构造在经济学的基本问题上，构建了一套严格但无声的公理集合。严密性与数学的形式化有着非常严格的关系，其目的就是推导出有意义的定律或定理。这就是 18 世纪发现牛顿主义和新科学方法的英国物理学家口中典型的**数学症**。[2] 我不坚持继续谈这一点了。这里我说得

---

[1]　关于这些观点，尤见 *Sociologie générale*，vol.1，p.336 *sq.*。
[2]　可参本讲开头关于卡西尔的脚注，见本书原书第 142 页。

太少，但我会再谈的。

这种哲学的第二个预设是一种自然的或非历史的本质主义。经济思想，无论是在描述经济机制，还是在描述经济施动者时，本质上都是非历史的、反遗传的。许多经济学家（哈耶克最为典型 [1]）在试图探索人类行动的基础时，会从普遍心理学的角度，而不是从差异社会学的角度来寻找它们。他们觉得：行动的根源来自心理学问题，不是来自社会学，甚至不是来自经济学。例如，这些人排除了社会或历史世界对个体偏好的任何塑造。贝克尔和斯蒂格勒的那篇著名的理想化的文章《口味绝无争议》[2] 断言，依附在每个个体身上的个体效用函数是完全不变的：它不需要讨论，因为它不会随着时间的推移而改变，品味是恒定的、不变的。考虑到品味可能与塑造品味的社会条件的多样性有关，那种看法就是对品味多样性的绝对的、强制的否定。然而，需求的概念、理性计算的概念、偏好的概念，这些构成性的基本概念，是经济学赖以建立的原始材料，实际上（我想起我上周所说的）是集体性、社会性地构成的。理性本身，正如我们所理解的那样，是一项历史的发明。理性的（rationnel）其实就是合理的（raisonnable）。它是指适应某个社会空间、某个社会世界的客观要求而调整的东西。因此，理性必然有其历史性，而我所提出的反思中的一个挑战就是试图建立另一种理性主义，一种历史主义的理性主义，这在术语上看似是矛盾的，但我认为是完全有根据的。

我将请各位参考一下凡勃伦的一篇文章，在我看来，这篇文

151

[1]　可见 Friedrich Hayek，*The Sensory Order：An Inquiry into the Foundations of Theoretical Psychology*，Chicago，University of Chicago Press，1952；在本课程授课后有法语译本：*L'Ordre sensoriel. Une enquête sur les fondements de la psychologie théorique*，trad. Philippe R. Mach，Paris，CNRS Éditions，2001.

[2]　G.J. Stigler et G. S. Becker，« De gustibus non est disputandum »，art. cité.。

章非常重要，也非常有启发性。这将使我不必长篇大论地阐述我正在告诉你们的事情。[1]（这篇文章对我而言很重要，尽管它颇为古老……那些想成为科学家的学者们共同的谄媚之一是只引用最新的文章。例如，几年前，我在一次会议上听到一项关于科学社会学的研究，报告者在该研究中试图通过计算参考文献的平均年份来建立一个科学性指数。[认为最新的东西更为科学，]这并非完全错误的，而且一如既往的是，最难打击的观点其实正是那些甚至不算是错误的观点。我认为，在那些想要做科学研究的经济学家的无意识中，有这么一种想法，即旧的东西不如新的东西更科学——这就是为什么经济学家们总是把注意力集中在"**新趋势**"[*new trends*]上。通过这种方式，经济学在很大程度上是潮流的一部分：这门声称非常**硬**的科学，实际上特别容易受到时尚现象的影响，而**硬核派**所采用的一种策略就是用前卫的数学来装扮上一代的异端人士的言论。在这一方面，我可以举出几个例子。这里在座的经济学家们可能会给出更多例子——但如果我不这么说的话，他们是否会这么做还不确定，但我相信人们的意识中仍然有一种为正义发声的美德。）

152

经济学的基本材料，那些构成公理本身的数据，实际上是历史的产物。正如我反复陈述过的那样：理性经济秉性有一种集体成因（系统发生学）和一种个体成因（个体发生学）。上次我以工作为例指出，那些在我们看来不言而喻的想法，是一种历史性的发明。正如所有最基本的经济行动都与自主经济场域的历史集体起源有关一样，同样，在个体层面上（这就是我上次所说的意思），经济秉性与获得被认为是合理的经济秉性的经济条件，也都是个体生

---

[1] Thorstein Veblen, « Why is economics not an evolutionary science? », *The Quarterly Journal of Economics*, vol.12, n°4, 1898, p.373—397.

成的。我以生育为例，说明那些受管制的、在我们所理解的意义上理性的生育是有条件的。获得储蓄和投资渠道的条件也是一样。而那种新古典经济学则忽视或省略了（人们可能希望的）经济结构和经济秉性的成因，如偏好或品味。特别是它忽略了我所说的经济场域的成因，这种经济场域是一种游戏，它有特殊的规律，而这些规律并非家庭的规律（我在最初一讲中结合礼物的例子时概述过这一点）。

　　如今，经济学被深度祛历史化了。它迷恋反直觉的构造，而这些构造往往是虚构的……有时，为了激怒我的经济学家朋友们（这仍然是经济学家理论的一种用法），我告诉他们，经济学可能只是一团巨大的投机泡沫。经济学家相信经济是存在的，而导致他们经常以投机泡沫的形式构建理论，这可能是源于他们把常识性的证据给形式化了。正如德里达所说——但这是巴什拉（Bachelard）的工作——解构的工作尚未完成。对于我们认为理所当然的预设的解构工作并未完成，我们只是在极其简单的预设上以高度成熟老练的方式对其加以提炼和完善，因为我们总是沉浸在一个把相匹配的心智结构强加于我们的社会世界之中。这仍然是笛卡尔的遗产。我们可以想到笛卡尔的生理学。我记得，康吉莱姆称之为"学术神话"。[1]我把它叫作"孟德斯鸠效应"[2]，也就是指大家都读过的他那篇关于北方和南方的著名文章。[3] 法兰西学院的地理学教授 [1947—1970年] 皮埃尔·古鲁在其中看到了地理决定论的基础，一种理性的地

153

[1] Georges Canguilhem, *Idéologie et rationalité dans l'histoire des sciences de la vie*, Paris, Vrin, 1977, p.33—45. 关于对康吉莱姆的这些分析，见 P. Bourdieu, *Sociologie générale*, vol.1, *op. cit.*, p.460 *sq.*。

[2] Pierre Bourdieu, « Le Nord et le Midi：contribution à une analyse de l'effet Montesquieu », *Actes de la recherche en sciences sociales*, n°35, 1980, p.21—25; 后载于 « La rhétorique de la scientificité » 一章, in *Langage et pouvoir symbolique*, *op. cit.*, p.331—342。

[3] 孟德斯鸠的气候理论主要载于《论法的精神》(1748 年)，见 *Œuvres complètes*, t. II, Paris, Gallimard, « Bibliothèque de la Pléiade », 1951, p.474—530。

理学理论的基础 [1]，只要你看一眼就会意识到，这是一个非常原始的神话：北方代表了寒冷、痛苦和贫瘠，而南方代表了炎热、妻妾成群的后宫（harem）等等，这些神话或多或少地刻在我们的头脑之中，因为它们是由社会秩序灌输给我们的，而孟德斯鸠为它们披上了科学的外衣（当时，一个叫阿巴思诺特 [Arbuthnot] 的人在研究纤维、[身体对空气温度的] 反应等）。在我们的社会科学中也有许多学术神话。在社会学中，不同社会／共同体之间的巨大对立 [2] 是原始的神话，这往往充满了政治—伦理的影响，但披着科学的外衣，从而变得面目全非而难以辨识。我怀疑，当下存在着的经济学在某种程度上也就是这样的，它将常识性的直觉转化为了学究性的神话学。为了证明这一点，我需要详细说明。

我这么说，可能会有些专横、有点原始。这会有点像"社会学家对经济学家"的冲突，我也不太喜欢我说的话，但我想给各位推荐我刚读过的一本非常乏味的书，我想至少我必须引用它给各位作一参考，虽然我相信你们谁也不会读它的 [哄堂大笑] ……这本书有四位作者（弗朗西斯·X.萨顿、西摩·埃德温·哈里斯、卡尔·凯森和詹姆斯·托宾），书名是《美国商业信条》，用法语说就是"美国人的经济信仰"。[3] 这是一组对美式世界观的非常严肃、非常严谨的分析，内容是基于公共报表、商人的公开声明、大公司的机构广告、商业协会（例如商会、经济发展委员会、全国制造商协会、企业家协会等——相当于法国的计划委员会，罗纳—普朗克制药集团 [Rhône-

154

---

[1] Pierre Gourou，« Le déterminisme physique dans l'Esprit des lois »，*L'Homme*，n°3，1963，p.5—11.

[2] 这组对立尤其与斐迪南·滕尼斯关系密切（Ferdinand Tönnies，*Gemeinschaft und Gesellschaft* [1887]；trad. fr.：*Communauté et société. Catégories fondamentales de la sociologie pure*，trad. Joseph Leif，Paris，PUF，1944，以及后续课程的 *Communauté et société*，trad. Sylvie Mesure et Niall Bond，Paris，PUF，2010）。

[3] Francis X. Sutton，Seymour Edwin Harris，Carl Kaysen et James Tobin，*The American Business Creed*，Harvard，Harvard University Press，1956.

Poulenc] 资产负债表，等等）。这些人引用了大量关于经济学、经济行动和企业家的哲学的文本（他们这样做其实很好……像我这样开玩笑是很不专业的，因为这是一项非常有用的工作——总得有人去做……[哄堂大笑]），得出了一整套关于什么是人类行为的哲学命题。例如，**自力更生**（*self-reliance*），也许可以译为"个人自主"（第349页）；对进步的乐观（第351页）；认为实现个体利益并非商业的特性，而是人的普遍和理想的动机（第351页）；竞争、现实主义、对常识的推崇（认为善良的人的常识比所有经济学家[的学识]都要理性得多——经济学家不会这么说，这是老板的观点……），以及一系列其他特质。在一些关键问题上，雇主们的这些东西（*Quid*）符合经济分析的基本命题。在任何情况下，我们都有理由怀疑，学者们是否接受了一定数量的预设的对象，以及关于这些对象的假设。

　　这里我要引用凡勃伦的话，在第38页："这种[古典经济学理论固有的]先入为主的观念，将一种倾向赋予事物，使其按照当时受过教育的常识所接受的人类努力的适当、有价值的目的来发挥作用。"[1] 熊彼特还说过，经济学的基础是常识性的命题。我看到了不少类似的引用，但不幸的是，我在熊彼特那儿没有找到过确切的提法。事实上，祛历史化的经济学接受了常识命题，本质上是为了把这些命题当作不言而喻的东西，但它们其实是历史的产物。把认为作为社会和历史建构产物的证据视为自然且普遍的，这正是感知认识或**认之为真**（*doxa*）的定义，正如现象学家所说的自然态度和对世界的天真秉性。在这一点上，我仍然认为我所说的是有根据的，即新古典主义的观点是非历史性的。

---

[1] 英语原文为："[...] this preconception imputes to things a tendency to work out what the instructed common sense of the time accepts as the adequate or worthy end of the human effort."（T. Veblen，« Why is economics not an evolutionary science ? »，art. cité，p. 382.）

一种双重的祛历史化

我现在谈谈这一观点的实质：个体理论和市场理论。我会讲得很快，因为在前提条件上我停滞很久了。**硬核**经济学的核心是一种想象出来的人类学，它可以用一句话来概括：一群孤立的施动者受到被定义为价格形成场所的瞬时市场的调节和控制。我来进一步阐述一下这种哲学。它涉及"孤立的施动者"，属于物理主义的视野……要证明这一点需要很长时间，但经济学中所隐含的哲学，以及那些像乔恩·埃尔斯特一样自称是经济学一部分的人，总是在一种机械论和一种目的论之间不断摇摆[1]；也就是说，这两种哲学是轮番交替出现的：把施动者描述为受力推动的原子，和描述为在充分知情的情况下行事的计算主体，就好像受到了力的推动一样：这相当于同一件事。这是一种快速的说法，但我可以示范一下。个体是孤立的、被动的 [、统一的？] ——"口味绝无争议"的——并机械地由原因决定或在充分知情的情况下行事。我将尝试给在座各位翻译的凡勃伦的文本中，你会看到，**经济人**是一种光速的计算者：他在瞬间就做完他该做的事，他没有过去、没有未来、没有惯性。凡勃伦说，作为经济学基础的享乐主义哲学将"一种被动的、本质上惯性的、不可改变地给定的人性"[2]置于人类行动的基础上。他接着说："在享乐主义看来，人是一种快感和痛苦的光速计算者，在**刺激物**的驱动下，他像一个渴望幸福的均质小球一样来回摆动……但也

---

[1]　布迪厄在 1982—1983 年发展了这个观点（*Sociologie générale*，vol.1，*op. cit.*，p.323—328，346—349），并在 1986 年 6 月 5 日课程中作了简要重述（*Sociologie générale*，vol.2，*op. cit.*，p.1022—1023）。

[2]　布迪厄译自这句格言："a passive and substantially inert and immutably given human nature"（T. Veblen，« Why is economics not an evolutionary science? »，art. cité，p.389）。

使他一成不变。"[1] 在这里，我回到"口味绝无争议"，也就是说，你可以吃你童年时曾想要吃的任何东西，你完全不会变……经济施动者没有前因后果，也没有期限和持续时间，"他是一个孤立的、确定的**材料**，处于稳定的平衡状态，除非受到驱动他的力、使他朝着一个或另一个方向移动的外力的冲击。[……] 他仍然变回一个自给自足的欲望小球，他一成不变"。因此，他是一个没有自主性的原子，而且——这一点很重要——没有惯性（莱布尼茨所说的"**内在的力**"[*vis insita*] [2]）：它没有任何内在的力量，它被简化为一种纯粹的瞬间。

157

我们会发现，无论是经济世界还是施动者，都显出一种相同的瞬时主义性质。经济世界通过市场的概念，把自己表现为一种抽象的价格形成机制。经济学家认为完全市场具有的"灵活性"，正是他们赋予市场的瞬时性的调整。在瓦尔拉斯市场（marché walrassien）中，有一个重要却经常遭遗忘的属性是，它既是统一又是同步的，正如笛卡尔所说的（完全是笛卡尔本人的说法），**全部一起**（*tota simul*），即"一切同时"。因此，我们可以把［一眼看到的］**一目了然**（*uno intuitu*）和**全部一起**共同构建为同时交易的总体性。完全市场则具有两个非常重要的属性：完全竞争和完全信息，这两个属性是这种瞬时的一般均衡的基础。

在这里，我将为各位介绍一篇我认为很重要的文章：贝尔纳·盖里安，《经济理论的神话与现实》，载《反功效主义社会科学

---

[1]　英语原文为："The hedonistic conception of man is that of a lightning calculator of pleasures and pains, who oscillates like a homogeneous globule of desire of happiness under the impulse of stimuli that shift him about the area but leave him intact. He is an isolated, definitive human datum, in stable equilibrium except for the buffets of the impinging forces that displace him in one direction or another [...] When the force of the impact is spent, he comes to rest, a self-contained globule of desire as before."（T. Veblen, « Why is economics not an evolutionary science ? », art. cité, p.389—390.）

[2]　见本讲下文，本书原书第160页。

运动评论》，第 9 期，第三册，1990 年，第 125—147 页。[1] 我引用了文中一页，他在这里坚持认为，完全竞争模型应该提供一个理想化的描述……（这里有一件非常重要的事：这种理想化倾向的认识论辩护，有时甚至达到了完全不现实的地步。芝加哥的伟大理论家弗里德曼曾解释说，科学必然是通过抽象化来进行的：它抛弃了全部的现实，而这种抽象被认为是不可避免的。[2] 这个认识论命题如此普遍，乃至不能是错误的。但我们不能满足于此，因为我们可以用这个理论的名义来为任何东西辩护，即使是最虚构的杜撰。）

贝尔纳·盖里安是这样说的："竞争模型被认为是以一种理想化的、即没有摩擦的方式来描述市场体系的运作。市场机制使得通过价格变化来协调个体行动成为可能（这就是我常引用的看不见的手定理）。阿罗和德布鲁为其搭建了一个公理系统，以确定在可能的价格集合中，至少有一种价格可以兼容所有人的个体计划，使供求均等。然而，这一理论所涉及的是一系列严格受限的假设，例如，企业或家庭会根据对所有人公布的价格进行购买，而不用担心销路或竞争对手的行为。"[3] 但我们将看到，这就是最站不住脚的假设之一（而我将提出的范式必须不可避免地扫清这一假设），而且最首要的是，这也是不可证明的。

这篇文章提到了索南夏因（Sonnenschein）定理（对此我甚不了解，因此引用如下），根据该定理，"一般均衡模型中存在一种基本的不确定性因素"[4]：我们不能证明价格是在供求关系下瞬时调整的。

---

[1]　Bernard Guerrien, « Mythes et réalités de la théorie économique », *Revue du MAUSS*, n°9, 3ᵉ trim. 1990, p.125—147.

[2]　Milton Friedman, *Essays in Positive Economics*, Chicago, University of Chicago Press, 1953；trad. fr. ultérieure au cours：*Essais d'économie positive*, trad. Guy Millière, Paris, Litec, 1995.

[3]　布迪厄通过重新陈述，表达了贝尔纳·盖里安在文章第 127—128 页的一段话。

[4]　B. Guerrien, « Mythes et réalités de la théorie économique », art. cité, p.129.

我们要假设：调整需要时间，需要一段持续的时间。各位会看到，在我将要提出的分析中，制造成本与品味都需要时间。人们假装成本与品味是会自动调整的，但事实上，制造成本就是经济的全部历史，制造品味则是施动者的全部历史。因此，通过瞬时化处理，构成经济现实和经济施动者现实的一切都被抹除了。

我已经说得太长了，但我们应该延伸和反思这个经济学家们所 159 说的著名的跨期优化（optimisation inter-temporelue）问题，这个问题涉及理解施动者的跨期选择的可能性。跨期选择是指在时刻 t 作出的并涉及未来时刻 $t + n$ 的选择。对跨期选择进行建模，意味着默认假设存在一个静止的环境、一个可能或可计算的未来。跨期优化就涉及对世界稳定的假设，然而环境实际上则是不稳定的。未来是不确定的，更重要的是，正如经济学家们说了不下上百次的那样，即便是异端经济学家也这么说，社会施动者并没有计算工具。经济学家们也总是以学者身份为荣：他们也知道施动者并非真正的经济学家，否则他们就不会觉得自己才是经济学家。这甚至贯穿了萨缪尔森 [1] 的诸多命题。

然而，问题仍然是施动者能够进行连经济学家也很难进行的复杂计算。因此，经济学家发明了"代表性施动者"这个概念，我之后将回到这个概念，它是一种超级主体，是经济学家为记录其模型运算结果而假设的总经济行动的主体。这位代表性施动者是一个非凡的**法律拟制**（*fictio juris*），在某种程度上有点相当于一位超级读

---

[1] 在某些情况下，布迪厄指的是以下这段话："由于一位工会的领导人成功地谈成了几项集体协议，他可能会有一种错误的印象，认为自己是工资经济学方面的专家了。一位'结清工资'的企业家可能会错误地认为，他对价格控制的看法是无可辩驳的。一位能平衡现金流的银行家可能会得出结论（但他错了），认为他自己对货币的创造了如指掌。[……]当经济学家以传授基础或深奥的知识为目的而撰写一篇普遍性的论文时，他所关注的是整个经济的运作，而不是任何一个群体或单位的运作。"（Paul Samuelson, *L'Économique. Introduction à l'analyse économique*, t. I, trad. Gaël Fain, Paris, Armand Colin, 1972 [1951], p.25.）

者。在阅读和文学理论中，首席读者（archilecteur）[1] 是一种典型的学术错觉和**学究偏见**的产物：当你第一次阅读乔伊斯时，尤其当你不是乔伊斯那样的人，那你肯定什么都读不懂；而首席读者是那些有时间阅读和重读的人，也就是文学老师。因此，人们创造了一个首席读者理论，以解释那样一种阅读的可能性，而这种可能性的社会条件却早已被遗忘了。我们忘记了我们必须有时间去阅读，我们必须为此付出代价，从中获得收益、乐趣等等。同样，代表性施动者也是一种利己主义的虚构，它填补了一系列理论上的空白，但接受它要付出的代价就是一种天真的学术本体论。

因此，我们有一个没有惯性、没有历史、没有**内在的力**、没有内在力量的经济世界，这与笛卡尔的世界是一致的。此处应该提一下莱布尼茨动力学和笛卡尔物理学之间的争论。[2] 莱布尼茨批评笛卡尔所创造的世界会无力延续自身。他说（这是让·华尔的一句格言）"创造是持续的，因为时间不是"[3]；上帝有义务不断重新创造这个世界，因为这个世界本身无法自我延续，因为它是一个没有冲动、没有**冲力**（impetus）的世界。莱布尼茨相信，他已经用他的动力学定律为一个能自我维持的世界奠定了基础，如果我可以这么说的话。他说："笛卡尔的上帝不能一下子就创造世界，那他的上帝是什么？"当莱布尼茨的上帝看似一劳永逸地完成了他的工作时，他还是得不断重新开始，在此之后，世界才有了一种**内在的力**，即内在力量，和一种**内在的法**（lex insita），即内在法则。这就是我对社会世界的终极哲学：我认为，这个世界有一种内在的力和一种内在的

---

[1] 特别是米歇尔·里法特尔使用了这一概念，见 Michel Riffaterre, *Essais de stylistique structurale*, Paris, Flammarion, 1971.

[2] 布迪厄在 1983—1984 年讨论了这场辩论。（见 *Sociologie générale*, vol.2, *op. cit.*, p.125—128, 199.）

[3] Jean Wahl, *Du rôle de l'idée d'instant dans la philosophie de Descartes*, Paris, Vrin, 1953 [1920], p.18.

法，而将自己归结为一个没有冲力的世界以及一群没有历史的施动者的一套理论，从其基础的角度来看是毫无意义的。当然，我说的每句话都值得纠正……当我们回到最初级的基础时，我们也"初级化"（élémentarise）了，这就有点烦人……

为了弥补这一点，我将引用涂尔干1888年的一篇非常优美的 161 文章。它可以追溯到与凡勃伦的文章差不多同一时期，而这可能表明社会学家与经济学家之间的争论是令人绝望的，这让我觉得我可能完全是在浪费时间："政治经济学［……］仍然是一门抽象的、演绎的科学，它不是为了观察现实，而是为了构建一个多少令人向往的理想；因为它所说的这个一般的人，这个系统中的利己主义者，只是一个理性的存在。而我们这样真实存在着的真正的人，则是更为复杂的：他属于一个时代、一个国家，他来自一个家庭、一个城市、一个祖国、一种宗教和政治信仰［……］。"[1]在这里，涂尔干坚持站在主体、施动者一边。最后，我想在结论中说明的是，经济理论在两个方面，无论是经济世界理论（通过市场）还是经济施动者理论（通过**经济人**的形象），都在进行着同样的祛历史化。

为了一种历史主义的理性主义

在我看来，除了经验性的批评以外，我们还应该挑战现有的经济学理论。这也就是我最终敢于说出这些话的原因。自19世纪末的边际主义革命以来，这种范式给许多人带来了痛苦，包括社会学家和经济学家，而面对它有两种策略。第一种是寻求经验主义的庇护。

[1] Émile Durkheim, *La Science sociale et l'action*, Paris, PUF, 1970, p.85.

这是社会学家们经常采用的方法。由于人们不知道经济学家所谓的市场，于是人们决定研究实际的市场，例如研究拍卖，或研究拍卖市场（le marché au cadran）这种法国牲口贸易特有的市场形式。[1] 人类学家和社会学家都做过这类研究。或者，他们也会研究奢侈品消费的经济条件。第二种策略就更多地站在经济学家的角度。有些人并不满足于这种经验主义，他们想要跳出新古典主义理论狭隘的公理圈子，但又不想完全与之决裂，这在很大程度上是出于我前面所提到的社会原因。因此，他们作为经济学界的第谷·布拉赫作了一系列的修正：他们质疑了制度、调控、组织和社会惯例的作用。[2] 他们继续接受一些关于市场和施动者的预设，同时采取措施进行一些修正，试图恢复一点现实。

　　我认为这两种策略都是错误的，毕竟，我们必须冒犯错的风险，提出另一种系统范式，一种能与**硬核**经济学所默认的理论竞争的系统理论。我们必须提出的系统理论，一方面是关于施动者和合理（而非理性）行动的理论，另一方面是关于市场不再被理解为一种价格生产机制，而是一个作为交换竞争场所的功能性场域的理论。我们有必要基于经验知识（我一直依赖于我在家庭经济方面所做的研究，但我们也可以研究奢侈品或高级时装的经济），以及基于我从一开始就提到的古典经济学的关键成就，提出一种不同的事实构造。因此，我们有必要提出一种更为广泛的理性主义，即一种历史主义的理性主义，它涉及另一种理性观念，一种作为历史和现实创造的理性观念，因此，我们要从经济世界和社会世界的结构的角度（必

162

163

---

[1]　在上这门课的前几年，布迪厄发表了一篇文章，关于玛丽-弗朗斯·加西亚所研究的一个拍卖市场，强调了与经济学结构相关的绩效效应。见 Marie-France Garcia，« La construction sociale d'un marché parfait：le marché au cadran de Fontaines-en-Sologne »，*Actes de la recherche en sciences sociales*，n°65，1986，p.2—13。

[2]　暗指可以追溯到 19 世纪末的制度经济学（以及布迪厄将在下一讲中讨论的新制度经济学），或是在 20 世纪 80 年代起在法国发展起来的惯例经济学。

须想象一个具有惯性的世界，如果你愿意，也可以说是一个倾向于延续的世界）和主体的角度，提出一种双重反笛卡尔主义的哲学。这就是我要做的。

市场的定义

理性的施动者必须被拥有惯习的施动者所取代，而纯粹完全的市场则必须被我将要描述的经济场域所取代。我们可以从惯习开始，也可以从场域开始。那我就先从场域开始，以便首先看到与个体主义思维方式和施动者微观经济学的决裂，后者倾向于一种不受任何结构约束的纯粹的个体选择理论，因此，那是根据纯粹加法和机械的加总逻辑来理解（即与结构约束的概念相比，更多考虑的是数学加总）。从场域开始，就是要打破这种原子化的思维，就是要记住惯习对场域的依赖（为了让一种惯习适应［场域］，就必须有一个场域）……这就是英国小学生为抵御惩罚的进行投保的著名例子 [1]：要使这种事情成为可能，就必须有一个存在保险业的场域。

这是重建市场范式或生产场域的第一步。我记得，当我第一次对这些问题感兴趣时（那是很久以前的事了），我每天晚上都会去美国的一家图书馆翻阅经济学期刊，惊讶地发现没有任何一篇关于市场概念的文章：令人震惊的是，所有经济学家都在谈论的这个概念实际上从未被定义过。我不是经济学家，我把这归因于我自己能力有限。我在［阿尔弗雷德·］马歇尔（Alfred Marshall）的一篇

---

[1] 布迪厄在第二讲中引用了这个例子，见本书原书第52页。

164 文章[1]那里找到了一个定义，并告诉我自己这可能是因为它太古老了、太过时了。最近，我在 1977 年的《欧洲经济史杂志》上发现了道格拉斯·诺思的一篇文章，在第 703—716 页。他说："奇怪的是，经济学文献中对在背后支撑着整个新古典主义经济理论的核心制度——市场的讨论如此之少。"[2] 从那以后，我发现许多观察家都表达了这种惊讶：为什么人们最多也只是谈论市场在做什么，却没有人说市场是什么、它由什么组成？当然，我们可以说，瓦尔拉斯构造的特点是打破了现实的、朴素的、前科学的定义，打破了市场作为一个**集市场所**（*market place*）、作为进行交换的场所的普通形象。但我不确定这一答案是否充分。例如，我将引用让·蒂罗尔最近的一篇关于产业组织的论文，即 1991 [1988？] 年出版的《产业组织理论》，这是前沿中的前沿[3]，各位会看到有人试图定义市场，而且不止一个定义……我会读给各位听的。

　　因此，市场的概念既是潜在的、无处不在的，又是缺席的。可以说，现代市场的概念是从边际主义革命——瓦尔拉斯、杰文斯（Jevons）、门格尔（Menger）等等中产生的，因此，现代市场概念是针对在古典经济学中的现实主义定义而形成的，后者在亚当·斯密（在 1776 年《国富论》第十三章）、李嘉图、密尔，乃至马克思那里都可以找到，他们仍然把市场定义为一种具体的东西。纯粹的经济学理论正是与这种把市场只作为一个交换场所、作为一个具体
165 场所的朴素定义决裂而形成的。作为交换场所的市场，被交换理论

　　[1]　出处将在下一讲中给出。
　　[2]　英语原文为："It is a peculiar fact that the literature on economics and economic history contains so little discussion of the central institution that underlies neo-classical economics-the market."（Douglas North, « Markets and other allocations systems in history：The challenge of Karl Polanyi », *Journal of European Economic History*, vol.6, n°3, 1977, p.710.）
　　[3]　Jean Tirole, *The Theory of Industrial Organization*, Cambridge, MIT Press, 1988；trad. fr.：*Théorie de l'organisation industrielle*, 2 vol., Paris, Economica, 1993—1995.

和价格形成理论所取代。

纯粹理论的历史条件

这就引出了一个问题。在我的第一份社会科学研究作品中，我当时选择了一个非常雄心勃勃的题目。那在当时很时髦。当时我们正处在结构主义的早期阶段，谈论了很多纯粹理论的研究。我对索绪尔式的纯粹理论感到不安，我告诉自己，既要做一套关于社会学的纯粹理论，也要做一套关于纯粹理论的社会学。因此我自问纯粹理论（瓦尔拉斯之于经济学，索绪尔之于语言学，凯尔森［Kelsen］之于法学[1]）可能存在的历史条件是什么，并开始怀疑把自主的世界作为对象来构建的这些理论的出现是否有历史条件。我当时的想法是，纯粹理论的发现是对现实中发生的自主化过程的记录，但这是一种忽略了自己本身的记录。这倒并无不妥……前提是如果说经济世界确实正在变得自主化，那么对这个作为自主化产物的现实提出一种理论是非常好的，但前提是只要我们别忘了，我们所构造的纯粹对象是要在该对象的历史起源中，才能找到其可能性的条件。

这里有一个也许很天真的问题（但我不确定是否天真：在很多情况下，我经常发现一些问题非常天真幼稚，但回想起来，这些问题对我来说似乎是根本性的，这就是因为从来没有人提出过它们），但应该要问出来。这就是现实中市场的起源和经济中市场的起源之间的联系问题。例如，在不研究历史哲学的情况下，只依靠二三手

---

[1]　这些想法的证据可以从下文中找到：Pierre Bourdieu,《 Le marché des biens symboliques 》,*L'Année sociologique*, n°22, 1971, note 5 p.53 等处。

166　资料，我可以说，这大致是一种线性的演化（我想到的是波兰尼 [1] 等人），开始于位于两个共同体间边界中立点的市场。例如，在卡比利亚，在两个村庄之间，在两个部落之间的边界上，有一个中立的地方，人们可以在那里进行交易、讨价还价（也允许陌生人之间这样做）。我上次告诉各位的一切基本上都属于部落市场。然后，我们还可以有自我调节的城市市场，正如芬利 [2] 等经济学家的工作令我们所熟知的那样，城市市场以城市居民的需求为导向。随后是中世纪的集市以及全国性的市场。我们能从经济史学家们的著作中得知 [3]，大型国有市场和专门市场是在（在英、法、美等国）对中央集权的大革命之后才出现的。总的来说，人们不禁要问，没有任何纽带或根基、基本上没有任何地方基础的纯粹市场的出现，是否与这种市场的逐步离域化（délocalisation）和这种市场的统一有关，毕竟在国家范围内的统一似乎是一种普遍化的现象。

　　这听起来可能有些蹩脚，不过这确实有库尔诺（Cournot）和瓦尔拉斯的文章作为支持，他们是这方面的创始人。这倒也并不是因为对历史的盲目崇拜：我认为，往往要通过回到创始人那里，回到那些打出第一击的人那里，我们才能更好地发现一个学科构建所涉及的哲学预设。例如，瓦尔拉斯的一篇文章说："[布迪厄补充道：整个] 世界可以被视为一个由社会财富可以在其中进行买卖的各种

167　特殊市场所组成的巨大的一般市场。"[4] "整个世界"：毫无疑问，经

———————

　　[1] Karl Polanyi, *La Grande Transformation. Aux origines politiques et économiques de notre temps*, trad. Catherine Malamoud, Paris, Gallimard, 1983 [1944].

　　[2] 尤见 M. I. Finley, *L'Économie antique*, *op. cit.*, chap.5, « Ville et campagne », p.165—199。

　　[3] 可参见费尔南·布罗代尔的作品（尤见 *Civilisation matérielle*, *économie et capitalisme*, *XVᵉ—XVIIIᵉ siècle 1*, 3 vol., Paris, Armand Colin, 1979）。

　　[4] Léon Walras, *Éléments d'économie politique pure*, *ou Théorie de la richesse sociale*, Lausanne-Paris, R. Pichon, R. Durand-Auzias et F. Rouge, 1926 [1874], § 41, p.45.

济的国有化和随后的全球化[1]之间存在着一种联系，那就是将市场
视为一种抽象的机制，这种机制使瞬间将空间中相距甚远的人们聚
集到一起成为可能，例如股票市场，它是完全市场的完美例子。库
尔诺给出了明确的定义：市场不是一个买卖事物的特定市场。他说
的是"整个地区"，尽管它仍然是地方性的……市场地理限制的问题
仍然存在：这是一个关于弹性、成本等的问题吗？市场的空间和由
此而来的时间维度极其重要，我们不能忽视……"市场是买卖双方
进行自由贸易，致使同一商品的价格往往容易迅速地趋于相等的整
个地区。"[2]

　　最后，我想请各位简单地思考一下：我认为，市场概念的知
识起源的历史，特别是如果我们把它与相应现实的社会起源联系起
来，就可以看出，即便在今天，市场的概念也涉及两种逻辑：一种
是纯数学的逻辑、纯形式的逻辑，即价格形成机制的逻辑，另一种
是现实的逻辑，即这些现象所发生的地方的逻辑。我们不断地使用
这个词在这两个维度上的多义性：**集市场所**和**市场**（*market place* et
market）。今天，市场概念的多义性，令许多以市场为概念的意识形
态游戏营销成为可能。我来列举一些市场的含义（我没有时间在这
里去查《罗贝尔大词典》了，我就在头脑中凭空设想吧）。市场是：
1. 进行交易的地方（**集市场所**）；2. 能在交换过程中就交易条款达成

　　[1]　在本课程结束几年后，布迪厄专门写了一篇关于全球化或世界范围内市场的构成的
文章：« Du champ national au champ international »，in *Les Structures sociales de l'économie*，
op. cit.，p.273—280。
　　[2]　布迪厄似乎翻译了阿尔弗雷德·马歇尔的这句话："As Cournot says, 'Economists
understand by the term Market, not any particular market place in which things are bought and
sold, but the whole of any region in which buyers and sellers are in such free intercourse with
one another that the prices of the same goods tend to equality and quickly'."（Alfred Marshall,
Principles of Economics. An introductory volume，Londres，Macmillan，1961 [1890]，
p.324.）库尔诺的原话是："众所周知，经济学家所说的市场不是一个特定的买卖地点，
而是一个双方通过自由贸易联系在一起的整个区域，以便价格能够轻松、迅速地在那里
进行调节。"（Augustin Cournot，*Recherches sur les principes mathématiques de la théorie des
richesses*，Paris，Hachette，1838，p.55.）

一致的事实（即所谓的"达成交易"[faire un marché] 或"订立合约"[conclure un marché]）；3. 一个产品的销路（如我们说罗纳—普朗克制药集团在东南亚国家挺有市场，也就是"市场征服"）；4. 一种货物的交易集合（如"小麦市场"或"石油市场"）；5. 所谓市场经济所特有的经济机制。还有瓦尔拉斯和阿罗—德布鲁所说的市场。

　　所有这些含义都互相沾染了，我将就此结束，尽管这些根本不是我今天发言的**目的**。但恐怕我所说的一切似乎都指向了这一点，这非常次要，然而我确实得这么说……市场概念的意识形态用途，集中在通常所说的芝加哥学派，特别是在米尔顿·弗里德曼那儿。[1]我想起了我偶然读到的一篇文章，那是一本书里的一章，书名叫做《知识分子与市场》，1963 年在剑桥的哈佛大学出版社出版。[2]它是关于知识分子对市场的敌意的一种类社会学的分析。芝加哥学派的所有意识形态工作都旨在使市场免受蔑视，特别是免受知识分子的污蔑。如果各位还记得，我在前几年所说的关于艺术和知识场域作为倒置的市场或颠倒的经济世界的话[3]，那么很明显，艺术场域所要求的隐性入场费之一就是远离市场，即远离如前所述的"商业"。[4]因此，说知识分子蔑视市场是有道理的。但把它当作一条公理，那就完全不同了：好像他们的本性决定了他们蔑视市场一样。乔治·斯蒂格勒的这一章很有趣，但最重要的是弗里德曼的著作，这些作品传播了一种像周围空气一样供我们呼吸的意识形态：自由与

169

---

[1] Milton Friedman, *Capitalisme et liberté*, trad. Antoine-Maurice Charno, Paris, Robert Laffont, 1962.

[2] George G. Stigler, *The Intellectual and the Market Place and Other Essays*, New York, Free Press of Glencoe, 1963.

[3] 布迪厄在 1982—1983 学年将他的大部分教学时间用于文学场域（见 *Sociologie générale*, vol.1, *op. cit.*, p.569 sq.），并在 1984—1985 学年用于艺术场域（见 *Sociologie générale*, vol.2, *op. cit.*, p.478—765）。关于"颠倒的经济世界"的概念，特别见 *Les Règles de l'art*, *op. cit.*, p.121—126。

[4] "在目前的情况下，文化生产场域是根据一种差异化原则组织起来的，这种原则不是别的，就是文化生产企业与市场和明示或默示的需求之间的客观和主观距离 [……]。"（*Les Règles de l'art*, *op. cit.*, p.202.）

市场是相互依存的；如果没有经济自由，政治自由是不可能的；市场的好是先验的；经济生活一般都被还原为市场。这些都是一些极端简单化了的命题，但这些公理包含在弗里德曼的《资本主义与自由》中。通过市场概念的多义性，通过我刚才提到的"存在巨链"效应，通过非常正式的价格形成机制与非常现实的使用方式在经济内部的共存（如底特律汽车市场研究等），许多对市场概念的意识形态游戏就成为了可能。所有这些加在一起，就使得市场的概念变得极其危险。经济学从来不去谈论它，这也许不是一种巧合……

第七讲　1993年6月3日

无法被定义的市场。自相矛盾的经济理论。作为力量场的
经济场域。经济场域的内在趋势。区分效应与竞争。

无法被定义的市场

首先，我将暂时回到我上次提到的市场定义的问题。我将提到让·蒂罗尔的一本书。[1] 在这本目前处于组织理论前沿的书中，蒂罗尔例外地提出了一个市场的定义。我没法详细读给各位听，但他（在第12页）说，市场的概念并不简单，我们显然倾向于把自己局限在同质市场这一优先情况下，也就是说，两种商品如果互为完全替代品，则属于同一个市场。但是，蒂罗尔说，这个定义太窄了，因为这致使我们最终只能设想只存在唯一一家公司，而且，即使在这种极限情况下，我们也不能肯定是否有完全的替代品，因为同一

---

[1]　J. Tirole, *The Theory of Industrial Organization*, *op. cit.*

家公司能够生产出的商品，在物理性质、地理位置、可用性、消费者信息甚至广告方面都会略有不同。如果以对商品的同一性来定义市场过于狭隘，那么也不可能采用一个过于宽泛的定义，那样会承认一种普遍的看法，即任何商品都可能是另一种商品的替代品，即使是以无限小的方式（如石油可以替代煤、木材等）。最终，任何商品都可以部分（因为任何东西都能燃烧）替代另一种商品。如果我们的定义过于宽泛，市场就会被认定为整个经济体，因此我们必须设定限制，以便能够进行局部均衡分析。

172

在展示了这两种极端的困境后，蒂罗尔得出结论，市场的好定义（**正确定义** [*right definition*]）取决于对它的使用。[1] 这是一个纯粹操作性的、主观的定义。我们显然可以在供应链的断裂、弹性中找到客观指标，但若要从各方面综合考虑，"在这本书中，要定义一个市场则将会遇到经验上的困难 [**布迪厄评论道**：我们不知道'经验的'一词是什么意思……]，我们会假设市场得到了正确的定义"[2] [些许笑声]。这很有趣，但我向各位保证，这就是我所读到的。蒂罗尔承认对特定市场的经验性构建存在困难，但认为市场的概念是局部均衡分析的必要条件。因此，经济学家们陷入了一种贝特森式的双重束缚[3]：

[1] "要认识到，市场的'正确'定义取决于市场将投入的用途，这一点也很重要。例如，考虑煤炭的情况，如果对广泛的能源政策问题感兴趣（如补贴某些类型能源的效果），则相关市场就是能源市场，包括煤炭、天然气、石油和核能。对美国煤炭生产商和电力公司之间的长期承包合同和垂直一体化的分析最好在区域层面进行（如东北部、中西部和西部；参见公司理论一章）。因为运输成本很高，所以为了评估两个煤炭供应商兼并的竞争效应，我们要考虑一个更为狭义的市场定义。"（J. Tirole, *The Theory of Industrial Organization*, *op. cit.*, p.12；trad. fr.：J. Tirole, *Théorie de l'organisation industrielle*, *op. cit.*, vol.1, p.25 *sq.*）

[2] "为了本书的目的，定义市场的这一经验性困难将被暂时忽略。假定市场定义明确，它涉及同质产品或一组差异化产品，后者是组别中至少一种产品的替代品（或补充品），而且与其他经济体的互动有限。"（*Ibid.*, p.13.）

[3] 人类学家格雷戈里·贝特森特别在 20 世纪 50 年代的工作中介绍了精神分裂症中的双重束缚（*double bind*）的概念，法语里通常译作"双重约束"（double contrainte）或"自相矛盾的禁令"（injonctions paradoxales）（特别见 Gregory Bateson, « Vers une théorie de la schizophrénie » [1956]，in *Vers une écologie de l'esprit*, vol.2, trad. Ferial Drosso *et al.*, Paris, Seuil, 1980 [1977], p.9—34）。

他们被迫求助于一个他们无法给出定义的概念。蒂罗尔至少有一个

173　优点，就是他在使用市场概念时也提出了这个问题，而一般来说在这种情况下，市场的概念就像许多其他概念（均衡、竞争、利润等）一样，以一种不言而喻的方式被使用，由此造成了许多问题。蒂罗尔在陷入这种双重约束的情况下，通过使用市场概念的纯粹主观定义来摆脱了困境：有多少观点，就有多少市场；因此，市场完全可以根据适当的具体情况，根据消费或生产的考虑来构建。在我看来，参考这段文本很有益处，它能够表明，对市场作为一个纯粹和完全的价格形成机制的概念的质疑，并非因为受到了批评家们任意妄想的影响。

自相矛盾的经济理论

为了取代这一观点，上次我提议将市场作为一种生产场域，作为生产者之间的一个以某种权力关系结构为特征的竞争空间来分析。在阐述这种定义之前，我要回顾一下经济学理论本身对市场概念的批判所作出的一些历史贡献。

可能会有人问我为什么要做这项铺垫工作：是为了展示我的知识来源吗？事实上，在我读到马上要提及的这些文本之前，我早就已经发展了出了场域的概念，我也会自问，我提供这些并不是我真正知识来源的来源，是否有某种受虐狂倾向。重要的是要知道，一个人为什么要这么做，我相信真正的原因是，我要在科学对手的地盘上寻找承认：我并不介意自己通过选择性阅读经济学家们已经认可过的那些作者，来找到属于我的经济对象定义的评论和建议。这种选择性的阅

174　读是有偏向的，它可能看起来像哲学家们在冒充历史终结者时所做的

150

那样，把他们之前的整部哲学史描述为朝着自己的立场的无意识迈进。因此，我再次陷入诸多困境；陈述这一事实并不能免除我的难堪，但至少我愿意受这些苦。简言之，对一些作者的选择性阅读（如果我的知识更为广泛，我可能会发现更多其他迹象），为我提供了我认为适当的经济场域理论应该考虑到的属性的一些证据。

我要提到的第一个作者是马歇尔，正如我上次所说，他是唯一对市场作出定义的古典作家之一。他在《经济学原理》中把一整章都贡献给了市场问题[1]，并为了打破古典经济学的传统，他坚持认为在研究市场的组织时，不仅要考虑到货币、信贷或对外贸易——这是一般的经济学家们所做的——而且还要考虑到工会、雇主组织、商业周期的起伏。如果让我总结一下这一章，马歇尔在书中指出了在他看来属于任意一个市场的特质：空间、时间；是否有正式或非正式的调控，买卖双方之间是否熟悉？（最后一点很重要，今天，一些经济社会学家，如格兰诺维特[2]发展了这一想法——我很快就会提到他们的贡献——用波兰尼提出的一个词来说，市场仍然是**嵌入式** [embedded] 的，也就是沉浸在社会关系之中的。[3]）马歇尔强调了我上面列出的属性，并认为对任意市场都需要问一些问题：它的规模是大还是小？它是有恒定的边界，还是根据情况扩大或缩小（这很重要，例如对于石油市场等战略市场来说，重要的是要有不同的武器来界定市场边界）？它是否有组织，也就是正式的规制程序或交易（比起组织较少的市场，马歇尔举了一个有组织的市场的例子，即证券交易所）？它是开放的，即高度竞争的，还是垄断的？例如，

175

---

[1]　A. Marshall, *Principles of Economics*, *op. cit.*, livre 5, chap.1：« Introductory. On markets », p.323—330.

[2]　M. Granovetter, « Economic action and social structure », art. cité-« Action économique et structure sociale », trad. citée.

[3]　特别见 K. Polanyi, *La Grande Transformation*, *op. cit.*。嵌入（embeddedness）这一术语的另一个常见的法语翻译是"镶入/插入"(encastrement)。

马歇尔假设，当一个市场关闭时，当从开放市场转向垄断市场时，竞争会变得尤为激烈。他提出了一系列的普遍性问题，对此只能在历史中找到答案，此外就别无他法了。

接下来，我要讲所谓的"产业组织理论"。其中最著名的作家之一是爱德华·张伯伦。在 1933 年于剑桥市的哈佛大学出版社出版的《垄断竞争理论》一书中 [1]，他批评了完全竞争的神话，并表明有必要考虑竞争施动者的数量：决定市场结构的是施动者的数量，一种极端是垄断，另一种极端是完全竞争的特殊情况（事实上从未实现过）。因此，他非常强调我所说的生产和交换竞争场域的结构，也略微触及了一些产品的差异化问题。他还强调了买卖双方之间存在的个人联系，以及卖方声誉的极其重要的作用，而这就是我所说的象征资本。我认为，在经济交换中，企业的声望，例如品牌，是非常重要的。广告，特别是奢侈品广告，因此就非常强调品牌基础的岁月积淀，就和所有的贵族社会一样 [2]，它是一种象征资本。资历也是稳定的保证，符合显性和隐性的交换法则。百年老店是值得信赖的老铺子，而信任是交换的条件之一。张伯伦没有明确这么说，但他确实提供了这方面的指引。他坚持强调买卖双方之间存在的个人联系、卖方的声誉以及——这一点很难翻译——"该机构的总体基调和特质" [3]。这是一个非常有趣的观察：在对产品的定性中，特别是在对交换的定性中，有一些难以定义的东西，从某种意义上说，这其中存在着一种企业的面貌。

我为各位读一句话，这句话在佐证我的逻辑方面非常重要，因为它让我确认了一件我在其他地方也同样发现的事："在完全竞争的

176

---

[1]　E. Chamberlin, *The Theory of Monopolistic Competition*, *op. cit.*

[2]　见 *La Distinction*, *op. cit.*, « Quartiers de noblesse culturelle », p.68—106 等处。

[3]　"在零售贸易中，仅举一个例子，这些条件包括卖方所在地的便利性，其机构的总体基调和特质，他的经营方式，他在公平交易、礼貌、效率方面的声誉，以及将客户与客户或其雇佣的人联系起来的所有个人联系。"（E. Chamberlin, *The Theory of Monopolistic Competition*, *op. cit.*, p.56；trad. fr.：*La Théorie de la concurrence monopolistique*, *op. cit.*, p.61.）

情况下，每一个卖方的市场都被完全淹没，与他的竞争对手的市场混淆在一起，但实际上必须认识到，每一个卖方以及由此而来的每一个市场在某种程度上都是孤立的，这使整个市场不是一个由许多卖方组成的单一市场，而是每个卖方都有一个互相交织或连接的市场网络。"[1]恐怕你根本不明白我为什么会注意到这个观点。事实上，我要提出的一个命题是，存在着一个生产者空间和一个消费者空间，而著名的供求关系实际上是差异化的生产者和差异化的消费者之间的同构关系。这是我对奢侈品市场的一种直觉。当我在做高级定制服装的研究工作时[2]，我观察到一个空间，从经典、著名的商号到前卫的牌子，就像［丹尼尔·］埃什特（在1968年前后）所说的那样，我们必须令时尚下沉，带回街头。卖方空间对应于买方空间，每个买方在卖方空间中选择其卖方。所以，这里的逻辑根本不是按价格进行竞争，而是与竞争对手对抗的一种竞争。这听起来有点像是同义反复的废话，但这就是一个基本的范式转变。

177

　　第三个来源或佐证是爱德华·梅森的一篇后继无人的重要文章《大型企业的价格与生产策略》。[3]在我看来，产业组织理论的潮流已被我刚才提到的蒂罗尔所取代（但并未被超越），其原因并非科学的进步，而只是科学时尚潮流的变化，因为蒂罗尔的工作是这种产业经济学的高度数学化形式。梅森强调，必须关注大公司的定价政策和市场结构。我喜欢这种说法，因为它强调了每家公司都位于一个公司结构中，但梅森并没有从中得出多少重大发现：他说，市场

---

[1]　英语原文为："Under pure competition, the market of each seller is perfectly merged with those of its rivals; now it is to be recognized that each is in some measure isolated, so that the whole is not a single large market of many sellers, but a network of related markets, one for each seller."（E. Chamberlin, *The Theory of Monopolistic Competition*, *op. cit.*, p.69; trad. fr.: *La Théorie de la concurrence monopolistique*, *op. cit.*, p.75.）

[2]　Pierre Bourdieu et Yvette Delsaut, « Le couturier et sa griffe: contribution à une théorie de la magie », *Actes de la recherche en sciences sociales*, n°1, 1975, p.7—36.

[3]　Edward S. Mason, « Price and production policies of large-scale enterprise », *The American Economic Review*, vol.29, 补遗于 n°1, 1939, p.61—74。

与市场结构的定义必须参照每个卖方或买方的独特位置来确定。我不打算给各位作冗长的引述，但我认为这个想法非常重要：要了解生产者在做什么、购买者在做什么，就必须了解他们在市场结构中的位置。只有了解生产商或卖方的结构及其在结构中的位置，才能理解**调价反应**（*price response*），也就是对价格的反应。梅森提出了所谓的结构—行为—绩效（structure-conduite-performance）范式。我来跳过详细的讲解……这种结构的特点是存在进入壁垒。这是我曾赋予所有场域（文学、艺术、宗教等）的一种属性：人们无法随意进入任意场域。例如，在宗教场域中，正如马克斯·韦伯所说，在某种程度上，操纵救赎财产（宽恕赦罪、祭品捐献等）的垄断权力，在竞争控制管理救赎财产的那些人（教会、先知、巫师等）之间按照一定的结构进行分配。[1] 场域的这种整体结构对潜在的新进入者施加了非常强烈的限制，无论是谁、无论是哪个新的先知想要进入，就都要受到这种极端制裁。这可能令他威信扫地：你可以说很多反对他的话，比如说他是一个冒牌货、骗子，他根本不懂福音书，等等。你也可以把他钉在十字架上，从肉体上肃清他，或从象征性上肃清他，这在宗教场域是绝对的利器。我在定义中有意地引入了这一概念："进入壁垒"的概念在我看来非常重要。梅森认为，产业结构中的诸多属性之中包括了这种进入壁垒，这种结构效应可以转化为卖方的集中策略。他还强调，这种卖方的行为与策略不是以价格为导向的，而是针对竞争对手、商业同行的，而价格策略涉及的其实是潜在的竞争对手，而非对市场价格的表示。蒂罗尔提出了一种**硬**数学形式取代了这一潮流，但在我看来，这种形式早已失去了实质，即当今理论认为是外生的结构效应。

---

[1] 见 Pierre Bourdieu，« Genèse et structure du champ religieux »，*Revue française de sociologie*，vol.12，n°3，1971，p.295—334。

　　为了继续这一调查，我要提及所谓的新制度经济学 [*New Institutional Economics*，法语译为 nouvelle économie institutionnelle 或 nouvel institutionnalisme]。我要讲得稍快一些，因为它有点边缘化。它的主要代表人物是奥利弗·威廉姆森，他在其主要著作《市场与层级制》[1] 中引入了一些异于边际主义经济学传统的概念，例如交易成本：交换是要花费的，没有毫无成本的交换。市场与企业之间的选择是制度经济学试图回答的问题之一。钱德勒的一本非常重要的书《看得见的手》[2] 讲述了从市场逻辑到大公司逻辑的转变，以及通过集中化来节约交易成本：大公司如果把整个生产结构都放在企业内部，就能实现规模经济，在节约生产成本的同时也节约了交易成本。这一概念有助于理解现代经济的许多特征因素。威廉姆森还谈到了产权问题。他强调，不能脱离法律制度来考虑经济体制，因为买方在市场上购买的不仅是产品，还有对于被购买物的权利。今天，某些形式的制度经济学正越来越多地研究经济学与法律之间的联系，还有其他一些成本：研究成本（我就略过了……）、测量成本（这些是检查所购商品质量的成本）。威廉姆森在谈到所有这些成本时强调，当时的经济学对购买、销售、交易中的所有工作成本闭口不谈。这应该使各位想起我之前所说的礼物：我表明过，从礼物到银货两讫之间的转变降低了交易成本。当你给别人钱让他们自己买喜欢的东西，而不是送别人礼物时，你就节省了我刚才提到的成本，这种成本是赠方想送一份合受赠方口味的礼物时必须承担的。

　　我还有其他文献来源和佐证，但我认为我刚才给出的已经足够了。正如我前几天所说的，为了修正他们形式化且不真实的经济学

179

[1]　Oliver E. Williamson, *Markets and Hierarchies: Analysis and Antitrust Implications*, New York, Free Press, 1975.

[2]　Alfred Chandler, *La Main visible des managers*, trad. Frédéric Langer, Paris, Economica, 1989 [1977].

模型的局限性，数学经济学家中最有眼光的那批研究人员正在利用这一深思熟虑的工具，但又常常轻蔑地视之为过时的。因此，这些
180 工具的发明创造者受到了双重不公正的对待：他们遭到掠夺却又被蔑视。这也是我要提及他们的原因。

作为力量场的经济场域

在经过这段快速的走马观花之后，我现在要概述一下我所理解的经济场域理论可能是什么样的。[1] 根据我对这个概念的定义，场域是一个力量场（champ de forces）以及为了转变力量场而进行的斗争场（champ de luttes），在此之中，每一个施动者都会利用他在权力关系中所拥有的力量来维持或转变它 [2]。这可能看起来很抽象，但它非常接近现实，适用于所有场域：文学场域、艺术场域、宗教场域，甚至政治场域。经济场域是一个特例，因而其特殊性必须加以描述。要强行区分力量场以及为了转变力量场而进行的斗争场是非常武断的，但为了分析，首先可以用物理主义的方式来描述力量场，就好像它是一个物理力场一样。

这种力量场的结构不仅像张伯伦的一些模型所显示的那样取决于竞争对手的数量，还取决于不同竞争对手的相对市场实力，**大致**上说就是取决于它们各种形式的资本的总和：当然有经济资本，但也有技术资本、信息资本（对竞争对手的了解、技术知识储备或拥有提供市场规律的经济知识的智囊团，这是一种相当强的武器）、社

---

  [1] 在讲授本课程几年后，布迪厄发表了：«Le champ économique»，*Actes de la recherche en sciences sociales*，n°119，1997，p.48—66。该文的最终修订版将载于《经济的社会结构》，同前文所引，标题为《经济人类学的原则》（«Principes d'une anthropologie économique»），第233—270 页。
  [2] 关于这一点和随后的几点，请参阅布迪厄在 1982—1983 学年关于场域概念的课程（*Sociologie générale*，vol.1，*op. cit.*，p.489 *sq.*）。

会资本（董事会的成员关系）等。因此，在我关于雇主的研究工作　181
中[1]，我绘制了一张多重归属的表格：公司老板与大公司的联系越
多，他们就越从属于不同公司的董事会。他们不仅去董事会获得酬
劳，而且也可以维持关系、收集信息。所有的老板都说：特别是在
董事会的行政会议上进行的交流中，获得了多种形式的声誉和尊重，
以及例如在并购或竞标［公开收购］的情况下，会获得企业经营状
况或潜在良好交易机会的信息。因此，与经济资本、社会资本、文
化资本（或更确切地说是信息资本）以及最后的象征资本相提并论
的是，融入管理者之间相互关系的网络，就是资本的一种形式。

　　根据我给出的定义，当人们以资本分配结构所内化的感知范畴
来进行感知时，象征资本就对应于任何类型的资本。这又是一个抽
象的定义（我可以说这是声望，但你可能会认为用这么一个大词来
表述一种如此简单的事情毫无意义……我时常犹豫，是要给出一个
可能看起来难以理解且复杂到似乎毫无必要的严格定义，还是要给
出一个不充分且往往危险的临时等价物……）。因此，这样定义的象
征资本是以资历、声望等标准来衡量的，我们还是可以给出衡量它
的标准，尽管这也并不容易。要定义经济资本已经很复杂了：例如，
玛丹在研究法国最大的两百家公司时做了大量优秀的工作[2]，我在雇
主调查中经常引用他的书。他告诉我们，严格衡量不同公司的资本
是多么困难。象征资本甚至更难以衡量，但它是可衡量的，其影响　182
力也是可以理解的。例如，在关于雇主的研究工作中，我表明，如
果我们不涉及所研究企业各自不同的具体象征资本，我们就无法理
解企业的兼并。一家公司要在两种可能的兼并之间作出选择，不仅
要考虑到兼并带来的技术和经济优势，而且还要考虑到口碑、声望、

---

[1]　P. Bourdieu et M. de Saint Martin，« Le patronat »，art. cité.

[2]　布迪厄无疑是口误了，他想到的必然是弗朗索瓦·莫兰：François Morin，*La Structure financière du capitalisme français*，Paris，Calmann-Lévy，1974。

资历乃至最终的贵族身份等象征性优势。贵族头衔起着重要的作用，而老板的贵族头衔就是公司象征资本的一部分。

因此，该场域所拥有的结构是在当时由其所有形式的资本分配而决定的。这是恒定的、永久的力量关系的场所，也是一个倾向于使这种力量关系永久化的机制的所在，用我相信普遍有效的马克思的一句名言来说：资本归于资本。[1] 事实上，这些场域的运作逻辑是，支配者往往以特权的方式优先从该场域产生的利润中获益。行使这种支配效应的机制之一是，大量资本的持有者对资本拥有权力。这是我在佩鲁的研究工作中发现并提出的一个分析 [2]，他强调资本对资本拥有权力。在我看来，这一想法对于从总体理解这些场域的运作非常重要。因此，在出版场域，一个非常强大的出版商对其他出版商拥有权力，因为它的资本能够允许它为其他出版商定义游戏规则，特别是通过对那些拥有国家权力这一元权力的人行使权力。[3] 稍后我会讲到，场域既是竞争者们在某一特定类型市场上争夺权力的斗争场，也是一个争夺那些相关游戏规则的制定者，特别是国家的权力斗争场，我会再回到这个问题上来。

在特定情况下，资本可以通过与游戏博弈的类比来定义：它是一组不同类型的资产，对利润机会的分配结构有一定的控制力。例如，在我研究过的个人住房市场中 [4]，像凤凰房产（Phénix）这样每年建造几千套房子的大公司与每年生产三栋房子的小乡村工匠是分开的，它们中间隔着**一系列**或多或少不同规模的公司。在其中，我

183

---

[1] 这句话很难具体找到，可能与马克思在资本积累和集中方面展开的论述有关，如"导致资本集中的资本主义生产的内在规律"。（K. Marx, *Le Capital*, *op. cit.*, p.1239；又见 le chapitre 25, « La loi générale de l'accumulation capitaliste », p.1121 *sq.*）

[2] 见 P. Bourdieu et M. de Saint Martin, « Le patronat », art. cité, p.42；François Perroux, *Pouvoir et économie*, Paris, Bordas, 1973。

[3] 布迪厄将在几年后发表一篇关于出版场域的文章：« Une révolution conservatrice dans l'édition », *Actes de la recherche en sciences sociales*, n°126—127, 1999, p.3—26。

[4] P. Bourdieu et al., « Un placement de père de famille », art. cité.

们会发现一些超级巨头，或者如格兰诺维特所说的"准公司"[1]，也就是派给小公司工作的大公司，如布依格（Bouygues）的"泥瓦匠之家"[2] 项目。布依格为了对抗凤凰房产的工业房屋，成立了一家准企业，其基础是作为联合平台将工作机会分包出去，那些个体户泥瓦匠就可以承接分包业务来营生。资本和市场力量的分配结构非常复杂，这对参与这一结构的每个施动者都有影响。例如，布依格的小型分包商的策略就是由其在结构中的位置而定义的。因为它无法倾销，也没有能力进行特别奇妙的技术创新。在那期《社会科学研究集刊》的住房经济学特刊上 [3]，各位会看到我刚才**大致**给出的原理的细节。

184

　　在一个场域中，存在着一个利润机会的分配结构，也存在着支配者，即该场域中拥有最多资本者，并对该场域的参与者都产生了影响。这种支配效应可以表现为分包，也可以仅仅表现为创造经济条件，例如使小生产者破产、被排斥或进行着极端的自我剥削，许多小手工业者的情况就是如此。因此，他们对那些已经在该场域中的人和那些想要进入该场域的人，施加了强迫性的压力。韦伯对市场的定义最接近我所提出的定义，但又有很大的不同 [4]，他坚持认为，任何生产者都必须考虑到竞争对手，无论是实际的还是**潜在**

---

　　[1] 见 M. Granovetter，«Economic action and social structure»，art. cité；«Action économique et structure sociale»，*trad. Citée*。格兰诺维特从罗杰·埃克莱斯那里继承了准公司（quasifirm）的概念。Roger G. Eccles，« The quasifirm in the construction industry »，*Journal of Economic Behavior and Organization*，vol.2，n°4，p.335—357.

　　[2] 布依格集团通过这一广告口号使自己声誉斐然。见 P. Bourdieu et al.，« Un placement de père de famille »，art. cité，特别是 p.12、20。

　　[3] « L'économie de la maison »，*Actes de la recherche en sciences sociales*，n°81—82，1990（后载于 *Les Structures sociales de l'économie*，*op. cit.*，p.27—232）.

　　[4] 我们在由埃里克·德·当皮埃尔组织翻译的法语译本里看到（布迪厄将在下一讲中给出另一种翻译）"：一旦大多数交易候选人争夺交易机会，即便这只是一方面，我们也就必须谈论市场。"（M. Weber，*Économie et société*，t. II，*op. cit.*，p.410.）在英语译本中是："无论在哪里存在竞争，即使只是单方面的竞争，都可以说是存在一个市场，以寻求多种潜在平价关系之间的交换机会。"（Max Weber，*Economy and Society. An Outline of Interpretative Sociology*，Berkeley-Los Angeles-Londres，University of California Press，1978，p.635.）

的（这就是韦伯行文的特点：他总是添加一两个看起来无关紧要的小词，而四分之三的批评家没有注意到它们，连英语译本也往往没有翻译出来 [1]）。场域结构的效应之一，就是它的影响是无形的，即它定义自己的边界，同时排除了那些想加入这场角逐的**新来者**（*newcomers*），后者就被大公司的定价政策排除在外了，对此我们不用多说。这些结构效应可以在无言或无意图的情况下产生并发挥作用，但在有预警的情况下，它们也可以经过深思熟虑的策略来进行，例如一些旨在通过降低价格来提高新入局者入场费的政策。各位顺便会发现，很难区分结构分析（作为力量关系的场域）和斗争分析（作为改变力量关系的斗争场所的场域）。在任何场域，都有一个场域边界的问题：这句话看似毫无意义，但从经验角度来看，这极为重要。

顺便说一句，我认为：在四分之三的时间里，社会学家在给出定义时都认为自己是科学家。我极为尊敬的涂尔干，总是在他著作的开头给出一个操作性的定义（"我称之为自杀的是……"[2]）。就意图而言，这一切都非常好，但当涉及场域时，给出一个定义、一个界限，就意味着要解决一个场域的存在所带来的问题。这里有一个简单而经典的例子：当你要研究"知识分子社会学"时，人们立刻会问你所谓的"知识分子"是什么。许多人（如记者或医生）马上会思考自己是否算作知识分子，他们会问："我们是不是知识分子？"因此，关于这一主题的文献中，有相当一部分专门讨论某个职业的定义是否包含有关人群。这还涉及把一个场域视为一个群体。然而，

---

[1] 马克斯·韦伯作品的法语译本长期以来一直有缺陷，因此布迪厄特别使用的是英语译本。

[2] 此处暗示了涂尔干所提出的"预先定义"的要求，"因此，社会学家的第一步必须是定义和界定他正在处理的事物，以便我们知道和充分了解他所要讨论的是什么。这是任何论证和验证的第一个条件，也是最不可或缺的条件 [……]。此外，正是由于科学的研究对象是通过这一初步定义构成的，它是否是一个研究方向就是取决于这个定义是如何产生出来的。"（Émile Durkheim，*Les Règles de la méthode sociologique*，Paris，Flammarion，« Champs »，1988 [1895]，p.127—128）以及他在自杀研究中的实施（*id.*，*Le Suicide*，Paris，PUF，« Quadrige »，1995 [1897]，p.2—7）。

如果一个场域是群体之间进行斗争的地方，那它就显然不是一个固定的人群：它是一种无形的结构，界定了强加到某个人群的游戏规则。这些场域的作用之一，显然正是在特定时刻和条件下，判断谁是或谁不是该场域中的一部分。在一个场域中，场域的边界每时每刻都处于变动之中。因此，社会学家们长期以来一直在努力找出谁是真正的社会学家，而经济学家们则为知道谁是真正的经济学家而斗争，更不用谈哲学家们了……在所有场域中都有限制和边界问题，即垄断、排斥和排他性。

186

　　因此，场域的边界问题无法通过所谓的操作性定义来解决，正如斯宾诺莎所言，那实际上是"无知的避难所"[1]。说出"我所谓的知识分子……"的定义，然后列出［那些我称之为知识分子的人的］职业名单，这会是灾难性的，因为你甚至在开始研究它之前就已经破坏了你要研究的对象。这就是蒂罗尔所做的[2]：他选择将他认为适合称为市场的东西称为"市场"，以供他在特定时刻来使用。这么做就等于剥夺了对象的任何现实性。这让人想起了索绪尔的格言："观点创造了对象……"[3]诚然，观点总是有助于创造对象，但良好的科学观点是根据对象的结构来创造对象的：除了理想主义与现实主义之间的区别之外，确实还存在着一种现实主义的建构主义，根据这

---

　　[1]　"［……］这一学说的支持者为了证明他们的学说，试图展示他们为事物制定目的的才华，带来了一种新的论证方式：还原，不是还原到无法再还原，而是还原到其无知的程度［……］。这样一来，他们就会不停地问你原因的原因是什么，直到你不得不以天主的旨意避难，寻求这种无知的庇护。"（Baruch Spinoza, *L'Éthique*, Appendice de la partie I, in *Œuvres complètes*, trad. Roland Caillois, Paris, Gallimard, « Bibliothèque de la Pléiade », 1954, p.350.）

　　[2]　见本讲的开头。

　　[3]　"语言学的整体和具体的对象是什么？［……］其他科学对预先给出的对象进行操作，然后可以从不同的角度考虑它们；但在我们的领域中则毫无相似之处。有人念出法语单词'nu'（裸）：肤浅的观察者会试图把它看作是一个具体的语言对象；但仔细研究，就会连续发现三到四个完全不同的东西，这取决于我们思考它的方式：是作为声音，作为一种观念表达，还是作为拉丁语'nûdum'的对应，等等。与前面的观点相去甚远的是，似乎正是观点创造了对象，这些看待有关事实的方式之一是先于或优于其他方式，此外没有任何东西事先告诉我们。"（Ferdinand de Saussure, *Cours de linguistique générale*, Paris, Payot, 1964, p.23.）

种建构主义，科学是根据对象的客观结构来构建的。这就是这里的
关键所在：市场是一种我强制性地决定以某种方式构成的理论上的
人工制品吗？苏格兰文学场域[1] 是这样的还是那样的［即这样那样
的东西被或多或少任意地下了定义］？还是说，我所面对的一个结
构，它产生了某种效果，并在某一时刻告诉了我它自身的边界，同
时也告诉我它的边界正是在对这些边界的讨论之中？

  在进入场域的壁垒方面，有两股主要的思潮。一方是乔·贝恩
（Joe Bain）以及他所代表的结构主义者群体，他们认为，存在着结
构性优势，进入壁垒最终取决于这些优势如何发挥出来。另一方是
像斯蒂格勒这样的芝加哥学派学者，他们试图用新边际主义的逻辑，
通过国家的作用来解释进入壁垒的存在。但这种讨论不是我们所关
心的。我就略过了⋯⋯

经济场域的内在趋势

  因此，场域有一个结构，它是各种机制的所在地，如果任其自
生自灭，这些机制往往确保对该结构的再生产。我说"任其自生自
灭"的意思是，如果分配不均，如果这种结构中的支配者能够完全
控制利润分配结构，他们就将集中越来越多的利润，而且除非发生
意外，否则这种结构将趋于持续下去。这就是说，在任何时候，他
们都会受到质疑，因为他们其实无法持续控制，例如控制所有的技
术、组织上的创新，等等。因此，这种结构虽然在本质上是持久的，

---

  [1] 这个例子的选择可能与布迪厄主办多年的、长期活跃于欧洲的《自由》(Liber) 杂
志有关。该杂志定期讨论这类问题，1995 年还专门出版了一期讨论苏格兰问题的专
刊：« Écosse, un nationalisme cosmopolite », *Liber. Revue internationale des livres*，n°24,
supplément d'*Actes de la recherche en sciences sociales*，n°109，1995。

并倾向于可持续、自我延续、自我维持、坚持生存，但也总是面临 188
着颠覆性的破坏，这在某种程度上意味着被支配者在颠覆结构和重
新定义价格形成规则方面有着重大利益，从而通过利用内部力量或
改变游戏规则，来对其产品更有利或更不利。在一个场域（经济、
政治、宗教等）进行革命的一种方法是改变生产、销售和评估产品
的规则，例如通过彻底改变品味。

场域倾向于实现自身永存。它有惯性，在时间上绵延不断
(durée)。正如我在批评新边际主义模型时所说的，笛卡尔对一个没
有过去和没有未来的世界的设想，并不符合我们所观察到的经济与
社会机制的现实。场域具有绵延的持续时间，人们无法通过将其切
割为共时性的瞬间来理解。正如我上次所说的，这种成本分配结构
有一个起源，品味分配也有一个起源，这在某种程度上对仲裁生产
者之间的竞争非常重要。正因如此，场域就有了一段绵延的持续时
间，有了一段过去。最古典的经济学家们会说，资本是积累的时间，
是未来的潜力：从某种意义上说，资本是一种对未来的先发制人的
优先购买权。拥有资本就意味着能够占有未来，特别是他人的未来，
被支配者的未来。这种结构是一种持久的结构，因此我们其实处于
非笛卡尔的时间性哲学之中；它不再是一个瞬时性的世界，不再是
一个每一刻都独立于前一刻的世界，不再是一个根据笛卡尔的连续
创造范式，上帝必须在每一刻创造新世界的世界，因为上帝自己没
有像莱布尼茨所说的那种存在倾向。[1] 我所提出的模型，如果可以这 189

---

[1] 莱布尼兹说的是现在 (*praetensio*) 和存在 (*existendum*)。例如："[……] 首先必须
认识到这一点，在可能的事情中或在可能性本身之中，存在着有某种东西，而不是什么都
没有，也就是说，本质上存在某种要求，或者可以说是存在着一种对存在的要求，总之，
存在着一种本身就倾向于存在的本质。因此，接下来还是：所有的可能性，即一切表达一
个可能的本质或现实的东西，都倾向等同于存在的权利，与本质或现实的数量成比例，即
与它们所暗示出来的完美程度成比例。因为完美只不过是本质的数量。因此，最明显的
理解方式就是，在无限多的可能的组合和系列中，存在的那些是最大的本质或可能性得
以存在的方式。"(Gottfried Wilhelm Leibniz, « *De rerum originatione radicali* » [1697], in
Opuscules philosophiques choisis, trad. Paul Schrecker, Paris, Vrin, 2001, p.173.)

么说的话，是莱布尼茨式的：这是一个现在对未来很重要的世界。[1]

场域是内在趋势的场所，例如利润分配结构的再生产的趋势。我使用了一个我在这里使用过的类比（但那是很久以前的事了[2]，听过的人应该都忘了，而其他人可能都没听过……）：笛卡尔的世界类似于轮盘赌游戏，因为每一次投注都独立于前一次投注，而我所描述的莱布尼茨的世界可以比作扑克牌赌局，在每局扑克中，每个玩家面前都有与他在之前行动中所获得的东西相对应的筹码。因此，他可以根据他所获得的信息和他习得的秉性来投入接下来的行动。特别是积累的资本可以为他提供信心保障，使他能够虚张声势或采取最大胆的策略。用扑克类比并非完美无缺，然而这只是为了让大家明白，在我们所处的游戏中，连续的时刻并不各自独立，内在的趋势确保了可预测性和可计算性。

在这种类型的游戏中，那些拥有这种特殊形式的权力的人，拥有一个相当大的优势，这种权力是对游戏的了解，甚至是对游戏的感觉，是预测该游戏中的历史感的艺术，也就是通过微不足道的线索来揭示这一游戏的内在趋势，这对那些不熟悉该游戏的人而言是察觉不到的。因此，行业高管在谈论他们的决策时，往往对科学经济学家不屑一顾。行业大佬们反对经济学家们那种粗略估计，这些真正的行家通过更多的线索来识别一切，而这些线索只有那些长期参与游戏博弈并拥有各种意义上的知识（有关该游戏的知识，以及有关了解该游戏者的知识）的人才能发现。这种可预测性，这种游戏博弈的客观可计算性的可理解性对于不同的施动者是非常不平等

---

[1] 这句话暗示了这段话："现在对未来很重要，这是我的一般和谐体系的规则之一；看见了一切的人，在现在中看到的是未来"（Gottfried Wilhelm Leibniz, *Essais de théodicée*, *op. cit.*, §360, p.329.）

[2] 这一提法的出处无疑涉及了1983—1984学年的课程（*Sociologie générale*, vol.2, *op. cit.*, p.199—200 et 236）。

的，而支配者能获得的优势之一，就是可以掌握预期的可能性。

我还要提到经济学家扬·克雷格尔的分析 [1]，他谈到了"减少不确定性的制度"（*uncertainty-reducing institutions*）。他表明，在一个正常构成的经济世界中，而非像新边际主义经济学所描述的那种虚构世界中，各种制度都确保了持续时间和可计算性：工资合同、债务合同、供应商和客户之间的供应协议、行政定价和政府定价、交换协议等等。因此，在经济世界中，经常有一系列的合法操作，有时只是常规操作，目的是确保世界不是柏格森所说的那种"不可预知的新事物的创造" [2]，也不会像是在笛卡尔—柏格森式的世界中，每一刻我们都要从零开始，但还要指望它成为一个我们可以依赖的世界，尤其涉及我们要依赖的其他社会施动者。为了更接近现实，数学经济学的一个分支是建立在博弈论基础上的，它对自己提出了所有这些关于信任（*trust*）、信赖（confiance）的问题：我知道他知道我知道……博弈论抽象地提出的这些问题，在一个结构良好的经济秩序中，是要事先解决掉的问题。它们不会出现在你与你的熟人签订合同的情况下（之前我引用张伯伦的话中就有），因为你已经与他们签订过了某种合约，或者你与他们有父子联系之类的关系……我没有时间再来讨论这一分析，但一些诠释者认为，一家公司向我们提供合同的重要之处并不在于合同本身，而是通过提出合同告诉我们，它是可靠的，它尊重合同，它愿意玩这种经济的游戏。这是一种外部特征的形式，正如经济学家们所说的 [3]，它是一种关于如何说明我们在超越契约签订者的法律制度控制下行事的一种元话语。

191

---

[1] Jan A. Kregel，« Economic methodology in the face of uncertainty »，*Economie Journal*，n°86，1976，p.209—225.

[2] "但事实是，哲学从未坦率地承认这种不可预知的新事物的连续创造。"（Henri Bergson，« Le possible et le réel »，in *La Pensée et le Mouvant*，PUF，Paris，1938，p.115.）

[3] 微观经济学家们认为，行为在显示施动者所掌握的信息时会发出信号；然而，这可能是施动者的一种策略性行为，其中考虑到了披露信息之后的影响。

经济世界［……］有它的结构、惯性、内在倾向和再生产机制，所有这些东西都使它成为内在规律性的地点，成为经常性动作和反复游戏的场所。这宣告了我分析的第二部分将走向惯习方面。事实上，正是由于经济世界受到规则的管制，经济施动者才能够发展出合理而非理性的预期，并以一种看似理性的方式来行事，而其行为并没有真正地以理性为原则：面对反复出现的情况，他们进行了一系列的学习过程，这样他们能在不需要计算的情况下以一种合理的、因此也在客观上可计算的方式行事。今天，理性预期是新古典主义数学经济学家们提出的解决方案之一。[1] 他们试图为这些理性预期提供一个现实的基础，但却诉诸纯粹的巫术（他们假设施动者能够理性地预测那些理性的选择……）。另一方面，我的分析表明了，与规则的长期对抗所产生的经济惯习使施动者对游戏的内在趋势有了合理的预期。很明显，经济学家们目前正在试图建立数学模型，以在理性预期与学习之间建立联系，他们正在朝着正确的方向前进，但他们走的却是一条奇怪的道路……

在我看来，社会施动者的期望会大致调整到与他们的客观机会相适应，这是一条基本的人类学法则。我经常提到的这条法则意味着人们不是疯子，他们想要的基本上都是他们所能得到的：正如休谟所说，当满足欲望的机会得不到满足时，欲望本身就消失了。[2]这是最可悲的社会法则之一，但它就是这样……经济施动者在面对经济结构，特别是在面对这些结构中特定位置的特殊影响时，会逐

---

[1] 约翰·穆斯（John Muth）在 1961 年的一篇论文中提出的"理性预期理论"，在 20 世纪 70 年代随着罗伯特·卢卡斯（Robert Lucas）的研究工作，在芝加哥学派内得到特别的发展。它使经济施动者能够以最佳方式调动有关未来的信息以便进行决策，而且就平均结果而言，不会出错。布迪厄稍后就提出了这一理论的一个变体，认为这种能力是一种学习过程的产物，这种学习过程将使经济施动者逐步掌握使他们能够做出合理预期的模型。

[2] David Hume, *Traité de la nature humaine*, trad. André Leroy, Paris, Aubier, 1983 [1739—1740]，p.161.

渐将与其位置相关的那些客观机会内化为有限期望的形式。他们想要他们所能得到的。例如，他们的消费量**大致**会调整到他们的能力所能满足的程度。为了使其成为可能——我预计要分析的第二部分——我们需要一个有规律的世界。如果经济世界是一个纯粹的不连续的世界，如果经济施动者正如仍然是莱布尼茨所说的那样被赋予了一种**瞬间心灵**（*mens momentanae*）[1]，如果人们是在瞬时市场和瞬时思维间相遇，那就没有什么事情是可以理解的了。要使经济世界要运作，要使它如我们所知的那样运作，它必须有这些内在的趋势，这些趋势与促进建立起我称之为惯习的长期秉性的机制有关。

区分效应与竞争

193

这基本上是第一点：场域具有持续时间和惯性，它并不会任意移动，而是朝着某个特定的方向发展，并且该场域的行家在某个给定时刻提供的可能性中，存在着一个可能性的等级结构，其中并非所有的可能性都是等价的；正如莱布尼茨所说，其中的某些可能性比其他可能性更有资格存在。最后，要有经济游戏感，有一种严格意义上的投资感（sens du placement），就是对一种最有可能的未来具有预期感。同样，这是一个韦伯式的概念。韦伯常走在正确的研究方向上（而我则继续延伸它……），他坚持强调客观的潜在性[2]，这些潜在性并不是可共存或等概率的可能性，而是被刻入事物表面的具有强烈的存在要求的可能性——这是"必须做的事"（"你必须购

---

[1] 该表达来自拉丁语中的一句话，可译为："[……] 每一具身体都有一个瞬间心灵[……] 没有记忆，没有意识到它的行为与激情的意义，没有思想。"（Gottfried Wilhelm Leibniz, *Theoria motus abstracti*, 1671.）

[2] Max Weber, *Essais sur la théorie de la science*, trad. Julien Freund, Paris, Plon, 1965, p.348.

买罗纳—普朗克制药集团的股票"）。因此，力量场也是一个维持或改变场域的斗争场：每个人都是由他在本世界中所占据的位置来定义的，而且显然，他在位置结构中所占据的位置越占优势，他就越倾向于自觉或不自觉地为再生产该结构而努力。这是保守主义的基本法则：当对你而言，事情在结构中进展顺利时，你就倾向于保持它（除了总是会出现的意外，这很值得研究）。相反，那些在资本和利润分配结构中占据被支配地位的人，或多或少地具有一定的颠覆力量关系结构、改变资本分配结构和相关优势的倾向。因此，不同施动者的策略取决于他们的位置，即他们在该场域中的分量和力量。

194　　这给我们带来了一件更重要的事情，那就是场域运作的一个基本属性：施动者的行动总是各有不同的。不管你是否喜欢、是否知道，身处一个场域就是由不属于其他场域这一点来决定。这里有一句话，我总是反复提醒大家记住（不是因为我喜欢重复它）：知识分子就像音素，他们通过差异而存在。不管我们是否喜欢，但身处知识场域就是以差异、区别和独特性而存在。《区分》（这是个好标题，但不是个好概念）的核心思想，不是社会施动者［有意］寻求区别（这是人们对我那本书的巨大误解），而是他们［客观上］被区分开来，不管他们喜欢与否。最贫困的人被区分出来的要点在于，他们是可区分的，不同于其他人，他们的实践在很大程度上是其差异的产物。与众不同的公司和企业也是如此：它们受到场域效应，即位置效应的影响。位置这个词很重要，是因为一个位置只会相对地存在，它必然是一个相对的位置；占据它就意味着成为了他人所不是的事物。根据斯特劳森的定义 [1]，个体是指在一个空间中占据一个不被其他人占据的位置的人，在这个空间里，一个个体必然因他在其

----

[1] Peter F. Strawson, *Les Individus. Essai de métaphysique descriptive*, trad. Albert Shalom et Paul Drong, Paris, Seuil, 1973 [1959]，尤见章节 « Les monades »，p.131—150。

他人不在的地方而与众不同。说公司与众不同，就是说经济施动者由公司开始行事，其行事的根据是刻入其相对的、客观的位置，进而是刻入他们对这一位置的表征的约束来行事，而后者本身也是位置的一种功能。

当我们从区分的角度思考时，我们假装人们行为的产生原则是通过有意识和表现出的意图来区分自己，然而事实上，他们的行动原则是，无论他们喜不喜欢，他们都是与众不同的。他们对他们自己区分的表征，可能有助于他们制定区分策略。能够制定区分策略，是那些杰出人士，特别是确实杰出的人士所有幸拥有的特权。在所有社会空间中，区分的顶峰恰恰就是没有区分策略，而一种对庸俗的跨历史的界定是，它刻意寻求区分，因此，对我那本书的那些传统的解读，无论那是为了取悦我还是惹恼我，总之都很愚蠢［哄堂大笑］。"你看得到我吗"是庸俗的一种属性，它正是一个负担不起的人在自己身上刻意寻求的区分策略。相反，精致就是轻描淡写，精致者必须做的，就是不要做得更多；他被尊为优雅（自然是优雅的），不用做任何事情来做到这一点。

尽管表面上可能看不出，但上面这段题外话其实与我们的主题有关：公司、家庭、个体等等施动者的策略是独特的，因为这与它们在结构中的位置有关，其次可能与该位置的占有者对该位置的表征有关。这些区分策略可能存在；如洗衣粉制造商各自都有不同的区分策略，但有趣的是，它们之所以拥有这些策略，正是因为他们所处的位置没有什么区别。正是因为他们的产品没有任何差异，因此他们不得不去做出一些差异；区分策略弥补了自动区分效应。对于如何摧毁［常见的?］区分观念，这是一个很好的例子。

在一个空间中占据相对位置所固有的这种区分效应，是场域思想中的一个主要特征（我相信，这对于推动人们思考一些原本难以

195

理解的现象有很大的帮助）。这就导致了很多事情。下次我会慢慢回到这个议题，但为了结束今天这一讲，我会马上给出结论。在价格形成的经典模型中，在完全竞争的模型中，我们假设个体或"代表性施动者"——我在后面将回来谈这种虚构的情况——在其中根据构成价格的独特信息作出对市场和采购的选择（显然，假定的所谓均衡价格很可能会受到不可预见的意外冲击的干扰，例如国家在强制定价时所采取的行动）。在我提出的模型中，我们有一种截然不同的逻辑：施动者不会被动地服从市场的价格判断，他们有积极的行为和策略的组合，其所考虑的不是价格，而是竞争对手的策略。换句话说，他们盯着的不是消费者，而是竞争对手。

这改变了一切，这是理解场域思想所代表的这场小型革命的基础。因此，知识分子也并不以消费者为中心，而是以竞争对手为中心。例如，人们会认为《费加罗报》的记者写东西是为了取悦《费加罗报》的读者，普通的论战会将其称为主教团的蹩脚传声筒。如果是这样的话，那就太简单了，更何况这其实也行不通。诚然，每个生产者都处在一个内部竞争空间中，在这些空间中，一些制约因素与某些受众的定位有关。今天，收视率[1]和市场调查往往会给出一个虚构的社会现实，也就是市场价格或消费者判断。而我提出的模型则不同：《费加罗报》或《新观察家报》的记者在写作时参考他的竞争对手，针对他的那些竞争对手（"《新观察家报》做了，那我们也必须要做"）。[2]例如，在某日 J，记者 X 想写一篇关于康吉莱姆

---

[1]　在这里以及随后的整个段落中，布迪厄勾勒出了一些想法，他将在接下来几年的对新闻场域的分析中，同时特别会在他接下来几年的法兰西学院教学中，更详细地阐述这些想法：Pierre Bourdieu，« L'emprise du journalisme »，*Actes de la recherche en sciences sociales*，n°101，1994，p.3—9；« Journalisme et éthique »，*Les Cahiers du journalisme*，n°1，1996；« Champ politique，champ des sciences sociales，champ journalistique. Cours du Collège de France à l'Université Lumière Lyon 2，le 14 novembre 1995 »，*Les Cahiers de recherche du GRS*，n°15，1996；*Sur la télévision*，Paris，Raisons d'agir，1996。

[2]　关于这个例子的一些展开（布迪厄特别想到的是《费加罗报》的戏剧评论家让-雅克·戈蒂埃 [Jean-Jacques Gautier]），请参阅 *La Distinction*，*op. cit.*，p.262—267。

的文章，他的主编会这么回答他："这不行，康吉莱姆已经老了、过时了，等等。"八天后，另一家报纸出于其他原因，发表了一篇关于康吉莱姆的文章；那个曾经说"不行"主编会说 [**布迪厄用恼怒的语气说**]："哎怎么回事，我们怎么没有做康吉莱姆?"这是一个典型的场域效应的例子，我可以举出成千上万个。我已经简化了很多（如果事情就是这么简单，那人们早就明白了这些机制）。在这些游戏中，每个玩家都受到其他玩家的控制，这所产生的实际后果就是：很难产生什么"自由记者"，因为如果他们要相互竞争，他们就不可能真正地自由活动。这里有很多值得思考的问题……

但我回到模型上来：每个施动者都是与众不同的，他处于一个竞争的空间中，由他与其他施动者的区别来定义，其策略原则参照的是竞争对手的意图和行动，而非参照市场价格或假定已知和可知的消费者需求。这就是为什么，例如，工业间谍活动（包括新闻业）会如此重要。你必须知道竞争对手在做什么，并尝试预测他们的反应。我下次再谈这个问题，因为我到最后讲得太快了。我必须展示这种思维方式是如何产生的，以及它改变了什么。如果我不更详细地告诉各位如何实现这样的推理，以及如何改变研究市场的方式，甚至理解正在发生的事情所需的科学建构的类型已经完全改变，那你就看不到从传统思维方式转向这种思维方式的优点。做纯粹经济学的数学家们建立了模型，但我的建议也能建立一种新的、也不一定会更复杂的模型（这将是可数学化的，为什么不呢……）。**硬科学家们经常反对我们研究如此复杂的事情，因为这会导致无法制作出模型，但我们的模型不一定那么复杂。如果它们特别难以构建，那是因为我们在给钱和找零时所投入的预设（我上次谈到的一切）与一些比我们的宗教、伦理、种族等信仰要更为深刻的至深的信念有关。这就是为什么我要从对莫斯的礼物分析开始：它撼动了我们经

198

济行为的人类学基础，激发了我们所从事的非常深刻的事情，并致力于阻止我们最终只得出相对简单的结果。出于这种原因，我不应该在结尾处讲得那么快：对各位而言，我们根据竞争对手行事可能显而易见，但只有当你看到我们如何能以一种非常不同的方式进行思考，并且产生了一种强烈而明显的感觉时，你才能察觉这有多么惊人。我的分析可能会产生一些对显而易见之事的感觉，但与市场、原子施动者等的表征所产生的明显性相比算不了什么。下一讲，我会尽量说得更好一些。

第八讲　1993年6月10日

马克斯·韦伯的市场概念。间接冲突。哈里森·怀特模型。同源性与消费者的两阶段选择。与韦伯的三重决裂。国家创造市场：以个人住房市场为例。

上次，我试图表明，我们应该从场域逻辑来思考经济，而非从旧式的市场逻辑来思考，这是我倡议的范式转变运动的第一步。下一次，我将讨论该运动的第二步（但很不幸，这将会相当简短），即从个体和个体意识的概念，过渡到秉性或惯习的概念。而今天，我将继续拓展我上次所说的内容，以便澄清之前可能遗留的一些晦暗不明的事情，特别是深化我最后时刻谈及的对生产者间竞争关系的解释。由于我在上次接近结束时讲得很快，在没有太多证明的情况下，直接以论断的方式陈述了结论，我不得不倒回去再讲一些。我论点的实质是，不再以消费者与价格之间的关系作为对市场的设想，而是把市场设想为生产者

173

之间的关系，即生产者之间为获得交换机会而进行的竞争：这种竞争发生在一个结构相对不变的场域内，该结构控制着施动者的策略，并且其本身显然也会为这些策略所改变，而在场域内斗200 争的问题之一就是要保留还是改变该场域的结构。这引出了我要强调的最后一点：这些公司之间的相互竞争，是有一种独特的存在。

马克斯·韦伯的市场概念

我先谈谈韦伯。他并没有启发了我将要说的东西，诸位会发现我所说的与他完全不同，然而他的看法确实可以为我的提议做一些担保。然后，我将解释［他与我的分析之间的］区别。一般来说，我太不喜欢做这种事，因为我认为在目前的科学工作中，致力于确定不同学者间的区分的部分已经太多了：在作趋势报告或技术状态的表象下，人们往往或多或少地部署了微妙的区分策略。但在今天这个议题下，既然马克斯·韦伯的工作与我的提议相对接近，而且假若在逻辑上否认这种的区分，那很多人已经说过（而且肯定会说）我只是延续了马克斯·韦伯，我就必须展开谈谈我们之间的差异，这也将有助于我解释我的提议的基础。

我首先来引用《经济与社会》第一卷中的一段话，这段话在法语译本中对应的是最后几页。[1] 在诸位开始阅读之前，我不妨直接告诉你：在我阅读马克斯·韦伯的书很长时间以后，我始终难以习

---

[1] Max Weber, « La communauté de marché［texte inachevé］», in *Économie et société*, t. II, *op. cit.*, p.410—416.

惯这种奇怪的翻译。[1] 当它刚出版时，我曾欣喜地以为，我终于可 201
以更容易地阅读韦伯这样一位极其难懂的作者了，但奇怪的是，我
经常感到法语译文似乎比德语原文更难理解，因为它要么把一些简
单的东西复杂化了，要么就是把复杂的地方给简单化了。尽管如此，
我还是恳请诸位参考《经济与社会》第一卷的翻译（第二卷正待出
版[2]），因为它还是非常有用的，我认为法国科学界应当感谢埃里
克·德·当皮埃尔（Éric de Dampierre）的工作[3]，他负责编辑出版马
克斯·韦伯的作品，并为高品质呈现韦伯作了不少努力——所以我
的那些保留意见根本不是**针对他**个人的。

在《经济与社会》第一卷的最后一章中，马克斯·韦伯对市场
概念以及他所理解的市场概念的定义进行了反思。[4] 我认为这一章
尤为重要，因为正如各位所知，马克斯·韦伯已经将他的市场理论
概括并推广到了其他领域，特别是它产生最大影响的领域——宗教。
（他最后描绘了宗教的交换市场，就这样写下了那句我爱不释手的名

---

[1]　20世纪60年代初，彼时马克斯·韦伯还未被译成法语。时任巴黎大学助理教授的布
迪厄当时是雷蒙·阿隆[Raymond Aron]的助手，而阿隆是当时法国为数不多的韦伯鉴
赏家之一，于是布迪厄在阿隆以及朱利安·弗罗因德（Julien Freund）的共同启发之下，
阅读并发现了这位德国社会学家的作品（1962—1963学年他还曾在里尔文学院教授了一
年韦伯），也就是在1971年普隆出版社首次出版这位作者的法语译本之前。除了一篇专
门讨论马克斯·韦伯的宗教社会学的重要文章（Pierre Bourdieu, « Une interprétation de la
théorie de la religion de Max Weber », *Archives européennes de sociologie*, t.XII, n°1, 1971,
p.3—21）之外，布迪厄还在其作品中广泛借用了韦伯的诸多词汇。

[2]　迄今为止，还没有完整的法语译本。该书曾由普隆出版社于1971年出版，1995年
由口袋出版社（Pocket）以两卷本的形式重新出版，但这两卷主要对应原作第一卷的两
部分。自20世纪80年代初以来，第二卷的部分内容曾以分散的方式被翻译为法语：*La
Ville*, trad. Philippe Fritsch, Paris, Aubier-Montaigne, 1982修订版Paris, Les Belles Lettres,
2013）；*Sociologie du droit*, trad. Jacques Grosclaude, PUF, 1986；*Sociologie de la musique. Les
fondements rationnels et sociaux de la musique*, trad. et présentation par Jean Molino et Emmanuel
Pedler, Paris, Métailié, 1998；*La Domination*, trad. Isabelle Kalinowski, Paris, La Découverte,
2013。

[3]　埃里克·德·当皮埃尔体现了一种与布迪厄相去甚远的学术社会学形式，但他与雷
蒙·阿隆关系密切，两人在欧洲社会学中心共同创立了《欧洲社会学档案》一刊，布迪厄
曾分别在1966年与1971年两次在该刊物上发表。

[4]　见上一讲。

202　言："牧师垄断了对救赎财产的合法操纵权。"[1]）韦伯提出了一个市场理论，然而读者因为太匆忙（但如果法国读者全都匆匆忙忙，那可就太不寻常了……）常常跳过这一章，但这一章是非常奠基性的，因为韦伯根据他自己的市场理论——这不是边际主义理论——作出概念上的一种转变。在我看来，这段文章非常重要，也许是因为我在其中看到了我的提议的一种轮廓。我会为各位读一些（我重新翻译的）段落，在我看来，韦伯在这些文字中坚持认为，竞争要分为两个阶段：先是生产者之间的第一阶段——竞争，然后才是买方和卖方之间的第二阶段——谈判。

　　简单总结一下，在我看来，韦伯似乎是在说，他所理解的市场是生产者之间为获得与卖方谈判的机会而进行的竞争。[2] 我认为这一定义非常重要，尽管我必须说，当初我读到这些文本时，还没有看清这一切，那是因为我们脑中总有预先构建的东西。在我看来，在我将要展示的引文中，这一点相当清楚。我引用如下："一旦有多个有志于交换的个体要竞争交换机会，那我们就必须谈论市场。"[3]（我跳过了一句简短的话"哪怕只是一方想竞争"，我不太明白它的意思，也不太明白韦伯想表达什么……法语译本有些机械化，而且并不比我刚才所表达的意思更明显。）"无论他们是在当地市场、在

203　大型交易市场（展销会）还是大宗商品交割市场（证券交易所）产生空间聚集，市场形成的最重要形式，也就是唯一使特定市场现象充

---

　　[1] 布迪厄可能是从下面这段文字中获得启发的："我们可以这么说，只要一个统治集团运用通过分配或拒绝用于救赎、宽恕和豁免的精神财产（等级制度的约束）来保证其规则的精神约束，它就是一个等级制度的集团。因此，只要我们所说的教会的行政管理层声称它垄断了合法的等级制度的强制，那它就是一个制度化的等级制度集团。"（M. Weber, *Économie et société*, t. I, *op. cit.*, p.97.）

　　[2] 布迪厄这里很可能是口误了，说了"卖方"，其实是"买方"。

　　[3] "一旦大多数交换候选人争夺交换机会，那我们就必须谈论市场。无论他们是在当地市场、大型交易市场（展销会）还是交易商市场（交易所）互相见面，市场形成的最重要形式，也就是使特定市场现象充分发挥作用的唯一形式都是：讨价还价。"（M. Weber, *Économie et société*, t. II, *op. cit.*, p.410.）

分发挥作用的唯一形式都是：讨价还价。"换句话说，韦伯在第一阶段对市场给出纯粹定义，这种市场的具体实现是一种特别重要的实现，人可以在其中实现他认为最理性的行动，即讨价还价。这里就是我上一讲引用的话：讨价还价是最具工具性的、最精打细算的、最不人道的，同时也是在所有兄弟情谊中最被否认的社会关系。韦伯正是这么说的。[1]

他进一步表示："市场作为交换场所［也就是第二阶段］，是一系列理性社会的场所，其中每一个市场都如此短暂，以至于它随着商品也就是交换对象的交换完成而消亡。"[2] 这也是一个重要的观点：韦伯坚持交换的瞬时性，但他不像边际主义者那样认为市场会瞬时产生价格，而是认为市场是无数没有前因后果的、瞬时的社会关系的所在地。这是一段短暂的关系，完全不连续，也没有未来。人们相遇时可能对彼此一无所知。然后他接着说：在熟人和陌生人之间，在认识的人和不认识的人之间，谈判是一样的吗？这是这个长篇章节中的另一段话，我就给出大致意思，保留几句引文："两个潜在的合作伙伴**[布迪厄补充说：在德语中，韦伯是说'两位渴望交换的人''两位追求交换的竞争对手'**[3]，这就提醒我们，这是在两个程度上的；如果我们翻译为'两个潜在的合作伙伴'，这一观念就遗失了：我们看到翻译是多么重要；一个人能翻译得很准确，却并未理解……] 不仅仅是根据交易合作伙伴的潜在行动，还不加区别地根据许多其他真实的和

[1]　M. Weber, *Économie et société*, t. II, *op. cit.*, p.410—411.

[2]　*Ibid.*, p.410（与本课程中的大多数引文一样，出版的译本与布迪厄在这里提供的不完全相同）.

[3]　布迪厄在这里讨论了术语 Tauschreflektanten 一词的翻译，Tausch 的意思是"交换"，而 reflektanten 则有"申请作为候选者"的意思。这个词在由埃里克·德·当皮埃尔编辑的法语译本中被表述为"渴望交换"，因此这里不提及（ibid., p.411）。韦伯原文中整句话是这样的："然而，准备性的讨价还价始终是一种公共行动，因为两位渴望交换的人对他们的产品报价，不仅仅基于交换对手的行动，而且是基于许多真实的或想象的共同竞争的其他交易参与者的潜在行动，而且后者这种情况发生得更多。"（Max Weber, *Wirtschaft und Gesellschaft. Grundriss der verstehenden Soziologie*, Tübingen, Mohr, 1976 [1921], p.382.）

假想的竞争对手的潜在行动，来调整其供给的方向。"

我并不赞同韦伯式的行动哲学，即行动是以明确目的为导向的目的性行动，但韦伯进一步提出了这样一种观点，即参与市场的施动者不是根据交易伙伴来确定自己的行动方向（即卖方的行动方向不仅取决于在场的、与他面对面的买方），而是依据当前和潜在的、合作伙伴和竞争对手的相对不真实的世界。他非常强调"潜在"这个词，用了两次。最后一句话是："交换行为，特别是货币交换，并不是根据各个合作伙伴的行动单独制定的 [**布迪厄评论道**：这和前面相似]，而是取决于交换中所有相关潜在利益者的行动，并且随着这些行动变得更为理性和深思熟虑，这一点就更为突出了。"因此，从韦伯的意义上来看，交换行动越是理性，它的目标就越是横向而非纵向的，它就越是瞄准竞争对手的场域和空间，而非只是瞄准直接客户或潜在客户的小型网络。

这一定义很重要，因为它明确地支持用生产者之间的竞争场域来取代市场。事实上，韦伯理论真正的对象是生产者之间的竞争空间。从这一意义上说，韦伯给了我很大的启发，特别是在发展宗教场域的概念方面[1]，因为移植这一市场理论（[在 20 世纪 60 年代]当时我还不甚理解），他将生产者的空间构建为对宗教产品的解释原则。事实上，要理解一个宗教信息（文学信息、诗歌等亦如是），像结构主义者那样仅仅为审视它而审视它是不够的；它必须与竞争这类产品的合法生产垄断权的空间联系起来。我认为这是一个非常重要的转变。

在早期文本中，韦伯对这种竞争有着一种理想化的愿景。他总是把作为和平冲突场所的市场逻辑，与可能行使暴力的政治逻辑对立

---

[1]　P. Bourdieu，« Genèse et structure du champ religieux »，art. cité.

起来。他清晰地区分了某种意义上总是和平的、由市场行使的经济暴力，以及往往通过身体或象征性强制手段对市场施加的政治暴力。因此，他坚持认为，生产者之间的这种竞争是一场和平的冲突，只要它包括"形式上和平的企图 [**布迪厄评论道**：我本可以花一个小时来阐述这一点，注意'形式上'一词——而非'实质上'——对韦伯而言非常重要]，以确保控制其他人也希望得到的机会和优势"[1]。我再用我自己的话来评述一遍：竞争是一种和平的冲突，即是一种形式上和平的尝试，目的是确保控制他人也希望得到的机会与优势。

我们也可以围绕"欲望"这个词来争论几个小时，人们在1960—1970 年间就这么做，因为那时候谈论这个词简直就是一种强制性工作：例如，在福柯的一些文本中，"欲望"一词的功能类似于我说的"利益"一词。[2] 词汇的选择极其重要：有时谈论"欲望"是非常有益处的，而使用"利益"一词则代价高昂，因为它等于是允许对手因自发或蓄意的愚蠢而把我们的分析简化并贬为一种古典功效主义视角。让我用两个词来解释我自己的想法：韦伯最了解社会逻辑及其在情感构建中的作用，例如，他在一篇绝妙的文章中解释道，**拜金狂热**，也就是"对黄金被诅咒般的渴望"，是一种社会建构，因为从某种意义上来说，没有什么比对黄金的渴望更自然的了：对黄金的渴望、对金钱的渴望，都需要社会的可能性条件来发展。[3] 当他说"欲望"或"对他人也想要之物的竞争"时，指的是一个场域中社会性地构成的欲望，也就是我所说的"社会力比多"（还有统治力比多、科学力比多、黄金力比多等）。顺便说一句，我所说的"利益"是指一种社会构成的力比多，也就是在一个特定的社会世界

206

[1]　M. Weber, *Économie et société*, t. I, *op. cit.*, p.74—75.

[2]　关于这一点，请参见 P. Bourdieu, *Sociologie générale*, vol.2, p.164 等处。

[3]　见 M. Weber, *L'Éthique protestante et l'Esprit du capitalisme*, *op. cit.*, p.57，以及更宽泛的 « L'esprit du capitalisme », p.43—80。

的特定状态下的，喜爱社会构成的一些美好事物的那种秉性，如喜
爱经济场域中的黄金，等等。

间接冲突

这种争夺他人所期望的财产的竞争是一场和平的冲突，这一
点极为重要，特别是当人们像我一样，将韦伯式的市场理论移植到
宗教场域时。谈论和平竞争可以避免这样一种错误，即将任何场域
的理论都视为恢复一种**对所有人的全面战争**（*bellum omnium contra
omnes*）[1]，而这种错误是由自利和愚蠢的解读犯下的，这种解读让知
识场域成为知识分子之间你死我活的斗争场所。韦伯的冲突理论认
为，冲突并非直接针对竞争对手，而始终是一种间接冲突。寻找新
证明的数学家们，致力于建立新事实的科学家们，努力写已经写过
的东西以外的新东西的作家们，都不是被某种杀死竞争对手的意志
所驱使的。换句［简单些的］话说，他们不关心，也不在乎。碰巧
的是，他们其实可以杀死他们的竞争对手，或至少可以令他们降级
（déclassement）、取消他们的资格，因为一位作家一旦完成了划时代
的创作（我再向各位推荐读一下《艺术的法则》），他就会把那些曾
经也划时代的作家们都丢进历史。[2]同样，在建立新的科学范式上，
这种降级也是固有的：当一种科学范式成为新要求时，它至少部分
地（因为断裂并非［全部?]）打破过去的、过时的、过期的、不合

---

[1] 霍布斯使用的这个词描述了那种在没有"能够使所有人都受到尊重的力量"的
情况下的人与人之间的关系，通常被译作"所有人对所有人的战争"或"每个人对每
个 人 的 战 争"。见 *Léviathan*，trad. Gérard Mairet，Gallimard，« Folio »，2000 [1651]，
particulièrement le livre I，chap.13，« De la condition du genre humain à l'état de nature，
concernant sa félicité et sa misère »，p.220—228。

[2] P. Bourdieu，*Les Règles de l'art*，*op. cit.*，特别是这一节 « Faire date »，p.259—264。

格的［之前的范式］。[1] 因此，这是一种间接冲突，与普通冲突不同，这种冲突不是针对竞争对手的，而是与竞争对手平行的一种努力。事实证明，这是科学竞争的悲哀法则，当一个人把正确的新真理强加给所有人，就会使其他人名誉扫地，但他这样做原本并非为了追求超越他们、取消他们的资格。

　　这种分析我已经勾勒了很多次，它对我而言极为重要，因为在拉罗什福科那里，他对我提出过的文学场域分析有过一种天真的人类学解读，但这根本不符合我对世界的看法。这表明，我正把我对知识界的本土性看法投射到知识界中，这是一种泛化了的对杀戮的渴望。这让我很恼火，这就是我在此坚持强调这一点的原因，即使这和我刚才所说的没有多大关系。"客观竞争"和"直接对抗"有着根本性的区别。我甚至认为，这两种态度对应着场域中的两种不同立场。正如黑格尔所说 [2]，被判定为**与他人平等**（*Sichgleichmachen*，"使之平等"）是场域中被支配者的特征：小家伙想做大，他们想与大人物竞争，不惜一切代价寻找差异；他们［在科学场域］准备说假话，以便有理由来对抗那个不幸剥夺了他们资格的、当时被认为是说出了真理的人。"客观竞争"与"直接对抗"之间的这种区别很重要，而将竞争（concurrence）视为对抗（rivalité）的观点是被击败者的观点。我的这个表达相当绝对，但后者确实往往是一种怨恨策略。我之所以不得不这么说，是因为知识分子的社会学（我经常说它是非常罕见的）常被混淆为自发性社会学，或我所说的忒耳西忒

208

---

[1]　见 Pierre Bourdieu，« Le champ scientifique »，*Actes de la recherche en sciences sociales*，n°2—3，1976，p.88—104。

[2]　"因此，这一因素［需要得到承认］就其自身及其拥有的手段而言，就艺术和满足需求的方式而言，成为一个特定的最终目的地。它还包含了立即与他人平等的要求；对这种平等的需求，一方面需要使自己平等（Sichgleichmachen），即模仿，另一方面也需要这里也存在的特殊性，即以卓越的方式来证明自己，它们本身就是需求倍增及其扩散传播的有效来源。"（Georg Wilhelm Friedrich Hegel，*Principes de la philosophie du droit*，trad. Jean-Louis Vieillard-Baron，Paris，Garnier-Flammarion，1999［1820］，§ 193，p.257.）

斯（Thersite）视角[1]，即失败者在知识竞争中为诋毁胜利者而发展的视角。因此，人们倾向于认为一位社会学家写了《学术人》一书[2]就是一种复仇，但这种观点与该作者所占据的社会显赫地位相悖。更广泛地说，这些混淆之中蕴含着一系列自相矛盾的东西。我犹豫着是否要作出这样的澄清，因为这似乎看起来像是忙于谈论我个人。但同时，这又是我能说这些话的唯一机会：我不介意只把这件事写下来，但当我读到自己所写的这些东西时，它又让我异常恼怒，所以我不能总是保持沉默。

任何投入某个场域的施动者，无论他愿意与否，都将参与（展开分析这一点将十分有益，但就会让我岔开太远……）的竞争，就不是一种竞赛了。关于那些伟大的科学革命，我们重读一遍就会知道，例如，爱因斯坦就不是一个那种不惜一切代价也要做得比别人更好的科学家。我之所以如此坚持说这些，正是因为对竞争的误解中包含着一种固有的心理学上的基本错误。我不是齐美尔的忠实粉丝，但他确实曾提出了一个绝妙的分析，研究竞争与普通的冲突、日常的游击战和**战争**（*bellum*）[3]等的区别。

哈里森·怀特模型

韦伯以一种非常特殊的方式来理解市场，但他还是保留了这个

---

[1] 见 P. Bourdieu, *Les Règles de l'art*, *op. cit.*, p.315—318。忒耳西忒斯是《伊利亚特》中一个士兵角色（布迪厄也考虑了他在莎士比亚的《特洛伊罗斯与克瑞西达》中的再现）。

[2] Pierre Bourdieu, *Homo academicus*, Paris, Minuit, 1984. 布迪厄曾费尽心思去预测到了对这本书的这种解读（见本书原书第13页）。

[3] 布迪厄想到的是齐美尔的《社会学：社会化形式研究》中的《竞争作为间接斗争和社会综合形式》一文，载于 Georg Simmel, *Sociologie. Études sur les formes de la socialisation*, trad. Lilyane Deroche-Gurcel et Sibylle Muller, Paris, PUF, 1999 [1908], p.297—309（在第四章《冲突》中）。

词。这是研究中的一个问题：如果我们保留一个词，又赋予了它一个不同于普通意义的新含义，那么一些傻瓜就会回到普通意义上。韦伯冒了这个险。而就我而言，我在"场域"（champ）和"市场"（marché）之间就犹豫了很长时间，因为保留"市场"一词显然有好处（例如，这免除了我必须讲述一切的义务），但最终，其成本远远高于收益。我说"惯习"（habitus）而不是"习惯"（habitude），"场域"而不是"市场"，并非为了故作区分，而是为了避免一个词语所蕴含的哲学上的反作用。韦伯决定保留市场概念，但正如我在开头所说的一样，他非常明确地区分了两个时刻：生产者之间争夺交换机会的竞争，以及在第二阶段与直接合作伙伴的交换。韦伯说，"这种交换是对利益的妥协，在这种妥协中，商品与其他利益作为对等补偿而被传递"[1]。

210

在我开始重读韦伯，并标记出我们之间的差异之前，我想比上次更清晰地聊一聊哈里森·怀特的文章。这位美国社会学家现任哈佛大学教授，是一位杰出的作者。在这里，我不禁想说，那些仍被框在法国一隅的人（"我们是否应该做某种人而不做某种人?"，等等）最好看看更广阔的世界，看看美国，这个国家诞生出了戈夫曼和怀特，两个可以说完全不相容的人。戈夫曼不知道哈里森·怀特在做什么，而怀特可能只把戈夫曼的所作所为看作一些好笑的想法。如果有人认为这就是社会学陈旧的标志，我想说，数学家们也经常以同样的方式看待同行：他们不理解彼此，有时甚至会以一种同情的方式看待对方……然而不同的是，在那些互不理解的数学方法的支持者们之间，也存在着一种尊重，而在全都从事社会学研究但互不理解的社会学家之间，并不总是存在这种尊重。这肯定是一种差

[1]　Max Weber, *Économie et société*, t. I, *op. cit.*, p.113.

异……但无论如何，我不属于鄙视研究内容与我不同者的范畴。这是一段题外话，我也犹豫要不要说，但它也很重要。我关于社会学与经济学之间关系的大多数讨论的前提是，人们几乎总是说，你不应该做你不知道该如何做的事。[1] 在社会学中也是如此：研究怀特需要一种数学文化（怀特受过数学家的训练），所以你很容易就会说："我是一个常人方法学家，没有什么能比得上常人方法学了。"但这是一种把匮乏当成美德的方式，让自己忘记自己不懂数学、不懂关于怀特的任何东西。

怀特提出了一个理论，一个基于经验建立的数学模型，在我看来，这是对韦伯式市场理论的一种严格形式的证明。但令人惊讶的是，怀特可能不熟悉韦伯的理论（他在任何情况下都没有提及过它，他是一个诚实的人，这就意味着他不知道它）。因此，他说，"生产者在市场上**互相观察**［*watch each other*］"，再延伸一点，"市场是**互相观察**的生产者们的有形小团体"[2]，他们用眼角的余光观察。这就是我一直在做的范式转变。怀特说，为了要了解老板们、生产者们在做什么，重要的是要了解他们相对于其他生产者的位置。[3] 他顺便说了一句，企业之间都是有区分的 [4]，我曾经详细阐述过这一点。具体来说，他试图表明，每个生产者都是由一种市场力量的梯度，由一定数量的收入、利润和一定数量的产量来界定的。因此，他用一个表示收入的指数 W 和一个表示产量的指数 y 来描述每家企业，并且从该指数 $W(y)$ 中了解一家企业相对于其他企业的策略，

---

[1]　尤见第六讲。

[2]　"市场是企业和其他行动者之间的特定团体的自我再生产的社会结构，这些参与者通过互相观察彼此的行为来演变出自身的角色。"（Harrison C. White, « Where do markets come from? », *American Journal of Sociology*, vol.87, n°3, 1981, p.518.）"市场是相互观察的生产者们的有形团体。来自买方而非来自消费者的压力创造了一面镜子，让生产者看到自己。"（*Ibid.*, p.543—544.）

[3]　"与此相反，我的观点是，如上所述，企业根据观察到的所有其他生产商作为基准进行决策。"（*Ibid.*, p.520.）

[4]　*Ibid.*, p.520.

这些策略是由它们在所有企业的结构中的相对权重、相对力量等等被提出并施加给它们的。他接着说，老板们知道生产某种东西的成本，他们试图通过确定产品的正确数量来最大限度地提高收入。如果他们成功了，他们就能为自己的产品找到利基市场，并得到购买该产品的买方们的积极认可。[1] 怀特的分析表明，他所描述的市场具有某种程度的不平等性：他构建了一个基尼指数来描述市场的分散程度，然后试图通过每个施动者在这种分布中的具体位置，以及该位置强加于他的体量和收入策略，来描述每个施动者的特征。

212

综上所述：传统理论认为，企业依靠对买方品味的猜测来决定其市场供应，而怀特则提出，企业是根据观察到的所有其他生产者的位置（他们的投资、产量等）来作出决策，并且他们正在寻找自己的利基市场。他没有提出一个统一的、单一的市场的想法，也没有提出一个统一的、独特的瞬时性的想法，而是用一个由一系列共存的子市场组成的市场概念取而代之，即每个生产者的问题都是找到自己的市场，找到自己的市场空隙（市场空隙的概念和利基市场是有区别的）。

同源性与消费者的两阶段选择

在我看来，这显然非常接近我的提议，也是我很久以前关于象征性商品市场（文学、绘画等市场）的提议 [2]，而后我又在个人住房问题上提出过，个人住房也是一种经济商品。[3] 我很高兴看到怀特

213

---

[1] 布迪厄这里似乎是在总结，而不是引用文章中的一段原话。

[2] 见 P. Bourdieu，« Le marché des biens symboliques »，art. cité；« La production de la croyance »，art. cité. 这两篇文章在重新修订之后，收入了 Les Règles de l'art，op. cit.。

[3] 见 « L'économie de la maison »，Actes de la recherche en sciences sociales，n°81，1990（后载于 Les Structures sociales de l'économie，op. cit.）。

提出了这样一点，即最终（此处我就远离了怀特）通常被描述为供求关系的东西，实际上是在两个不同的空间中处于同源位置的买方与卖方之间的位置同源关系。换句话说，要理解市场中发生了什么，就是要理解生产场域的结构。举个形象的例子：在美发市场，有一个生产空间的结构，一端是顶级品牌凯芮黛（Carita），另一端是当地社区美发师；另一方面，有一个消费空间的结构，其中品味与供给一样都是分散的。

（为了明确这一点，我可以说，我在试图解释我所观察到的事情时，就有了关于这种模型的直觉。特别是，一位前卫画家在与我谈论绘画市场时开玩笑般地告诉我——这个笑话有充分根据："你知道的，基本上每个人都卖得掉。"这话从他嘴里说出来，就显得极具侮辱性：这意味着，即使是在迪朗-吕埃尔 [Durand-Ruel] 画廊办展的糟糕的新印象派画家也有顾客。从那时起，我开始研究巴黎的画廊，试图了解供应结构、画廊结构，它们在地理空间和社会空间的分布，以及需求与接收之间的结构对应关系。最终我们甚至可以说，在极简主义艺术家与新印象派画家之间，原本就不存在天然意义上的竞争。同样，在居伊·德·卡尔 [Guy des Cars，感伤主义小说的作者] 和罗布-格里耶 [Robbe-Grillet] 或艾什诺兹 [Echenoz] 之间原本也没有竞争。这也就是说，他们在同一个空间，在某种意义上他们在客观上是竞争对手，因为他们中一个人的存在会使另一个人降级。这就是为什么在竞争场域中，可能存在着分布不均但强烈的杀意。今天，我们有一种审美压抑的回归，简单说就是，我们会看到杀戮的欲望就在那些被先锋派降了级的作者们那儿。[1] 在正常情

214

---

[1] 暗指关于当代艺术的辩论，例如让-菲利普·多梅克 [Jean-Philippe Domecq] 在20世纪90年代初期在《精神》杂志上发起的辩论，对此，布迪厄将在他关于马奈的课程中更为详细地讨论这些辩论（见 *Manet. Une révolution symbolique*, *op. cit.*, 尤见 p.19 et 26）。

况下，他们不会表现出来——在法兰西学院，迪图尔 [Dutourd] 先生是一个非常温和的人 [1]——但那是因为条件不够，如果条件足够，那就会发生一些南斯拉夫式的事情…… [对室内轻微的笑声作出反应 [2]] 是的，这次我允许自己这么类比：我向诸位介绍最新一期的《自由》杂志，你在里面会发现一份对南斯拉夫的知识场域运作的分析，它完美地例证了我刚才所说的东西。）

我们有两个相互对应的空间，但有点像以盲人般的方式交换。据说，在一些古式社会里，存在着一种不说话的沉默交换 [3]：一个部落存放了一份货物，另一个部落拿走它并留下另一份货物，等等。在我看来，这与市场相差无几：相对独立、客观竞争的生产世界（当然是因为它们彼此互相影响）与同样是独立世界的利基市场相联系（安东尼街区理发店的顾客并不是凯芮黛的客户：她从杂志上清楚地知道，凯芮黛并不适合她）。

我所说的既涉及生产理论，也涉及消费理论。事实上，当生产商在争夺利基市场时，顾客也会作出两个阶段的选择。我们从消费者分析中清楚地了解到这一点：买方首先选择市场，然后选择产品。大厅里在座的所有消费者都知道，选择是分两步的：你先在一个供给空间中选择一个利基位置，然后在该子空间中再选择 [特定对象]。这一切对你来说看似微不足道，但这是一个非常重要且深刻的表征变化，以帮助我们了解物质和象征商品生产领域的运作方式。

215

[1] 在这门课程期间，让·迪图尔（Jean Dutourd）是法兰西学院最广为人知的成员之一，他于 1978 年当选。

[2] 听众的反应是因为，该课程是在 1991 年以来各种冲突使前南斯拉夫共和国四分五裂时进行的。《自由：欧洲书评》第 14 期（补遗于 *Actes de la recherche en sciences sociales*，n°98，juin 1993）专门讨论了南斯拉夫知识分子和这些冲突的关系。

[3] 马克斯·韦伯在布迪厄于本课开始时所提到的文本中提及了这种类型的交易："不发达贸易的典型形式之一是无声交换。这种交换是在没有个人接触的情况下进行的，要约是将货物存放在通常的地方，还盘也是；讨价还价的谈判是指增加一方或另一方提供的货物，直到一方不满意撤回其货物为止，或是到满意地带走合作伙伴的货物为止。无声交换与任何兄弟情谊都是截然相反的。"（*Économie et société*，t. II，*op. cit.*，p.412.）

可能是因为我没有把这一分析说得足够清楚，我在知识、艺术和其他场域提出的许多观点被误读得如此糟糕……

与韦伯的三重决裂

你可以自由地解读韦伯，把我刚才所说的一切都算作他说过的，我也经常这么做，但同时这也是非常危险的。正如我们在重构市场概念时保留市场概念是很危险的，因为你总会被人放回到普通视角上使用那个词，所以把太多东西挪到韦伯身上也是很危险的，因为人们会说你是"韦伯派"（一般来说，这算不是恭维），人们将你挪到韦伯身上的东西当作是他真正说过的话（如果人们知道他真的说过什么的话……此外，在一个作家的巅峰时刻，他真的会看似慷慨地说出一切人们要求他说的东西……）。因此，在我看来，我们必须与韦伯决裂，这里有三个策略要点需要说明。

第一个区别是我在《欧洲社会学档案》上的一篇文章中展示过的。[1] 我批判性地阅读了《经济与社会》中研究宗教的那个著名章节，并指出韦伯将牧师、先知和巫师之间的关系描述为一种互动，也就是说，他为这三个参与宗教斗争的主角们的策略提供了一套解释性原则，试图说明他们有意识地在与对手竞争。例如，他强调，牧师对先知采取了驱逐的策略。真正的互动、对抗就预设了真正的存在；只有在同一个空间内实际相遇的人之间才会有互动。而我用结构视角的宗教交换理论，替换了这种互动视角的宗教交换理论：牧师和先知可能永远不见面。同样，**读经员**（*lector*）可能永远也见

216

---

[1] Pierre Bourdieu，« Une interprétation de la théorie de la religion selon Max Weber »，*Archives européennes de sociologie*，vol.12，n°1，1971，p.3—21.

不到**著经人**（*auctor*），哲学老师可能永远也见不到哲学家（除非他自己冒名顶替）。然而，他们处于一种客观的结构性对抗关系中，他们在我之前提到的意义上处于相互竞争之中。

　　换句话说，互动不是结构。当怀特说**互相观察**时，他指的仍然是一种有意识的意图（生产者们互相监视）。虽然竞争对手当然可以有意识地互相参照，但他们的行动原则并不完全包含在他们对其竞争者的表征中，而是包含在他们相对于这些竞争对手所占据的客观位置中，而这个客观位置都可以影响他们的行动，无论他们知道与否、愿意与否。一个失败的小作家把一个刻在其位置上的知名作家作为表征，这个表征才是位置的产物，而不是反过来。将竞争关系简化为有意识地从眼角余光相互观察的竞争对手的表征，就意味着理解实际斗争或象征性斗争之本质的不可能性。重读韦伯关于宗教社会学的文章，你会看到这种观点的改变如何令某些韦伯自己不愿去理解的东西变得易懂了——韦伯在本质上用的是一种意识哲学、表征哲学的逻辑，而不是结构和结构无意识哲学的逻辑。这位如此伟大的学者记录下了这些事，但他不能用自己的模型来解释它们。换句话说，施动者之间的差异原则是它们在市场上的权力差异。它们对其他竞争对手的权力可能是直接的，例如通过提高入场费来拒绝新的竞争对手进入市场，也可以是间接的，如通过能够对市场施加影响的国家权力来行使。我会回到这个基本点：韦伯仍然是一个传统意义上的自由主义思想家，他丝毫没有国家在市场上施加权力的观念（我应该道个小歉，因为我本可以用几句词就说清楚这一切——"结构不是策略互动"——而我有些磕磕绊绊，因为给这种差异找到一些简单的格言并不容易。所以我向那些听我说了一百遍，觉得我在拖拉，以及觉得我说得还不够清楚的人道歉）。

　　第二个区别是我前面提过的。韦伯说，施动者在交易准入、交换机会方面互相竞争，他把面对面的交易描述为一种每个人都会作出让步的妥协。就我而言，我所做的事则完全不同。我们可以回到宗教问题，在那里可以看到更清晰的东西。韦伯坚持认为，牧师在某种程度上是在与他们的客户谈判，以便尽可能地满足他们对巫术的需求。例如，到露德朝圣回应了对即刻治愈的需求。在某些情况下，如20世纪60年代的"与时俱进"（*aggiornamento*）当中[1]，神职人员不再回应那巫师式的魔法般的满足，但如果时代又变迁了，在结构性权力关系的压力之下，可能会为重建一个巫师式满足感腾出空间。从韦伯的角度来看，专业人士和非专业人士之间、生产者与消费者之间的交换，就是交易、谈判、妥协。而在我提出的模型中，当然也有妥协，但它们在结构上是受限制的。这就是我所说的，市场是有两阶段的：真正的市场是由一系列不同的独立子市场组成的，它们之间或多或少有着交集。在我举例的极端地位的作家中，居伊·德·卡尔和罗伯-格里耶之间并没有真正直接的竞争；而在整个连续体中，在市场之间和正犹豫着的人们之间，就存在着交叉。例如，我们会在报纸上看到：客户群体有重叠，并对应着供应的交叉。尽管如此，我们也并非会按照直接交易的逻辑进行。而且我认为，韦伯觉得宗教生产者的种种决定都是为了要直接满足在俗信众的需要，那是非常天真的。正是在牧师和先知之间的竞争中，仿佛在不经意之间所产生的东西，恰好满足了那些有相应期望的在俗信徒们。这并非利基市场或市场调查的逻辑：教会不进行市场调查。有人可能会反对，认为教会的某些社会学调查可以被视作市场调查[2]，但我早就清楚了这之间的第二个区别（根据两阶段选择：选

---

[1] 这个术语的字面意思是"更新"。在1959年第二次梵蒂冈大公会议筹备委员会上，当时正在考虑一系列重大改革措施的教皇圣若望二十三世在他的演说中使用了这个词。

[2] 暗指与费尔南·布拉尔（Fernand Boulard, 1898—1977）有关的一系列传统，他调查并列出了"每周日都去教堂的信使派""会参加复活节活动的圣餐派"等不同类型的在俗教徒。

择市场，然后选择对象）：但我在必须讲得很快时，很难很好地表达这些东西……

第三个区别是，韦伯仍然坚持生产者之间为了争夺客户而竞争的那种理论，而在我看来，为了理解当代社会的经济现象，有必要用生产者之间对于争夺市场权力并进而通过国家权力来影响客户的竞争，来取代生产者之间为了争夺客户的竞争。这在我研究过的个人住房市场也是显而易见的，而在我看来，原油市场、油料市场、食用油市场等等也都如此。生产者之间的客观竞争也涉及通过国家中介进行的市场建设的竞争（特别是进入壁垒），尤其是有助于建立一个对某些品类的生产者若更有利或更不利的市场的特定监管。这意味着市场是一种主要由国家为生产者之间的竞争而构建的社会人工产物。

在这里，为了简要展示我与韦伯的不同之处，我们应当要重复一下我前面所提到的他关于市场的那一章节中所说的话，即基于社**会位置**（*Stand*）、秩序（在旧制度意义下的秩序）[1] 的销售垄断。他解释说，在前资本主义社会，有法定的客户占有权：一定数量的属于某些社会阶层的人垄断了客户，这是一个社会分配的利基市场。（现在仍有这种垄断。去年，我就盎格鲁—撒克逊语意义中的一个概念——职业 [*profession*] ——写了一篇文章，表明职业是如何处于斗争之中的。[2] 在法国，许多人从美国引进了职业理论，这一理论在美国非常重要 [3]，但没有人对这一概念的起源提出历史性的批判。

219

---

　　[1]　M. Weber, *Économie et société*, t. II, *op. cit.*, p.413—415.
　　[2]　见 1991 年 11 月 21 日课程, *Sur l'État*, *op. cit.*, p.481，以及 P. Bourdieu（avec Loïc Wacquant），*Réponses. Pour une anthropologie réflexive*, Paris, Seuil, 1992, p.212—213；新增补本可见 *Invitation à la sociologie réflexive*, Paris, Seuil, 2014.
　　[3]　在 20 世纪八九十年代，职业社会学以其功能主义或互动主义的形式又在法国兴起并焕发新生。克洛德·迪尔（Claude Dubar）和皮埃尔·特里皮耶（Pierre Tripier）的著作《职业社会学》（*Sociologie des professions*, Paris, Armand Colin, 1998）以某种方式揭示了这一现象。

此外，他们也没有看到 *professions* 这个词是无法翻译的——它根本不指法语中的"自由职业"（profession libérale）。这一职业理论是由帕森斯[1] 和其他许多人发展起来的，它与自由主义的竞争哲学、竞争效应等有着密切相关的联系，但它忘记了职业是在国家批准的情况下才存在的，比如通过引入国家文凭或职业资格证，它设置了入场费，指定和分配客户，界定非法活动，等等。我在此也不想进一步阐述这一极端自由主义理论……）

韦伯说，资本主义垄断根本不属于那种社会**位置**的垄断。它们是在市场上自由竞争的情况下，通过占有的力量**赢**得的垄断。"它们完全取决于理性的经济因素。"[2] 我认为，这就是韦伯天真的本性，他是一个理性化、形式理性的理论家：他将经济演化解释为一个理性化的过程（我就不展开说了 [3]……），他认为他所定义的市场是理性意义上的一种进步，因为它是建立在理性基础上的垄断场所。垄断不是像前资本主义时期那样基于秩序和特权对市场施加影响的，而是通过市场来行使的。[4] 我引用一点我提过的第一卷的结尾："获得经济权力的唯一和平形式，就是通过资本主义垄断。"韦伯基本上把获取，即对市场的征服，与军事征服或政治征服进行了对比。通过自由交换来分配货物的占有权是他的一种理想化，而且这就导出了他的整个历史哲学。

针对这两种垄断，我们有必要引入第三种垄断理论，在我看来，韦伯忘记了一点，而我在提及职业时说到过这一点：通过国家权力

[1] Talcott Parsons, « The professions and social structure », *Social Forces*, vol.17, n°4, 1939, p.457—467 et *Éléments pour une sociologie de l'action*, trad. François Bourricaud, Paris, Plon, 1955.

[2] M. Weber, *Économie et société*, t. II, *op. cit.*, p.415.

[3] 尤见 P. Bourdieu, *Sur l'État*, *op. cit.*, p.241—242。

[4] "等级（*ständisch*）垄断的受益者声称他们反对市场并要对其加以限制，而理性的经济垄断者通过市场支配。"（M. Weber, *Économie et société*, t. II, *op. cit.*, p.415.）

而行使、获得和维持的垄断。让我直接给各位举个例子。在 20 世纪   221
70 年代，在某种程度上，一些法国大银行通过对国家采取行动，创造了有利于某种类型的房地产政策的条件，从而在实际上垄断了房地产信贷。医学上的案例也相当［能说明问题?］：有些垄断是在为国家权力而战的过程中获得的，只要国家保证给某些头衔持有者分配专门的客户群体，这些垄断就会得以维持。这就是现代社会围绕着学校制度的斗争如此暴力的原因；学校资本家把他们的垄断地位归功于颁发头衔……麻醉科医师和护士的头衔 [1]……这产生了极其严格的社会边界：因此，所有因国家所担保之头衔而拥有垄断地位的人，其行动的主要目标（当然，他们继续以眼角瞄竞争对手）都是与国家层面的竞争对手竞争，即在委员会、理事会、游说团体、施压组织等等层面。当一个政府像这几天的情况这样改变时 [2]，我们可以看到各种不同的游说团体在新任政府机构中鼓动各种政策。这一明显的轶事观察就构成了另一种经验检验。

国家创造市场：以个人住房市场为例

为了理解［我的提议］与韦伯的分析之间的区别，也为了从市场或生产场域的视角来看清它意味着什么，我将很快地以我多次提及的个人住房为例来进行说明。如果各位想了解更多细节，我请你   222
参阅两三年前出版的《社会科学研究集刊》的一期合刊中的《住房经济》：你会发现一组经验研究，我将在这里简单地介绍一下其中蕴

[1] 指的是布迪厄有时引用的一个例子，他借用了 Erving Goffman, *La Mise en scène de la vie quotidienne*, t. I: *La présentation de soi*, trad. Alain Accardo, Paris, Minuit, 1973, p.34—35。

[2] 这一讲是在 1993 年的法国议会选举后几周举行的，选举最后以政治多数派的改变而告终（右翼重新掌权）。

含的哲学。

我所说的市场，是生产者之间的一种力量关系结构，他们在为维持或改变这种力量关系而努力斗争，特别是通过对作为这种力量关系的维持或改变手段的拥有者的国家采取行动（我想我刚刚讲的这句话，基本给出了我对市场的定义），也就是说，市场是一种社会建构，与从新自由主义理论所说的自然竞争运动中所**自愿**（*sua sponte*）［自发］产生的这种现实无关。市场是一种社会人工产物（这并不意味着它不是真的，反而是非常真实的……）、一种社会建构，在这种建构中，国家通过监管行动发挥着决定性的作用。

国家在做什么？我将从最明显、最不容置疑的地方开始（即**最低限度**［*minimum minimorum*］的国家的最基本的职能，即使是最自由主义的边际主义者也接受）分析，然后到最不常被提及的方面。国家监管市场，维护道德秩序和对整体经济的信心。用某些新制度主义者，如威廉姆森这样的边际主义者的语言来说，它降低了执行成本，降低了让交换得以可能的条件的成本：不需要拿手枪就可以开始谈判，一种社会秩序确保了允许如此谈判的条件。国家还降低了测量成本：有标准的度量衡，我们不必像在没有公制的社会中那样，为我们是用一个高个子人的手臂长度还是矮个子人的手臂长度来测量而争论不休；国家发挥着统一、标准化和安抚的职能。在更高的干预层面上，它还是任何市场的仲裁者，在企业间关系和它们解决问题的方式上也发挥着决定性的作用。那些半自由主义者们依然同意这一点：国家就像足球场上的裁判一样，是规则的守护者，它履行着控制职能。例如，在一个非常暴力的市场上，如石油市场，在那个会发生谋杀，飞机会偶然坠入地中海的地方[1]（这与纯粹完全

223

---

[1] 也许是指"马太伊案"：意大利实业家恩里科·马太伊（Enrico Mattei）是国家碳化氢公司（ENI）的负责人，1962 年 10 月，他在一次可能由犯罪引起的飞机事故中丧生。

的市场相去甚远……），国家会努力确保规则得到或多或少的尊重。我没有时间引用作者原话了，但很多人都这么说过……

在更深层次上，正如我在整个分析过程中所提出的那样，国家在市场建设中，在建立所谓的供求关系方面发挥着决定性的作用。它有权对需求采取行动，甚至最终能产生需求，或者至少可以强力地将需求引导到某些特定方向，而非其他方向；它也有权对供应采取行动，至少可以强力地将供应引导到某些特定方向，而非其他。当它有权影响需求与供应，它就能以一种非常有力的方式改变所谓的市场、市场交易等现实。同时，它有这种"元"权力（各位应该记得，我说过国家是"元"[1]）对所有场域的内在法则采取行动，影响经济场域（或多或少）、知识场域等的内在法则。这显然是那些声称主宰着每一个场域的人之间的斗争的关键。这就是我先前所说的：它可以对法规、产权等采取行动。

我将尝试以我所研究的个人住房市场为例，快速地进行一个总结。生产场域每时每刻都是争夺场域权力的一个场域。这种斗争经常采取争夺国家权力的形式，也就是我所说的国家资本，其中包括了监管权力。就个人住房市场而言，国家对供应和需求都有作用。它一方面通过差别化的补贴，帮助生产者来生产市场，另一方面它通过给予差别化的财产援助形式，帮助消费者来生产市场；然后它通过偏爱某些类别的消费者的生产，实现了对某些生产者的偏爱。例如，国家要发放某种形式的住房援助——详细内容非常技术性，说明起来会有些乏味——（这是一个虚构的例子，比法国最近的现实稍稍简单一些；）它是通过建造不同层次的低成本的廉租房，而不是通过制定对房屋所有权的政策，这导致国家明显偏袒某一种类

224

---

[1]　特别见 *Sur l'État*, *op. cit.*, p.489 中 1991 年 11 月 21 日课程。

型的制造商，而不是其他类型。20世纪70年代，银行家们发明了一种新的信贷形式，这种形式的信贷不再以抵押贷款和遗产继承权为担保，而是以一个人的终身工资为担保。我们现在已经习惯了这种以终身工资为担保的信贷（当你申请信贷时，他们会问你是否有疾病、你的工资是多少、你妻子的工资是多少、你的工资指数是多少[1]、你指数的未来预期如何等等），以至于人们不再把这看作是一项最近的发明。事实上，我们已经依赖着一种理论，该理论认为个人在一生中具有可估价的货币价值，并为那些职业生涯有保障的高管创造了一种信贷。在某种程度上，银行是通过预期来收款的：它期望人们提前偿还款项并给予折扣，这需要有可预见职业生涯的男人或女人来担保。此发明一经问世，银行就必须为它提供一个市场，使其在社会上有利可图，而为了给它提供一个市场，就必须发明一种住房援助，而国家可以通过提供公务员补助、信贷、住房援助等措施来提供支持，为供给者们提供了一个调整后的市场。

225　　有一些委员会，包括雷蒙·巴尔委员会和吉斯卡尔·德斯坦-巴罗委员会（这并非很久以前的事[2]），它们聚集了不同类别的捍卫者（需要投放这些金融工具发明的银行家、高级公务员、矿业工程师、国家行政学院的毕业生［énarque］等），他们在官僚机构、生产场域或生产信贷的竞争场域的位置都附有明确的利益。这群人在谈判协商、讨价还价。有些廉租房机构（HLM）的高管还有着一些其他的租赁利益，例如，市政当局的一些代表们可能会试图间接地、模糊地控制选民（如果你可以通过在把你的朋友安置在廉租房机构中来

---

[1]　这是公务员的指数：公务员的薪金与他们的"指数"成正比，而"指数"根据他们所担任的职位和资历的函数而定。

[2]　这些委员会可追溯到20世纪70年代后期。布迪厄的评论源于这样一个事实，即前总理雷蒙·巴尔，共和国前总统瓦莱里·吉斯卡尔·德斯坦，乃至前住房国务秘书雅克·巴罗在本课程开设期间仍在政坛活跃。

管理你的选举资产，那么你也可以通过住房政策来改变选举的势力版图）。利益迥然不同的人会进行谈判，以生产和制定出看似纯粹且完美的法律，界定出某种个性化住房援助的形式，以降低或取代另一种援助形式。通过这项立法和监管决定，人们创造了一个原本并不存在的市场，而这个市场在某种程度上是专门提供给某种特定类型的供应商的。天真的实证主义研究倾向于将房屋生产者置于法国住房市场的中心：他们的确在场，但实际上只是一些配角而已。此外，大型生产者和小型乡村泥瓦匠有着不同的利益，这促使他们中的一些人倾向于与银行家结盟，而另一些人与廉租房机构结盟。事实上，他们只是［住房政策］表面上的施动者，他们与为他们提供资金的银行有着很强的联系。

这场非常复杂的游戏使我们完全脱离了对市场的一般描述。在这场游戏中，有权力关系、斗争关系，而租户联合会在这些委员会中却没能发挥很大的作用，这往往是因为他们缺乏适当的理论来在这块阵地上开展活动，他们的理论要么太简单，要么太复杂……所以，存在着各种各样的施动者，国家、政府通过立法措施，在对供求双方采取行动，并最终偏袒个人住房开发商的需求，而不是租赁方的需求。试想一下，假如一个社会党政府灵光一闪，系统性地推行了一项小型房屋租赁政策：那我们所有人心目中的替代方案都将以不同的方式构建，如20世纪60年代至80年代的每个公民都曾面临的所有权与租赁之间的具有伟大历史意义的选择。那我们的无意识就将以不同的方式构建，（接受国家行动所强加的问题定义的）关于住房问题的统计调查也将捕捉到不同的东西，因为现实就将会是不同的。例如，"个体／集体"这对如此强大、激烈的矛盾，会是在背后启发这项改革的明确的政治哲学：人们会希望通过以个人住房取代集体住房来促进反对集体主义的斗争，并认为小个体业主更可

226

能会投保守派一票（顺便说一句，这并没有错……）。我很抱歉讲得如此糟糕和混乱，但在此基础上，各位的脑中应该已经有了一条潜在思路了，所以你可以依靠自己去发展延伸。

国家的措施是根据需求采取行动的，因此，用韦伯的话来说，国家扭曲了"获得销售的机会"。它改变了竞争销售机会的对手之间的权力关系结构，而且它这样做不是随意的，而是根据这一政策所表达的生产场域的权力关系而来的。我所说的话很快会需要进一步展开。例如，生产场域不仅包括房屋生产商，还包括为他们提供资金的银行家。因此，一个旨在研究个人住房市场的样本必须包括银行，否则将不适用于现实。

我还得继续讲下去，但我只剩五分钟时间来给今天作总结了……在我所作的分析中，我们看到那些动力学与静力学、结构与历史之间的经典对立其实很大程度上是人为的。在每一个时刻，场域内的力量均衡状态都在力量关系本身中受到质疑，并且有各种颠覆性的力量：新进入者、寻找利基市场的小生产者，如果能通过一项技术发明使原本占据支配地位的产品销售萎缩，那么他们就可以迅速占据整个利基市场。归根结蒂，这又是莱布尼茨的观点[1]：静力学只是动力学的一个特例；这是一种非常特殊的状态，在这种状态下，力场不会移动太多。因此，要理解静力学、结构，我们必须理解力的关系、动力学。当保护力和颠覆力几乎相互抵消时，我们可以说一个场域是暂时稳定的，但我们必须扪心自问为何如此，因为

227

---

[1] 例如，见："根据这条定律［连续性定律］，静止必须被视为运动不断减少之后的一种消逝。……不均匀的物体或运动物体的一般规则必须适用于均匀物体或其中一部分静止的物体，就像适用于该规则的特殊情况一样；这在真正的运动法则中是成立的，而在笛卡尔先生和其他一些聪明的人所发明的某些法则中则不成立。"（G. W. Leibniz, *Essais de théodicée*, *op. cit.*, § 348, p.322.）布迪厄引用的确切格言，可能是从马夏尔·格鲁那里借来的，后者写道，莱布尼茨推导出了"通过将静力学作为一个特例纳入动力学的规则来统一整个物理学"（Martial Gueroult, *Leibniz. Dynamique et métaphysique*, Paris, Aubier-Montaigne, 1967, p.33）。

这种稳态才是特殊状态。而我提出的分析显然是关于动态的，因为生产场域是所有参与的施动者（工会、政党、企业、政府等）之间就补贴、投资等方面的问题进行斗争的一个场域。

在其他领域中，公司是冲突的一个主要场所。我还没有提到公司理论，但它也很重要：在生产场域内部，每家公司本身都是一个斗争场域。[1] 这是自 20 世纪 30 年代以来的历史经济理论以及詹姆斯·伯纳姆那本关于**所有人**（*owners*）和**经理人**（*managers*）之间斗争的名著 [2] 所说的老生常谈但又非常重要的主题：在大公司内部，**持股人**（*shareholders*）与**经理人**之间一直在争夺边界所有权，争夺对公司资本和公司间竞争策略的控制权。这些斗争背后显然事关重大。我下次再来继续谈这个问题。这些都是关于场域边界的斗争：在任何场域中，确保垄断的一个主要策略是彻底地改变场域的边界，从而将有威胁的竞争对手排除在竞争之外。

下一次，我将针对个体层面讲一堂速成课，我想试图表明，象征性维度在我们今天所说的斗争中有着绝对的关键性。我在本讲的引言中就曾强调过，经济主义的观点是非常残缺的，因为它消除了经济斗争的象征性维度。例如，房子是一个高度象征性的物体，与家庭、家庭哲学、财产息息相关；这是承载了最多古式价值观的事物之一。争夺市场垄断权的经济斗争总是具有象征性意义的。它们今天仍然是为分类（classment）、为社会世界的感知范畴而进行的斗争，同时它们在今天也许比在以往任何时候都更为如此：在一个象征是最基本的经济机制基础的社会中，那些所谓的纯粹硬经济理论依然试图将象征性完全还原为经济，这就有点滑稽了。

---

[1]　见 Pierre Bourdieu, « Le champ de l'entreprise：une étude de cas », in *Les Structures sociales de l'économie*, *op. cit.*, p.267—270；又见 *ibid.*, p.252—254。

[2]　James Burnham, *L'Ère des organisateurs*, trad. Hélène Claireau, Paris, Calmann-Lévy, 1947 [1941].

我提到的另一个例子，各位可以在下周之前思考一下：我所说的关于职业分类的斗争（我强调过的集体协议、对职业的定义[1]等）；劳动力市场也可以用我所用的术语来描述，因为象征性的维度（身份、职业尊严等）在它所涉及的斗争中也是至关重要的。煤炭市场还有一个非同寻常的象征性维度：这是一场关于什么是可替代能源、什么是不可替代能源的斗争。我下次再谈这个问题，那样就不会那么乏味了。想必诸位已经熟悉了惯习、秉性这些内容，但回忆一下依然非常重要，至少要看看这与我所说的场域多么融贯。因此在下一讲，我将对斗争的象征性维度和惯习再作一次简短的回顾。

229

---

[1]　见第五讲。

第九讲　1993年6月17日

听众提问。经济场域的分类之争。经济人的三个公设。选言谬误一：个体与集体。（社会的）有限理性。选言谬误二：目的论与机械论。目的性的幻觉。选言谬误三：微观与宏观。

听众提问

首先，我先简短地就听众向我提出的一个双重问题说几句。在座诸位中有一位这么问我：第一，我是否并没有在产业经济学中发现任何有趣的东西，以及我所说的这些与产业经济学有何不同；第二，如果在市场上竞争的不是个体施动者，而是组织，那这一事实是否会改变分析中的什么东西。

关于第一点，我只能这样谦虚地回答。产业经济学文献显然是我用来做这项工作的资源之一（我对此了解一些，但我无法声称完全掌握了它，因为它内容浩瀚：每天都有数以百计的新文章和新著作出现）。事实上，只要我们站在科学逻辑的立场上，就不能声称有绝对的原创性和独特性。从某种意义上来说，这个关于产业经济学的问题有那么点儿天真：在座的一些人可能会认为，我所说的东西无视了在我之前的其他一切理论而独立存在，那这可就大错特错了。在任何时候，我们都在努力积累前人们所取得的成就，这就已经非常困难了，而且正如我经常对初出茅庐的社会学者们说的（当然也有了不起的初学者），我们如果能赶上那些最伟大的社会学家并与他们并驾齐驱，那就已经算是伟大学者了。我们的工作并不神秘。我想做的只是试图让［我所读过的读物］看起来更加系统化。当我给这门课起这个标题时，我就害怕了很多次，但从这种意义上说，这就很好理解了。我所说的"经济的社会基础"，是指有了大量的重要研究，但在目前的状态下，最缺乏的就是我所提出的这种分析：面对通过系统性外表和可怕的帝国主义傲慢进行表达的新边际主义范式（我稍后会引用贝克尔的一篇文章，他声称要无限制地侵入人类实践的所有领域），没有多少重要的东西是真正系统化的。有些学者在不考虑这个问题的情况下，也能进行研究，甚至能把研究做得很好，但即使只是对在座诸位中那些不熟悉产业经济学这个文献极其分散的领域的人作一介绍，努力将一种可以反对那种范式的人类学理论建立起来并使之系统化也是有一定必要的。我作的尝试就已经有了这一功能。

此外，这些文献常常把那些并非理所当然的事情视为理所当然。这种情况在专业领域中经常发生：任何一个科学学科都基于某个共同的假设，而这些假设并不一定是明确的。科学也有它的**认之为真**。有些先入为主的观念、有些预设没有被揭露出来，而当学者们暴露出他们的预设时，我们有时则会感到非常惊讶。当年事已高的科学家们开始着手做哲学的时候，他们往往非常可怕，因为他们所说的东西都非同寻常地天真，他们的科学工作是建立在每个人都赋予自己和他人的默会的预设之上的，因为坚持这些预设无疑就是进入该领域的最基本的入场费。因此，在我看来，做这项工作非常重要，哪怕只是为了激起其他人的反击，从而推动研究向前发展。

事实上，如果我在准备这门课时要做大量工作，在传播这些思想 233 时我要承受巨大的心理痛苦，那在很大程度上是因为我向自己提出了许多问题。我常问自己，我所做的和所说的这一切是否值得一说：它是否真的对在座各位所积累的知识体系作出了什么贡献？幸运的是，诸位中没有一个人已经拥有了我在这个房间里所说过的所有知识；不然的话，我显然会处于一个非常尴尬的境地。在我看来，听众实现了这种总体化（听众令人害怕，因为他们实现了不同技能密集积累在一起的一个空间）。所以我就这样告诉各位，在我眼中，这次授课经历的原则是什么。然后我将来到第二个问题——处于相互竞争中的是机构和组织，这一事实在分析中是否会改变什么？

我刚才收到了另一个关于列维-斯特劳斯的不变性概念的问题。要回答这个问题需要很长的篇幅，但这里我可以简短地指明一下方向：不变性的概念是非常弹性化的，它非常有助于定义社会科学的意图之一，即它寻找的不是永恒的本质，而是跨历史的不变性。在这方面这个概念相当有用，但重要的是我们如何使用它：它可能会是一种新的人类学本质主义的面具。

经济场域的分类之争

上次，我在讲课快结束时非常简短地提到，我所描述的斗争场域具有一个重要的象征性维度。由于我只剩下一个小时的时间来和大家谈谈经济秉性，所以我只想提一下这个事实。最纯粹的经济斗争，也就是最严格的商品经济，永远无法还原为经济主义意义上严格的经济维度。因此，我对礼物和礼物交换的象征性维度的分析，也都在不同程度上适用于所有被认为是严格意义上的经济交换。例如，我可以长篇大论地阐述与公司有关的象征资本以及资历的作用，但我将停留在前几讲中曾略微提及过的另一个方面：关于分类（classification）的斗争。分类之争是经济斗争的一个基本维度。例如，法律分类是最重要的，企业之间为挪用国家权力而进行的斗争中的一部分，就是试图获得生产或使用合法分类的权力，使其实践做法合法化。认证、标签和质量的效果是最重要的象征性效果。我们可以以这种逻辑来分析那些表面上只涉及文字，但实际上也有着非常直接的经济影响的斗争。

　　我本想和你们详细谈谈 1984 年发表在《美国社会学杂志》上的一篇文章：米里亚姆·威尔斯的《佃农的复兴：历史反常还是政治策略?》，各位自己也可以去读一读。[1] 它分析了美国草莓种植者以恢复佃农分成制取代工资制的劳动形式来控制劳动力市场的策略。这篇文章展示了一种对范畴的改变，即对工人命名的变化，使雇主能够行使一种新形式的支配或剥削：独立的承包商转变成了从事复杂依赖的施动者。在许多工作场域（昨天在《解放报》上也有这类讨论），关于工作职位命名的讨论具有极其强大的利害关系，并控制着工作的稳定性、工资比率、在工作中获得的尊重等等。这是因为经济交换的结构是由如何描述这些交换、如何表示这些交换所决定的。对现实的表征也成为了现实的一部分。而正由于忽视这一点，

---

[1] Miriam J. Wells, « The resurgence of sharecropping：Historical anomaly or political strategy? », *American Journal of Sociology*, vol.90, n°1, 1984, p.1—29.

我们在马克思主义传统和新边际主义传统中发现的狭隘的经济主义 235
都忽略了经济交换的这一个最基本维度。

经济人的三个公设

既然我无法再继续详细展开这一个问题，我也已经说明过，接下去我要分析最后一个问题。我曾说过，要重建经济交换体系，第一步就是必须用场域概念来取代市场概念，第二步就是必须用具有惯习或秉性的经济施动者概念取代**经济人**概念。**经济人**（*homo oeconomicus*）实际上是一个**学术人**（*homo academicus*）（我只是通过拉丁语谐音而想到这一点的）：**经济人**理论是人文科学中普遍存在的谬论中的一个例子，即把学者的思想放进施动者的头脑里。这很常见：列维-斯特劳斯的结构主义总是不断地暴露出这种滑坡；语言结构主义也不断陷入这种错误。**经济人**是一种超级经济学家。我们可以引用莱布尼茨的格言，"上帝的计算形成世界"（*Cum Deus calculat, fit mundus*）[1]，意思是：只有当上帝来作计算时，那种经济世界才会被制造出来。经济学家所假设的理性计算者是一种畸形的虚构，即便是最专业的经济学家也无法在日常生活中实现。我总是引用奥斯汀的话：他把**学究谬误**（*scholastic fallacy*）[2]称为"一个处于**闲暇**状态（*skholè*）的人的谬论"，那个人会把过紧迫生活的人的行动描述成好像也处于闲暇状态一样。这就是为什么我要说"**经济人 = 学术人**"。

---

[1] 这是莱布尼茨的一句话：*Cum DEUS calculat et cogitationem exercet, fit mundus.* (Gottfried Wilhelm Leibniz, « Dialogus », in *Die philosophischen Schriften*, t.VII, Berlin, Gerhardt, 1890, p.191) 意思是："**上帝**计算并执行这个想法时，世界就变成了现实。"

[2] 见第一讲，本书原书第 33 页。

这种**经济人**理论应该得到澄清。由于我之前已经讲过了一些，所以这里我就讲得快些。在美国，它的支持者被称为**鼠派**（*RATs*，*Rational Action Theory*，即理性行动理论），而它的反对者则叫**猫派**（*CATs*，*Collective Action Theory*，即集体行动理论）：前者为个体理性行动而战，后者为集体行动而战。而惯习概念的一个好处就在于，它使我们能摆脱这种对立，摆脱这场宏大辩论。**鼠派**人类学中最典型的表达可以在乔恩·埃尔斯特的书中找到（其中一些已经被翻译成了法语[1]），那是极端主观主义的，埃尔斯特经常在不知不觉中发现萨特［所提出］的问题，例如主体的恒定性，计划的恒定性，这些并非偶然。我说得非常快（而且很糟糕……）是为了那些跟得上并且会去阅读的听众能受益。[2]今天，在乔恩·埃尔斯特这样的哲学家以及加里·贝克尔这样的经济学家那儿，这一理论展示出了最激进的表达。我曾多次提到加里·贝克尔，这位最近的［1992年］诺贝尔奖得主，把经济学家中相当常见的**傲慢**［*hubris*，希腊语原意为过度、过分、骄傲］发挥到了极致。他在《家庭论》一书的序言中说，他试图发展一种家庭经济理论，并写道："今天的经济学方法假定个体从其基本偏好中获得最大的效用，这些偏好不会随着时间的推移而迅速变化，不同个体的行为由显性或隐性市场来协调。经济方法并不局限于物质商品或欲望，也不局限于发生货币交易的市场，而且它也不从概念上区分重大或次要决定，以及情感或其他决定。事实上，经济方法为所有人的行为、所有类型的决策以及人们所有的生活方式都提供了一个适用的

---

[1] 布迪厄想到的可能主要是 *Le Laboureur et ses enfants*，*op. cit.*。在上课的时候，乔恩·埃尔斯特的另外两本书也有了法语译本：*Leibniz et la formation de l'esprit capitaliste*，Paris，Aubier，1975；*Karl Marx, une interprétation analytique*，trad. Pierre-Emmanuel Dauzat，Paris，PUF，1989。

[2] 关于更多细节，尤见 *Sociologie générale*，vol.2，*op. cit.*，p.915—916。

框架。"[1] 因此，这种经济理论构成了一种自称适用于一切的泛逻辑主义（panlogisme）理论。它认为个体和集体（公司、议会、市政当局等）都是计算的施动者，其行动可以被解释为以追求最大利润为导向。它的这套逻辑，既解释国家也解释家庭；婚姻也被理解为一种生产和再生产的经济交换服务，就像是企业之间的那样。这种泛逻辑主义哲学认为，个体是服从理性期望的主权施动者，即对未来的理性表征能够导向一种对未来的完全理性的关系。

第一个命题：这样的个体有一种偏好系统，正如经济学家们所说，这些偏好是外生、有序且稳定的，但人们从来没有思考过这些偏好是如何形成的。埃尔斯特（各位可以读他的书并试着论证）在他的演讲中不断地从规范性命题（"经济施动者应当做"）转向实证性命题（"经济施动者做"）。这一点是可以理解的：由于从来没有人提出过关于理性行为的经济和社会的可能性条件的问题，而且假定经济施动者始终处于理性行为的位置，描述理性行为就意味着描述一个衡量所有经济施动者的标准，无论他们是否有能力开展理性行为。因此，从经济逻辑的角度来看，经济行为不融贯的底层无产阶级（例如，他会买一套六卷本的百科全书，却没有足够的钱去支付电费）就被默默地用处于计算状态的人的理性行为所构成的规范来衡量，不言而喻，我们从未质疑过为了处于计算状态而必须满足的那些（在经济资本、文化资本等方面的）条件。同样，正如我

---

[1] 英语原文为："It now assumes that individuals maximize their utility from basic preferences that do not change rapidly over time, and that the behavior of different individuals is coordinated by explicit and implicit markets. I argued in an earlier publication that the economic approach is not restricted to material goods and wants or to markets with monetary transactions, and conceptually does not distinguish between major and minor decisions or between 'emotional' and other decisions."（Gary S. Becker, « Preface to the enlarged edition », *A Treatise on the Family*, Cambridge-Londres, Harvard University Press, éd. augmentée 1991 [1981], p.IX—X）。布迪厄引用的最后一句话似乎不是来自这篇序言，而可能来自加里·贝克尔的另一本书（例如他写道："我认为，经济方法为理解所有人类行为提供了一个有用的框架。"见 *The Economic Approach to Human Behavior*, *op. cit.*, p.14）。

之前多次说过的，理性愿望的前提是与未来的关系，而这种关系又具有经济和社会的可能性条件：如果我们对现在没有最低限度的控制，我们就不可能对未来有能把握先机的想法（例如在生育方面）。由于没有人提出这些问题，对理性行动和理性的**经济人**的描述自身就是规范性的；这是一种可怕的种族中心主义的看法。这一理论可能都不适用于芝加哥经济学派的那些教授们自己的经济行为，但当它被应用于芝加哥贫民区或发展中国家时，它就成了一种合理的指责。

第二个命题：所有的行为都被设想为是工具性的（这里，诸位会想起对我礼物所作的分析）。在这里，人们会假定以手段／目的、主体／客体的二元论来思考所有的行为，并假定施动者是工具理性的，也就是说，他们能够用以下术语来思考社会关系："这家伙对我有什么用处？""我给了他这些，但他能回馈我吗？"等等。但这一哲学是假想出来的，并假定了所有社会施动者都愿意、倾向于、并能够接受和采用这一哲学。

第三个预设：经济个体们都是自主的。对这一传统的批评者谈到过"**原子人**"（*atomic man*）[1]；这些原子人，换句话说，沦为一个没有门窗的单子（monade）[2]，除计算能力之外，就没有别的东西了，他们只通过自利的交换进行互动。在我看来，这些就是经济人的三个基本公设。

有一件事我想事先声明，仅仅是为了希望诸位能以不同的方式来听取我接下去要说的话，否则你可能对此会有一种显而易见的感觉：我的一些读者（我不知道他们是怎么做到的……）把我的研究

239

---

[1] 这可能是罗杰·欧文·弗里德兰与 A. F. 罗伯逊对二人合著的《超越市场：重新思考经济与社会》一书的导言，见 *Beyond the Marketplace：Rethinking Economy and Society*, New York, Aldine de Gruyter, 1990, p.27—29（关于"原子人"的章节）。

[2] 可参第五讲中关于单子的脚注，见本书原书第 119 页。

描述为一种功效主义。[1] 鉴于我将要告诉各位我的研究情况，我想你们会想知道他们是如何把我诠释为一个功效主义者的。然而我可以一笔带过，因为我已经以寓言推理的方式谈过了关于交换礼物的要点了。我只想以更抽象的方式重申我所作的一些分析，主要是关于交换者的策略，尤其是他们与未来的关系，都是不涉及明确计算的实际策略，它们位于前存（protension）[2] 而非计划的逻辑之下。我们也可以对最商业化的经济交换进行同样的分析，就像我对交换基础的人类学、对礼物所作的分析一样。我将要展开的这种行动哲学也适用于家庭行为，并且在很大程度上也适用于企业行为。这里，我将尝试回答向我提出的问题的第二部分：虽然公司往往配有智囊团，更广泛地说，配有理性知识的工具，但据我观察，它们所作的决定很少是纯粹以利润和利润最大化为导向的理性计算。

　　我提出的假设是，个体、家庭、消费者以及企业的经济决策，并非基于经济施动者的理性意识，而是基于我所说的惯习，即作为产生系统性和实践性偏好行动的原则的秉性体系（我将对此进行解释）。我用一个类比来帮助理解：这种惯习的一个特例是品味（在最广泛的意义上：对食物的品味，以及对衣着的品味，或对性伴侣的品味——在 17 世纪就叫做"爱情品味"）。品味是一种混合的分类原则，它通过连续的生活经验获得，并且超越了任何明确的审议而指导着施动者的选择。"我喜欢它"这句话所表达的是一种选择行动，但其原则是没有选择的，惯习是所有选择背后的非选择性的原

240

---

[1]　布迪厄无疑特别想到了自 20 世纪 80 年代以来，反功效主义社会科学运动（MAUSS）及其领导人阿兰·迦耶（Alain Caillé）对他作品的解读。尤其见 Alain Caillé, *Don*，*intérêt et désintéressement. Bourdieu*，*Mauss*，*Platon et quelques autres*，Paris，La Découverte/MAUSS，1994。

[2]　埃德蒙德·胡塞尔的这一概念（*Leçons pour une phénoménologie de la conscience intime du temps*，trad. Henri Dussort，Paris，PUF，1964 [1928]）指的是一个完全包含在当下的未来，而不是一个有待创造和发明的未来的计划。

则。而说"非选择性"可能会让人觉得这代表了某种**命运**、某种宿命，这并不完全正确，因为所有选择中的这种非选择性的原则总是受制于它所产生的选择效果的影响：因此，它可以被连续选择的效果所影响和改变。将惯习看作经济选择的原则，可以避免一系列我眼中致命的选言（alternative）谬误：个体主义与集体主义之间的二选一（个体行动与集体行动之间，鼠派与猫派之间），机械论与目的论之间的二选一（人类的行动是由原因还是由理性所决定的?），还有在美国社会学家和经济学家们的讨论中非常流行的微观与宏观之间的二选一，即分析还原到的基本单位是个体还是个体集合。这些选言命题在我看来都是虚构的。我将试着向诸位展示惯习的概念如何使它们消失。

选言谬误一：个体与集体

第一个命题：惯习是一个集体性的个体。事实上，只要我们被赋予了惯习（即持久的、永久的和相对系统的秉性——例如品味），我们在某种程度上就是集体化了的个体，社会构成的秉性对所有受相同条件制约的社会施动者来说是共同的（当然在某种程度上，有个体间的差异和变化）。在《区分》一书中，我用统计数据表明，品味在社会空间中的分布并不是随机的。品味的亲缘关系，与基于区分社会条件等级的原则所构建起来的社会空间中的接近性有关，也和由此所产生的社会条件分类有关：在这个空间中接近的人有相似的品味。否则，我们就无法理解社会的同质婚姻，广义上来说，这意味着来自某一背景的人与来自同一背景的人结婚的可能性特别高。当婚姻市场是自由市场时，当不再有任何限制时，当婚姻不再由家

241

庭根据门当户对与否来安排时，我们必须假定人们会根据客观上精心安排的偏好系统来选择和喜爱对方，因为他们是相同条件下的产物。因此，惯习是一种集体性的个体，这一概念消除了个体和社会之间的二选一，这是社会学中最险恶的选言命题之一。就我而言，我很难想象一位专业的社会学家还会把自己锁在这一选言谬误问题上，因为科学已经确定了个体是社会化的，也就是说，他们是根据一种社会条件的特殊限制，受到能够持久地改变他们的条件和制约的影响。因此，个体的、主观的就是社会的、集体的。

因此，在刚出版的《世界的苦难》一书中 [1]，我们深入分析了人们所讲述的他们最独特、最奇异的经历，以及他们最私密的苦难；对这些证据的分析表明，最个体、最独异的部分也还是通过社会获得的：我们在最独异的主观秉性中还是发现了与家庭或工作有关的社会制约的存在。但我们不应由此推断出独异性完全消失了或所有的个体都是完全一样的，因为那样就会重新引入我正在试图消除的个体 / 社会之间的对立。对我来说，在阐述社会科学的这一公理时的一个困难是，社会施动者对独异性有一种非常强大的无意识的兴趣，且当他们在社会等级制度中的位置越高，这一点就越是如此（话虽如此，其他人也并非无动于衷）：而他们那差异化的荣誉点被某种社会学理解给伤害到了。尤其是知识分子，他们喜欢把自己描述为狂热的个体主义者，然而他们其实惊人地顺从；他们甚至是社会中最因循守旧的类型之一，但他们依然有一个至关重要的需求，那就是捍卫自己的独异性。例如，文学作品就是对其自身独异性的一种夸张化的工作。它可以很成功，能产生美妙的享受（我一点也

242

---

[1]　《世界的苦难》(*La Misère du monde*) 是一本由布迪厄主编，约 20 名研究人员参与写作的集体著作，在本讲的四个月前，即于 1993 年 2 月由塞伊出版社出版（并在 2015 年的"重点文集"中再版）。

不贬低它），但我们大多数人对自己的独异性所产生的那种可悲的兴趣，使得交流那些基本的事物都变得非常困难，而没有这些事物，科学就无法向前迈出一步。

《世界的苦难》清楚地表明，我们受到的第二个阻力是对行为进行科学解释的阻力。社会施动者很难接受他们的行为受制于解释系统这一想法，并且他们在社会等级制度中位置越高，就越是难以接受。我们发现，当一个人想凭他的理性来作决定时，当他感到如果决定只是来自外因，那他会非常痛苦、不悦、恼火（尽管我不常这样，但这里我要小小地忏悔一下：我就是第一个对此感到恼火的人）。社会学与精神分析相比有一个缺陷，那就是虽然两者以同样的方式进行，但精神分析给个体留下了一种自己独一无二的错觉，而社会学总要归结到原因，且总要归结为普遍原因。这就令人不快，也非常痛苦，但事实就是如此。这亦即是说，我们的主体性是社会化的主体性，乃至主体性这一概念本身也是社会化的产物。这是个老生常谈的主题，涂尔干坚持这一点并非偶然。他特别在《社会分工论》和《自杀论》中写道，即便是个体的现实本身，也是一种随着时间推移通过法律所产生的社会发明。所有的个人主义者都应该被强制去阅读莫斯关于人的概念的精彩文章[1]（好吧，如果我这么说，他们会一枪崩了我……不，无论如何千万不要［让他们去读]）。我必须要说这些话，是因为交流研究成果就不幸地意味着创造有利于接受这些成果的信念条件，而社会学在传播这些成果方面困难重重，因为它很难让社会施动者在社会世界面前采取一种构成科学观点的目光。社会学遇到了阻力，因为它遇到了非常根深蒂固的信念。当我试图向我的其他科学家同事们解释为什么做社会学特别困难时，

243

---

[1] Marcel Mauss, « Une catégorie de l'esprit humain：la notion de personne, celle de "moi" » (1938), in *Sociologie et anthropologie*, *op. cit.*, p.331—362.

我会说，社会学家们可以**参照适用**（mutatis mutandis）安布鲁瓦兹·帕雷（Ambroise Paré）在文艺复兴时期解剖尸体时遇到的麻烦（当然，我们不应该这么自封为英雄：这么说吧，一些社会学家的确做了且只是在一定程度上做了类似的越轨行为，这是对内在价值观念非常深入的越轨行为）。

说得更为高贵一些（这会让人感到稀松平常……），社会施动者在根本上是历史超验性的［哄堂大笑］。这样说就更好了，不是吗？主要是当我们这样说的时候，你就感到被拯救了……［布迪厄笑了。］我的意思是社会施动者有感知的类别、敏感的形式，特别是构建社会空间和时间的结构，这些都是由社会构成的，而且在很大程度上是他们所处世界的客观结构的内化产物。历史学家们（特别是吕西安·费弗尔在其《拉伯雷》[1]一书中）以一种非常简单的方式表明，例如我们的时间经验就与历史经验、历史的可能性条件（时钟的出现等）有关。但如果我们不满足于此，如果我们坚持到底，那么对主体性的天真表征、通常意义上的超验主义的表征、对主体性的康德式表征就都会受到打击。于是，我们不得不接受这样一种观念，即我们应用于世界的时间结构、空间结构、组织形式都具有历史的可能性条件。

我举一个非常简单的例子。我们一般是从左到右、从头到尾阅读。在我评论过的一篇短篇小说[2]《献给爱米丽的玫瑰》中，福克纳为读者设下了一个陷阱，读者们都像我们所习惯地那样从头到尾阅读他的故事；而读到故事的结尾，读者才发现，故事中心的那个原本看似无可指责的人物事实上杀死了她的情人，并在同一所房子

244

---

[1]　Lucien Febvre，*Le Problème de l'incroyance au XVIe siècle. La religion de Rabelais*，Paris，Albin Michel，2003［1942］，尤见 p.365 *sq.*

[2]　见 « Une théorie en acte de la lecture »，in *Les Règles de l'art*，*op. cit.*，p.523—533。

里与尸体生活了十年，这时，他才明白自己进入了阅读行为中固有的一系列预设（从开头读到结尾，高尚者应该就是高尚的，等等）。因此，他就得从结尾开始重读这篇小说，并逐渐发现一个人在阅读中所涉及的那些阅读预设，发现我们在阅读一本书时甚至会不知不觉地赋予一本书的所有东西。而像有些人那样把它说成是"阅读合同"[1]，那就很愚蠢了。实际上，如果那是一份真正的法律合同，如果在阅读前我必须说"我承诺从左到右阅读"，那就很清楚，我会知道这是一份关于阅读的合同。然而顾名思义，这个所谓的"阅读合同"显然并非一种真正的法律合同。当我们看一幅画时也是一样，我们可以无穷无尽地反复分析：我们日常实践中最基本的行动都涉及一种历史上所形成的时间性哲学。这就是为什么我会说"历史超验性的"。而涂尔干也曾谈到，"原始分类形式"[2]远没有那么别致……实际上，我们的范畴、我们的分类形式与社会世界的形式紧紧地联系在一起。

245

（社会的）有限理性

这里，我顺便提一位经济学家——赫伯特·西蒙[3]。正如我

---

[1] Umberto Eco, *Lector in Fabula*, trad. Myriam Bouzaher, Paris, Grasset, 1979；Éliséo Véron, « L'analyse du contrat de lecture：une nouvelle méthode pour les études de positionnement des supports presse », *Les Médias. Expériences*, *recherches actuelles*, *applications*, IREP, 1985.

[2] Émile Durkheim et Marcel Mauss, « De quelques formes primitives de classification. Contribution à l'étude des représentations collectives » (1903)，in *Marcel Mauss*, *Œuvres*, t. II, Minuit, 1974, p.13—89.

[3] Herbert A. Simon, *Administrative Behavior：A Study of Decision-Making Processes in Administrative Organization*, New York, Macmillan, 1947；trad. fr.：*Administration et processus de décision*, trad. Pierre-Emmanuel Dauzat, Paris, Economica, 1983；Allen Newell et Herbert A. Simon, *Human Problem Solving*, Englewoods Cliffs, Prentice Hall, 1972. 布迪厄在1985—1986学年对赫伯特·西蒙的文本进行了评论（*Sociologie générale*, vol.2, *op. cit.*, p.985—987）。

所说的，我所采用的策略是，试图通过保留经济学中所有有趣的贡献，用来对抗经济学的传统。西蒙也强烈批评了贝克尔式的完全理性理论，并提出了有限理性理论。对他来说，理性是**有边界的**（bounded）、有限的、受约束的，那是一种被束缚的理性，就像被缚的普罗米修斯一样。[1] 它是有限的，因为人类的理智不是无限的。在生活中的诸多情况中，人都无法计算。只有圣父才能做到经济学家所说的经济施动者所做的事。人的理智有限，人计算得太慢了，他没有便携式**电脑**，就算有也不知道如何用，时间也过得飞快，等等。这样的说法就不错，至少与贝克尔相比好多了。但西蒙也忘了，这种限制不是，或者说不仅仅是人类理智在人类学上的限制。人的理智还有社会局限性；那是**有社会边界的**（socially bounded）理智。马克思在《路易·波拿巴的雾月十八日》中有一句话说得很好："小资产阶级不能超越他们思想的界限。"[2] 社会学告诉我们头脑也受由社会构成的限制，通过这一点，它也许给了我们一个小小的机会〔去超越我们头脑的极限〕。例如，通过研究教育系统、我们头脑的谱系，我们可以给自己一个小小的机会，去发现那些束缚着我们思想的锁链。如果我们的理性被束缚了，被社会限制了，那最终是因为我们的理智是一种由社会所构成的自发性。

246

　　在我看来，莱布尼茨有着一套最有趣的自由理论（这里还有另一种选择，也是一个非常好的论文主题：决定论与自由），在谈到

---

[1]　暗指埃斯库罗斯的悲剧《被缚的普罗米修斯》。

[2]　"也不应该认为，所有的民主派代表人物都是小店主（shopkeepers）或小店主的崇拜人。按照他们所受的教育和个人的地位来说，他们可能和小店主相隔天壤。使他们成为小资产阶级代表人物的是下面这样一种情况：他们的思想不能越出小资产者的生活所越不出的界限，因此他们在理论上得出的任务和作出的决定，也就是他们的物质利益和社会地位在实际生活上引导他们得出的任务和作出的决定。"（Karl Marx, *Le 18 Brumaire de Louis Bonaparte* [*1852*], chap.3, in *Œuvres*, t.IV: *Politique 1*, trad. Maximilien Rubel, Paris, Gallimard, « Bibliothèque de la Pléiade », 1982, p.467—468.）

人类施动者时，他说："行源于施者乃自发。"[1]（« *Spontaneum est, cujus principium est in agente* »，"若某一个行动的本原是来自施动者身上，那它就是施动者自发的"。）于是，谈谈惯习就极为重要。在那些机械论中（我稍后会讲到），施动者本身不堪大用，它只是一个被场的力量所推动的原子。相反，若说到惯习，那就是想表达，施动者有着一种与他的历史有关的惯性；他不会完全随意地挑选任何东西。如果说谈论惯习和回顾这种惯性很重要，那么这也违背了完全的自由理论，在那种理论中，施动者每时每刻都能够为所欲为。惯习提醒我们，我们是自发性的，我们的行动在我们身上有其本原。与阿尔都塞学派相比，这极大地满足了个人主义的理念，而阿尔都塞学派则认为施动者只是一个**携带者**（*Träger*），只是结构的实现者[2]，即结构主义倾向于使施动者趋于消失。矛盾的是，虽然我经常被归类为"结构主义者"(这让我很恼火)，但结构主义传统中的一个方面让我感到非常难以忍受（而且我几乎是对某些个人感到非常难受——司空见惯的是，在科学领域中，学者们常常把精力投注于非常个人化和天真的东西上），这种观点认为，施动者仅仅是结构所附带的简单表象。而我则会说，施动者是存在的：他移动、前进、即兴发挥，他反击、运动、采取行动，等等。赋予施动者的这种铭刻在惯习中的莱布尼茨式的自发性，就是打破了使其成为结构的纯粹反映的倾向。

话虽如此，但这种自发性也是受限的、有条件的：社会施动者

---

[1] "因此，我们行动的自发性是不容置疑的，正如亚里士多德对它的定义那样，他说若某一个行动的本原是来自施动者身上，那它就是施动者自发的：行源于施者乃自发。"（G.W. Leibniz，*Essais de théodicée*，*op. cit.*，§ 301，p.297.）

[2] 20世纪60年代聚集在路易·阿尔都塞周围的法国新马克思主义者（尤见 Louis Althusser，Étienne Balibar et Jacques Rancière，*Lire le capital*，4 vol.，Paris，Maspero，1973—1980）把马克思偶尔使用的 *Träger* 一词，作为描述他们"反人本主义"观点的关键术语之一。在这种观点中，社会施动者只是生产过程中分配给他们的角色的载体或承载者。

是社会化过程的产物，这一过程使他们对习俗的、有条件的刺激很敏感。在一个完全机械性的宇宙中，唯一可能的行动是对机械运动的机械反应。这种反应没有比它的行动多出任何东西。而另一方面，当一个人处于社会化生命体的秩序中时，行动是由习俗的刺激所引起的：能使一个人作出反应的某种东西并不会使另一个人也作出相同的反应。这里值得重申一个实用的陈词滥调：走在街上的男人和女人不会看向同一扇商店橱窗，因为他们被社会化的方式是不同的；不同社会背景的人在同一个节目中也会看到不同的东西，等等。因此，刺激他们的刺激物来自习俗（它们是差异性的社会化的产物）和条件（它们只对有条件感知到它们的人起到刺激作用）。从道德角度来看，我们能看到我们努力实现自由所要依靠的一个基础泉源：知道制约我的习俗和条件的刺激是什么，并努力试图使它们变得有意识和明确。我们可以朝这个方向去努力。我就不再进一步展开详述了（我一心只琢磨着要把我今天想说的内容都讲完……），但是这种自发性的概念与自由的概念或反应／反射的概念是相反的，这一点在我看来非常重要。

这种习俗的、有条件的自发性是历史。从这个角度来看，惯习一词选得很好：它指出了"拥有"（avoir）这一事实。[1] 惯习是过去经验的产物，是一种偏好系统，是集体和个体历史的产物。为了让它听起来不是口说无凭，我向你推荐阅读西敏司的一本名著《甜与权力：糖在近代历史上的地位》[2]，书中精妙地论述了人类对糖敏感的历史。味觉是通过生产和消费的组织随时间而形成的，我们对甜味的品味是一种长时间的历史产物。这些看似都是平淡无奇的事

248

[1] 在拉丁语中，*habitus* 是动词 *habere*（拥有）的完成时被动语态分词。

[2] Sidney W. Mintz, *Sweetness and Power：The Place of Sugar in Modern History*, New York, Elisabeth Sifton Books-Penguin Books, 1986-trad. fr.：*Sucre blanc, misère noire. Le goût et le pouvoir*, trad. Rula Ghani, Paris, Nathan, 1991.

情，但值得将它们明确化，并且这应该让那种永恒主义的哲学人类学（**审美人**等等）彻底闭嘴。惯习就是历史，每一个偏好系统都是我们所处的社会世界的社会历史的产物（更不用说艺术品味了，那更为明显），也是我们在这个世界中的社会轨迹的产物。品味既是通用的，因为它们为同一社会中的所有同时代的人所共享，也被特定的轨迹所说明，因为只要想一想就能意识到，轨迹是非常个体性的。这就是为什么很难以科学的方式去分析它们。生命之树上有如此多的分叉，我想我们可以说，没有两条完全相同的轨迹，就像莱布尼茨所说的没有两片完全相同的树叶一样。[1] 由于永远找不到两条相同的轨迹，因此个体性得到了保障。

249

选言谬误二：目的论与机械论

在个体与集体之间的第一种选言之后，第二种则是目的论和机械论之间的选言。我会讲得很快。这也是涂尔干所陷入的另一种选言困境，即意识与事物之间的二选一（"我们必须把社会事实视为事物"[2]），韦伯也仍然被困在其中（行动以意图为本原[3]）。而惯习使我们能摆脱笛卡尔和笛卡尔主义者们所阐述的一系列的二元论。（我接下去几分钟所说的话，对各位而言会显得非常简单化。你得把哲

---

[1] "我记得一位伟大的公主，她有着崇高的思想，有一天在她的花园里散步时说，她不相信有两片叶子是完全相同的。有一位正在散步的机智诙谐的绅士认为他很容易找到那样的两片叶子；但后来尽管他努力找了很多，但他的眼睛也令他确信，人们总能注意到其中的不同之处。"（Gottfried Wilhelm Leibniz, *Nouveaux Essais sur l'entendement humain* [1704], in *Œuvres*, Paris, Charpentier, 1846, livre II, chap.27, § 3, p.242.）

[2] "第一条也是最基本的规则**是将社会事实视为事物**。"（É. Durkheim, *Les Règles de la méthode sociologique*, *op. cit.*, p.108.）

[3] 布迪厄在上一讲中曾提醒我们说，他"并不赞同韦伯式的行动哲学，即行动是以明确目的为导向的目的性行动"（见上文，本书原书第 204 页）。

学家们所说的"善意原则"[1] 应用到我所说的话上，包括在阅读中尽可能地帮助作者澄清其本意。我们可以说是"**荣誉平等**原则"[2]，即"尊重中的平等"：人们必须像对待自己写作时希望得到的待遇一样对待他所阅读的作者。这是一个极其罕见的原则……如果你对我应用这个原则，那我就可以说我想要说的下面这些话；如果不用，那就完蛋……）笛卡尔主义者诉诸灵魂／身体、主体／客体等二元论，把身体问题看作为一个客体问题，对其采取行动或被其作用影响。我们在海林克斯（Geulincx）[3] 或马勒伯朗士（Malebranche）这样的人身上发现了这种极端的形式：我可以不通过上帝，来解释这个世界如何作用于我的灵魂吗，或者说，只要我的灵魂想要什么，我的身体就会服从吗？这两种力量之间存在着根本的不连续性，而偶因论（occasionnalisme）哲学非常关注两者间的这种二选一。事实上，我认为笛卡尔派提供了现代经济理论背后所依据的意识哲学的极端的和超一致的形式。正如我之前多次所说过的，新边际主义经济学家是自觉的笛卡尔主义者：他们接受灵魂和身体的二元论，也接受意识和事物的二元论。如果我们告诉他们这一点，他们会感到惊愕，但我们可以证明这一点。

250

因此，惯习概念所涉及的是对此的拒绝，不仅是拒绝灵魂／身体的二元论，而且也拒绝意识／身体的二选一。有了惯习这一概念，我们就可以认为存在着一种意识—身体，存在着相应的、融贯的逻辑，可以进行社会—逻辑分析。我们可以认为，有一些行为可以在没有逻辑、理性计算、明确计划等作为原则的情况下能够变得可理

---

[1]　见 Neil L. Wilson，《 Substances without substrata 》，*The Review of Metaphysics*，vol.12，n°4，1959，p.521—539；Willard Van Orman Quine，*Le Mot et la Chose*，trad. Joseph Dopp et Paul Gochet，Flammarion 1977［1960］，§ 13。

[2]　布迪厄在第四讲中提出了荣誉平等（Isotimia）一词，见本书原书第 100 页。

[3]　布迪厄在他主编的"常识"系列中出版了 Alain de Lattre，*L'Occasionnalisme d'Arnold Geulincx. Étude sur la constitution de la doctrine*，Paris，Minuit，1967。

解。惯习是一种没有意图的行动原则。但这并不意味着它是盲目的，并不意味着它是一种简单的反射或本能的自动行为。要在很短的时间内表达清楚这一点是非常困难的……

我想很快地表明，我在这里所说的内容是如何让我们摆脱行为主义传统所遇到的困难，这一传统认为行动是对刺激的简单反应，而我前面提到的赫伯特·西蒙就在这一传统中。我反复强调赫伯特·西蒙，是因为就惯习而言，我在他身上看到了第谷·布拉赫的影子。他是最聪明地试图摆脱**经济人**困境的人。首先，他属于行为主义传统，他坚持认为，由于人类头脑的计算能力是有限的，因此经济施动者的知识是不确定和不完整的。其次，他拒绝了普遍的利益最大化假设，但保留了**有界理性**（*bounded rationality*）的思想：施动者可能无法收集所有必要的信息来达成普遍的利益最大化的决

251 策，但他们可以在一定数量的有限的可能性中作出理性的选择。因此，他用**满足**（*satisficing*）概念取代了**最大化**（*maximizing*）概念，以指一种中间范围的理性：一个人不可能是彻底理性的，他追求的不是最大值，而是合理的最优值或可接受的最小值；在不掌握全部信息或没有时间处理信息的情况下，他会满足于有限的损害。我们在此处又发现了审慎这一概念（我们把亚里士多德的 φρόνησις 这个概念——即 *phronèsis*[1]——翻译成为审慎 [prudence]），但这次是在这个词最朴素的意义上：在未掌握所有必要信息以作出完全理性选择的情况下，人们会站在不确定的那一边。

正如我前面所言，这种哲学是纯粹消极的，因为它不涉及施动者的学习。基本上，西蒙试图拯救理性行动的范式，保留了其基本

---

[1] 审慎是"正确地决定什么是对自己是好的和有用的能力——不是只部分地决定诸如什么对健康和活力有益，而是普遍地决定什么会对整体幸福有益"。（Aristote，*Éthique de Nicomaque*，trad. Jean Voilquin，Paris，Garnier Flammarion，1965，livre VI，chap.5，p.157.）

预设。他假定施动者寻求利益最大化，并且由于缺乏更好的办法，他们就像经济学家喜欢说的那样，给自己一个**次佳**的办法，即一个由限制损害所组成的权宜之计。但在现实中，事情根本不是以这种方式发生的，西蒙并没有摆脱经济学家所笃定的、在埃尔斯特等作者的文本中起作用的二选一。这要花费很多时间，但如果我给你们读三页埃尔斯特的文章，向你们展示一个句子到另一个句子中、有时在同一个句子里的目的论分析与机械论分析的交替，这就让我感到很有趣。这些从目的论哲学到机械论哲学的不断转变是在介词（目的论的"鉴于"[en vue de]，机械论的"因为"[à cause de]）上进行的，是在虚无缥缈的东西上进行的。

　　我来很快解释一下为什么经济学家，即鼠派们，总是在这两种哲学之间摇摆不定。一方面，目的论哲学认为施动者有一种纯粹的意识，他按照一个设想和计划，在充分知情的情况下行事（这一表达非常漂亮，非常像笛卡尔）。原因，也就是其行动的原则，是一个理由，即由对机会的理性评估决定的理性选择。这种哲学是大多数经济学家著作的基础，也是社会学家许多分析的基础。我请你参考《世界的苦难》最后一部分的《理解》一文 [1]，我在那里分析了访谈的方法论问题，特别是在某些情况下简单地说"为什么"所涉及的行动哲学。例如，在某些条件下，问"你失业了，为什么？"是目的论哲学的一个入口：人们默认，人做了什么事必有其如此做的理由，且他是在选择的基础上这么做的。另一方面，因果论或机械论哲学将行动描述为对外部刺激的瞬时机械反应：个体仅仅是一个物理粒子，在一个力场中作出反应。

　　表面上破坏自由的机械论与表面上援引自由或理性的目的论之

252

[1]　Pierre Bourdieu，« Comprendre »，in *La Misère du monde*，*op. cit.*，p.1389—1447.

间，似乎存在着根本性的对立，但是，正如我通过使用"充分知情"这一表述所暗示的那样，这两种立场实际上是绝对一致的 [1]：社会施动者是在**充分知情**的情况下行动的，也就是说，他们根据对原因的完美控制所作的决策而行事。由于我无法证明这一点，我将快速引用一位清晰的经济学家布莱恩·洛斯比的话："如果知识是完美的，选择的逻辑是完整的、有约束力的，那么选择就消失了 [**布迪厄提出了另一种表述**：如果我在充分知情的情况下行动，如果我完全掌握了情况，选择就消失了]；除了刺激／反馈式的反应以外，什么都不剩。[……] 如果选择是真实的 [**布迪厄提出了另一种表述**：如果真的存在选择的可能性]，未来就不可能是确定的，而如果未来是确定的，那就别无选择了。"[2] 这有点生硬，这位经济学家提出偶然性未来的哲学问题有点快 [3]，这会让维耶曼急得跳起来（我向你推荐他的《必然性或偶然性》一书，在书中他自始至终都在反思这个偶然性未来的问题 [4]），但我认为（由于我无法在此作出完整的证明，你必须信任我），当把偏好完全交给一个完美掌控着行动来龙去脉的意识，那选择就消失了。惯习概念则摆脱了这种选择，相当于认为我们的大部分经济选择（以及我们的一般选择）是出于本能、出于游戏感作出的。其实际意义能适用于信息有限的情况。换句话说，当面临西蒙描述的不确定的情况时，我们倾向于从过去的经验中推断，

253

[1] 有关这方面的发展，详见 1982 年 11 月 2 日课程（*Sociologie générale*, vol.1, *op. cit.*, p.297—338）。

[2] 英语原文为："*If knowledge is perfect*, and the logic of *choice* complete and compelling, then choice disappears; nothing is left but stimulus and response. [...] If choice is real, the future cannot be certain; if the future is certain, there can be no choice."（Brian J. Loasby, *Choice, Complexity and Ignorance: An Enquiry Into Economic Theory and the Practice of Decision-Making*, New York, Cambridge University Press, 1976, p.5.）

[3] "偶然的"未来与必然的未来之间的区别在于，它们可能发生，但也可能不发生："明天发生或不发生海战是必然的；然而，明天有海战并不比没有海战更必然。"（Aristote, *De l'interprétation*, chap.9.）

[4] Jules Vuillemin, *Nécessité ou contingence. L'aporie de Diodore et les systèmes philosophiques*, Paris, Minuit, 1984.

以实践的身体模式来应对这种情况，以便我们在困难情况下也能随机应变。

这会带来过于复杂的分析，但这里至少应当说明这种实践感与例如计算器所能从事的学术性知识之间的区别。在一些非常著名的研究中，阿莫斯·特沃斯基和丹尼尔·卡尼曼这样的心理学家的进行了所谓的决策启发法。[1] 他们试图在实验室环境下系统地测量社会施动者对不确定性、风险等问题提供答案的能力。通过向人们询问概率问题（"你有一个六面骰，有多大可能会掷出一点？"）和更复杂的问题，他们表明了施动者在评估他们的实际机会方面会犯相当大的错误（一个朴素——但重要——的反应是说，若非如此，就没必要发明概率计算了）。在实验室环境下，施动者很难对不确定性问题作出计算上的反应，但在现实情况下，他们可以根据惯习的转移来作出适当的反应。如这样一个问题："当你在一条人行横道上，50米外有一辆汽车以每小时 60 千米的速度驶来，而你以每小时 3 千米的速度行走，你能在汽车通过前过马路而不被撞死的几率有多大？"我们每天都会遇到四十个这样的问题，我们会用我们的惯习对其作出反应。因此，我们不应该把它们看作是无法解决的问题……实际上，在生活中我们没有问题（在 problème、*problèma*[2] 这层意义上，预设了一个主体和一个客体——这是哲学家的观点），而是面临着必须作出反应的困难情况（在网球赛中，我是用正手还是反手回球?），这类情况都需要基于实际地转移过去的经验来获得即时的回答。如果我们以哲学意义上的问题的形式提出实际问题，我们就会发现，

254

---

[1] 这些研究主要是在 20 世纪 70 年代进行的，其中最著名的文章是 Daniel Kahneman et Amos Tversky, « Judgement under uncertainty: Heuristics and biases », *Science*, vol.185, n°4157, 1974, p.1124—1131。大部分文章转载于丹尼尔·卡尼曼的 *Système 1/Système 2. Les deux vitesses de la pensée*, trad. Raymond Clarinard, Paris, Flammarion, 2012 [2011]。

[2] 希腊语 *problèma*，即 πρόβλημα 的字面意思是"向前扔""你面前的东西"。

从统计学上看，如果施动者不是数学家或逻辑学专家，他们就无法解决这些问题。然而，他们有这些问题的实际的逻辑解决方案的实践。面对汽车，我们在距离上有实践感：我是否有时间通过，我是否能冲刺，我是否能奔跑？

255 实践感是指不用计算器的计算，是指让人在物质世界中亦在经济世界中设法应对一切的游戏感。社会经济学家，如乔治·卡托纳和伊娃·米勒 [1]，对经济施动者作出经济选择的方式进行了经验调查。我还可以引用其他研究：如，罗伯特·费伯 [2] 曾对人们如何购买汽车进行过研究。这些研究趋于一致的结论是，购买日常用品的经济决定，以及重要的决定（购买房子或汽车），很少是理性审议、计算的结果，即很少是一次计算、一次考虑完成对所有参数的评估（"我花时间去超市买汽油，而不是在当地加油站买汽油，是否能让我得到优惠？"）。这些经验分析表明，经济施动者从不，或只在非常特殊的情况下，以这种方式进行推理。例如，购买住房有时会关系到人们三十年的生活，它是在信念转移的基础上决定的。[3] 比如，人们会依赖朋友和亲戚的建议和先例（"我有一栋房子了，它非常好"）。惯习的秉性，即选择拥有房子而不是租房住，在不同社会阶层之间，根本不是随机分布的。这定义了选择的主要原则，在这些范畴中，一旦一个人"选择"了购买而非租赁，那么，各种与计算无关的决定性因素就会发挥作用，例如认识拥有相同东西的人。

---

[1]　George Katona et Eva Mueller, « A study of purchase decisions », in Lincoln H. Clark (dir.), *Consumer Behavior*：*The Dynamics of Consumer Reaction*, New York, New York University, 1955, p.30—87.

[2]　尤见 Robert Ferber, « The role of planning in consumer purchases of durable goods », *The American Economic Review*, vol.44, n°5, 1954, p.854—874。

[3]　Pierre Bourdieu et Monique de Saint Martin, « Le sens de la propriété. La genèse sociale des systèmes de préférences », *Actes de la recherche en sciences sociales*, n°81, 1990, p.52—64.

目的性的幻觉

很不幸，我得加快速度了……基于实践感的经济计算是没有计算器的计算，但仍是适应性的计算，这显然给了目的论观点一些理据。这是一个悖论：尽管经济施动者不计算，但**一切都好似**（*tous se passe comme si*）他们在计算；但哪怕真的再算一算，他们也不会做得更好（"一切都好似"是打破**学究谬误**的决定性因素。不幸的是，很多读者忘记了这一点，跳过了那"一切都好似"。同样，"倾向于" [tend à] 这一短语使得机械式的相关性与统计式的相关性两者之间作出了区别，但读者会说："他总是自我重复，总说'倾向于'。"大量有细微差别的严格表达逃过了读者的眼睛，尤其是逃过了那些急于批判的哲学家的眼睛，而这就滋生了一种为对抗机械论而构建的哲学的还原性的机械论视角）。

这些行为是自相矛盾的，它们不寻求互相适应。因此，它们只具有目的性的所有表象，而惯习则具有某种本能的东西。一个人受制于条件和制约，这些条件和制约与他行使所习得的秉性的条件相一致，他在所处的社会环境中就如鱼得水。他自发地做情境需要他去做的事，他有一种游戏感。因此，这种目的性的幻觉就从如下的事实中产生：社会施动者往往是条件的产物，他们在这些条件中行使由这些条件生产的秉性。例如，让我们设想，在一个极其稳定的社会中，有一位从未离开过村庄的农民。由于从他的童年到成年，客观条件都没有太大变化，他所要做的就是沉溺于这些习得的秉性，就足以在没有危机、没有冲突的情况下完全适应他的这个世界。在许多此类情况下，惯习对客观条件而言看似多余，但并非总是如此。

257 假设世界发生了根本性的变化，那么我们就会观察到我称之为"堂吉诃德效应"[1]的现象：堂吉诃德相信自己还处于骑士精神的时代，但人们那时已经进入了另一个世界；此时，他的秉性就将产生反作用。因此，目的性的幻觉只在世界恒定、一成不变的情况下有效。在其他情况下，它并不适用，而转变的存在则就表明了惯习概念的有用性。

也就是说，在恒定的情况下，我们也必须谈及惯习，即便用惯习来解释对用条件来解释而言可能是多余的。对于施动者的行事方式，无论我们说是客观条件决定了他要这么行动，还是说是作为这些客观条件的产物的惯习决定了他的行为方式，这都没什么区别。基本上，当惯习完美地实现时，当它自行运转时，它从来就是无形的。惯习具有一种恒定性，它是持久的，这有助于证明新边际主义者为自己预设的口味的恒定性恰恰是一种幻觉。惯习之所以是恒定的，原因之一是它们是可以施加在其身上的新制约的选择原则。同时，它们有一种自我延续的效果。我所说的"惯习的滞后现象"（hystérésis des habitus，是经济学家喜欢使用的一个概念[2]）是指它们的一种倾向（这是它们定义的一部分……），即在它们的制造条件之外延续自己。在某些情况下——尤其是作为衰老的影响之一——惯习不断地指涉到某种想象中的、不再存在的情况。惯习的反应不是对现状的反应，而是对它被创造出来时的环境的反应。因此，如果一个父亲拒绝给他的儿子买车（"听着，这不可能，我们在你这个年纪不可能有车"），那是因为他忘记了，汽车所有权的年龄分布的统

[1] 关于"堂吉诃德效应"，见 *Sociologie générale*，vol.1，*op. cit.*，p.381，et vol.2，*op. cit.*，p.467。
[2] 滞后这一概念（源于一个希腊语动词，意思是"迟到"）指的是当其原因消失后依然存在的现象。布迪厄在《区分》中特别使用了它，见 *La Distinction*，*op. cit.*，p.158 及其后。物理学家和经济学家也使用这一概念（例如，后者在分析家庭消费时使用这一概念，家庭消费并不随收入水平即时调整）。

计数据已经发生了巨大变化，在他那个时代的一件非同寻常的事情，　258
如今已经变得微不足道、平庸、甚至模式化。"堂吉诃德效应"的一
种形式是惯习的滞后效应，以及与一个人已产生惯习的条件和一个
人实行由此产生的秉性的条件之间的差距有关的脱节。

　　还有一点：惯习是根据客观条件大致进行调整的（感谢各位再
给我一刻钟时间，否则我会因讲解中留有悬念而非常痛苦）。除了在
特殊情况下，除了情况有变化，它们都倾向于根据现实情况进行调
整。而问题在于，当人们并不具备被扔进的场域所要求的惯习时，
惯习概念的有用性在我看来是悖谬的。事实上，我不得不试着用这
个概念来理解阿尔及利亚的社会施动者所遇到的问题，他们的惯习
是在前资本主义社会中形成的，但他们发现自己被抛进了一场资本
主义游戏中，他们就必须计算、储蓄等等。[1] 这种差异也突出了惯
习这一概念的必要性。例如，惯习也有助于理解大学系统。[2] 在一
个精心策划的大学世界里，一切几乎都是简单的再生产，大师们在
学生身上再生产自己，大多数情况下没有任何戏剧性。在这种情况
下，惯习对情况的调整是如此彻底，以至于惯习的概念都不太可能
出现。但当出现1968年这样的危机时，情况就不同了（我这样说
是因为，这并不那么简单。你可能会想"是的，好的，我们已经习
惯了"，但我想试着让你明白，这并不像听起来那样微不足道）。在
1968年那样的情况下，我看到一些非常著名的老教授，例如在这
个机构［法兰西学院］里的老教授，像老卡比尔人一样崩溃了，他
说着："这不可能，今天的年轻人都不面朝东方耕作了……"（没有
什么比一个自我再生产良好的大学系统更像原始社会了……）因此，　259

---

　　[1]　见 P. Bourdieu, A. Darbel, J.-C. Rivet et C. Seibel, *Travail et travailleurs en Algérie*, *op. cit.*；P. Bourdieu, *Algérie 60*, *op. cit.*。

　　[2]　见 P. Bourdieu, *Homo academicus*, *op. cit.*，特别是第238页之后与"老卡比尔人"
进行的比较。

惯习可能会被与其预期、期望背道而驰的震撼情形所冒犯。世界不再像它应该的那样发展。当一个社会施动者说"一切都完蛋了"，他是说世界不再符合他的期望；然而他的期望是世界的另一种状态的产物。在这些被打乱的世界中，惯习和客观条件之间的关系被打乱了，人们被迫对不再有反应的世界作出反应。

惯习的预期显然是实践的预期。在此我有必要详细阐述一下理性预期理论[1]，它为经济理论带来了新的动力。这让我很感兴趣，因为我也在研究预期。我假设，通过惯习，施动者使其预期适应客观机会。理性预期论者也提出了同样的假设，他们说，如果经济施动者是理性的，他们就有能力进行预期；如果我们能对他们的实践提出一套经济理论，那是因为他们有能力进行理性的预期。而我所说的预期不是基于计算的理性预期，而是基于那种准本能的合理预期，这种准本能就是惯习。我对"预期"这个词的理解是体育用法的意义上的（"他预期得很好"）：这是一个准身体运动的问题，它使人们预期一个未来，而这个未来并未把自己呈现为先前计划中的构成。这些合理的预期是可能的，因为经济世界是合理的。为了形成合理的预期，经济世界必须有规律性，而预期是世界客观规律性体现的产物，因此，我们可以在其中找到自己。归根结蒂，惯习所给予人们的，是一个人在其所处的世界中找到自己。

260　　　在这里，我有必要再延伸一下：惯习的逻辑是一种潜在的逻辑。有一位学者，也许是托马斯·阿奎那，在某处说过，惯习是一种**未来的存在**（*esse in futuro*）。非比寻常的是，这种惯习是习得的秉性，是过去的产物（我之所以有某种惯习，是因为我已经被社会化了、被调节了，等等），它只想要延续下去。它不断地将自己延伸到未

---

[1]　见第七讲。

来，并不断地假设世界的不变性。这就是为什么当它预期一个一成不变的世界，而世界却已经改变时，它就完蛋了；然后它就会作出错误的解释，遇到挫折，但我这里就略过了⋯⋯

选言谬误三：微观与宏观

我试图表明，惯习的概念使我们有可能跨越个体／集体的对立，然后跨越机械论／目的论、决定论／自由的对立。最后，我想很快地说明一下，它如何能让跨越宏观／微观的对立成为可能（这是我认为最能体现其价值的地方）。由于分析会非常长，我将试着给出一个非常简短的总结。许多经济学家为了摆脱我提到的所有困境，诉诸代表性个体的概念。他们认为，我们可以提出这样的假设：所有经济行动的原则，其结果大致是理性的原则，是一个有代表性的个体，其行动将是所有个体行动的总和。这个加总问题是一个困难的数学问题，而它首先是一个极其困难的理论问题，是一个核心问题。我们能否在没有任何质变的情况下，从我们在经济学或社会学中以一个孤立的个体（例如理性的计算者）为基础建立的微观模型，转移到对整个社会有效的宏观模型，从而使经济行动的主体成为这个元施动者（méta-agent），令他成为诸个体施动者的总体化？

有篇很好的文章对我有很大帮助：艾伦·科尔曼，《对"代表性"个体假说的一个批判性分析》，载《经济问题》，第 2325 号，1993 年 5 月 13 日，第 5—14 页。[1] 作者表明，自相矛盾的是，人们

---

[1]　Alan P. Kirman，《L'hypothèse de l'individu "représentatif"，une analyse critique》，*Problèmes économiques*，n°2325，13 mai 1993，p.5—14. 这是对一篇英语文章（粗略而部分的）翻译：Alan P. Kirman，《Whom or what does the representative individual represent?》，*Journal of Economic Perspectives*，vol.6，n°2，1992，p.117—136。

从来没有像假设同一的施动者一般遇到过如此多的数学困难。根据数学经济学的最新进展，如果假设个体是不同的且分散的，这些数学上的困难就会减少或减弱。因此，对作为现代经济学哲学核心的计算个体和加总思想的内部批判，导致了一些矛盾，这些矛盾只能通过与我在这里提出的方向非常接近的方式来克服：为解释"理性"（即经济世界相对理性的事实）而必须建立的模型，必须考虑到具有不同利益和（我补充的）适应不同机会的异质性个体之间的互动。

我忘了说一件重要的事：惯习理论所依据的人类学假设之一是，社会施动者并不疯狂；除了一些例外（这些例外是有问题的），他们往往有希望、愿望和预期，这些希望、愿望和预期**大致上**是根据他们实现这些愿望的机会来调整的。因此，我们要从存在着调整的想法出发。与普通的直觉相反，特别是与道德上的愤慨相反——它强调相反的情况（"人们都疯了，他们买的东西超出了他们的能力""现在的年轻人啊……"等等），科学分析表明，这种对机会的希望的调整比人们想象的要频繁得多。基本上，惯习的概念注意到了这一假设，这有助于我们理解许多事情：人们已经逐渐内化了客观机会（而非"接受"，那已经是一个目的论的用词），他们已经被磨平了、顺应了这些（而社会施动者们作为不同的人，顺应了不同的情况……）。

262　　　为了不作长篇大论，我将总结一下。我所提出的理论的一个优点是，它解释了反对派理论的错误和这一理论中真理的显现，这是良好的科学论争。事实上，它使我们能够理解，建立在理性假设基础上的数学模型并非完全错误：由于经济施动者有惯习，即根据他们的机会调整的预期，他们的消费行为并不完全与他们的收入无关。他们有合理的愿望，而这些愿望往往因集体控制而加倍。这是我无法详细展开的一件事：经济行动很少是关于个体的。在家庭层面也是如此：买房的决定是复杂的集体决定，有时涉及三代人。对于一家公司的集体决策来说，这一点更不容置疑（我这样就回答了一个向我提出的问题）：公司本身就是人们以对立的惯习相互对抗，并由此产生极其复杂的决策的场域吗？

　　首先，我们的惯习**大致**是经过调整的，能产生合理的愿望，并由作出决定的群体来集体控制，这些群体本身受到内置的和外在的制约。其次，由于存在条件的异质性，秉性本身也是异质性的。同时，它们也往往根据不同的存在条件作出不同的调整。我们总体记录的理性调整并不是加总的结果。在我看来，加总的概念是非常危险的：所有个体行动的结果根本不是按照加总的逻辑完成的。只要回顾一下我所说的关于一个领域中不同公司的相对权重就够了：一个领域中的施动者或公司的行动结果不是不同施动者的偏好系统的总和，因为存在着权力关系和强行规定路线、确定基调的施动者，等等。最后，我想说：如果施动者看起来是理性的，如果我们可以在不完全荒谬的情况下构建基于理性的模型，那是因为我们所考虑的市场的总效用（用经济学家的话说）已经在个体和集体层面上被市场的力量，被场域本身的力量所深刻地塑造了。同时，人们可以放弃作为笛卡尔经济目的论标志的主权施动者的神话，而同时又不放弃理性。

263

　　为了用几句话来结束这门课程（我必须分析惯习和场域之间的辩证关系，但我没时间这么做了），我必须引出这里所说的哲学意义。令人惊讶的是，惯习——或类似的概念——常常也被那些相当保守的思想家所触及，比如你可能不知道的英国思想家奥克肖特[1]，或者像海德格尔，他们的一些分析与我通过惯习概念所提出的分析

　　[1]　Michael Oakeshott, *Rationalism in Politics and Other Essays*, Londres, Methuen & Co, 1967.

很接近 [1]。这些实践逻辑的理论是在反对理性主义的过程中发展起来的，这些发展者站在传统的、隐性传承的、传承理性之下之物的立场上（这些东西很难简单地说清楚……）。但是惯习人类学所蕴含的这种哲学根本不是一种反理性主义的选言命题，而是一种延伸了的理性主义。事实上，我全部的努力都是在理性中建立起一个有限的理性，不是在西蒙的那种意义上，而是在一个人类学确认过的现实的理性的意义上，也就是有些让人失望的那种。问题是要设法提出一个不模糊的模糊性理论，一个在不受理性限制的有限理性理论。我们正处于一个极其困难的境地，更何况我对那些即使没有启发我，至少也让我放心或给我担保的作者并没有任何理论或政治上的同情。

---

[1]　关于这一点的发展以及接下来的内容的详情，见 *Sociologie générale*，vol.2，*op. cit.*，p.992—993。

布迪厄作品中的"经济行动的社会基础"课程的情况

朱利安·杜瓦尔 [1]

　　布迪厄在 1992—1993 学年开设的题为"经济行动的社会基础"的课程，比起他前几年一直致力于的繁复课题的教学计划，似乎是一股新鲜的空气。他在 1982 年被任命为法兰西学院教授后，最初开设了为期五年的一门"普通社会学"课程，课程的主要内容是他的社会学的理论基础，特别是惯习、资本和场域的概念。[2] 在短暂的停课之后，他又花了五年时间去研究国家问题，在他看来，在他对社会世界中发生的象征性斗争的分析中，国家问题似乎是一个消失点。他认为这是一个特别困难的问题，在 1989—1992 年期间，在更直接地处理国家的起源问题，并讨论社会科学关于这一问题的主要

---

　　[1]　朱利安·杜瓦尔（Julien Duval），法国社会学家。现为法国国家科学研究中心（CNRS）研究主任。他的主要研究领域为经济新闻和电影市场。他还参与编纂了一系列关于布迪厄研究的汇编作品。

　　[2]　P. Bourdieu，*Sociologie générale*，2 vol.，*op. cit.*

理论之前，他先通过法律的视角处理了这一问题。[1]

在 1993—1994 学年和 1997—1998 学年期间，由于法兰西学院在进行大规模的修缮工程，他不得不和其他教授一样，将自己的教学工作"迁移"到外省或外国：他以讲座的形式向里昂、斯特拉斯堡、亚眠、鲁昂、弗里堡和雅典的学院学生介绍他的研究，主要讨论了文化场域与支配问题。[2] 在 1998 年法兰西学院重新开放后，他花了两年时间研究马奈，并带来了一门关于象征性革命的课程。[3] 他在 2000—2001 学年的最后一年教学是一种总的总结。他表明，只有对科学场域的分析才能理解这样一个悖论：由社会决定的个体捍卫的往往是自私的利益体系，但这仍然能够产生普遍有效的共识。那一年以一个社会分析的草图结束：布迪厄将他的理论应用于自己，从而为其社会学成果提出了最终证明[4]。

在许多方面，这门关于经济的课程都延续了之前的两个主要周期的课程主题。其指导思想之一是对理性行动理论进行批判，但该理论之前并未成为其论述的中心，只在普通社会学课程的过程中出现了几次：例如，布迪厄或多或少地提到，占支配地位的经济理论与他长期研究过的萨特的"超主观主义"具有相同的局限性；同样，他注意到理性行动理论家们在机械论哲学和目的论哲学之间的摇摆不定，在这种情况下，这两种哲学被证明是等同的，而与此相反，只有惯习的概念能让我们超越这种摇摆不定。[5] 这门关于经济的课程也与为期五年的论国家课程相呼应。事实上，这位社会学家认为

[1] *Id.*, *Sur l'État*, *op. cit.*

[2] 课程的标题如下：1993—1994 学年的"象征性商品的经济"，1995—1996 学年的"文化生产场域的一些属性"，1996—1997 学年的"原因与历史"，1997—1998 学年的"支配"（1994—1995 年没有开设课程）。

[3] P. Bourdieu, *Manet. Une révolution symbolique*, *op. cit.*

[4] *Id.*, *Science de la science et réflexivité*, *op. cit.*

[5] 尤见 *Sociologie générale*, vol.2, *op. cit.*, p.915—916。

国家是一个中央经济机构,他非但远没有像自由主义经济学家所说的那样,把"市场"看作是一种自然的产物,反而把它看作是"主要由国家构建的社会人工产物"。他还强调了国家在其运作中所扮演的多方面角色:它维持对经济的信心,进行市场调控,促进建立供求关系,等等。

本课程对经济学及其基础进行了批判性的讨论,并试图对"通过系统性外表和可怕的帝国主义傲慢进行表达的新边际主义范式"(第九讲)[1]提出一种系统的替代方案。教学给了布迪厄全面回归各种研究项目的机会,这些研究在他职业生涯的不同时刻让他面对"经济"问题并追求一条线索,这条线索尽管多少隐藏在当时他对文化资本和文化实践的研究之下,但在他对阿尔及利亚的第一次研究中就出现了,因为这项研究——他于 1977 年重新出版[2]——已经涉及了经济行为。随后,他研究了消费行为和雇主的实践,而在本课程的前几年,他对个人住房市场进行了一项重要的研究,发表在了一整期《社会科学研究集刊》上(第 81—82 期,1990 年 3 月)。为了更全面地了解本课程的位置,除了当时的思想背景外,我们还需要回顾一下布迪厄职业生涯中与之相对应的时刻。除此之外,从 1993 年 4 月 1 日开始的本课程是在两本重要书籍出版不久后进行的:一本是《艺术的法则》(1992 年 9 月出版),布迪厄打算以后在一部关于不可忽视的经济场域的场域理论著作中发展这本书;另一本是《世界的苦难》(1993 年 2 月出版),其中包含了对新自由主义经济学和方法论个人主义的批判,这是他在社会学上的双重批判。

267

268

---

[1] 在这方面,本课程涉及与布迪厄在其作品中提出的与其他学科(哲学、历史,也包括 1987—1988 学年提出的法律,以及马奈课程中提出的艺术史)相关的一部分讨论,这也是基于他在法兰西学院的教学期间的座右铭:"教授一切"(Docet Omnia)。

[2] P. Bourdieu, *Algérie 60, op. cit.* (这本书是对最初于 1966 年出版的一篇文章的部分再创作: *Le Désenchantement du monde. Travail et travailleurs en Algérie*, Paris, Centre de sociologie européenne, 1966。)

布迪厄毫不讳言，通过专门开设一门关于"经济行动的社会基础"的课程，他向自己提出了一种挑战，迫使自己更深入地研究经济学家的工作。他的课程从来不是根据一个完全事先准备好、一切都被想透的论述计划提出一种稳定的分析；反之，他会利用教学的机会进行公开的思考，并且推进他的研究。这就是为什么他从一开始就警告听众："今年早些时候，我曾提出过一个略显宏大的主题。"他还补充道："我马上就限定了这一雄心的限度。我显然无意批评经济学。"（第一讲）

从卡比尔房屋到房屋市场

对布迪厄来说，这门课程首先是一种手段，让他重新审视他与经济有关的所有研究。尽管他对经济的思考由来已久，并且在很多场合进行，但这并不是他20世纪90年代初的工作中最引人注目的方面。事实上，布迪厄被认为是文化资本概念的发明者。在那些"有教养的听众"眼中，正如他在社会学界的竞争对手所讨论的那样，他所有的作品分为两个方面，一方面是他与让-克洛德·帕斯龙合著的关于学校制度的著作（《继承人》与《再生产》[1]），另一方面是强调文化在阶层关系中重要性的《区分》。"解放学派"（École libératrice）的支持者强调以经济因素来解释学校的成功（"金钱的选择"），而与他们不同的是，布迪厄的努力集中在文化资本的作用上，这一作用虽然没有被注意到，但却是决定性的。在此过程中，他并没有否认经济因素的重要性（他认为经济因素更为人所知，只

269

---

[1]　Pierre Bourdieu et Jean-Claude Passeron, *Les Héritiers. Les étudiants et la culture*, Paris, Minuit, 1964；*id.*, *La Reproduction. Éléments pour une théorie du système d'enseignement*, Paris, Minuit, 1971.

是因为它更为明显），但这确实给人留下了他忽视经济因素的印象。可以说，1968年，他把他的研究小组定名为"教育和文化社会学中心"，这一名称似乎再次强调了文化因素的重要性，从而那种印象愈发严重。而且，尽管他提倡"统一的社会科学"，但他总是自称社会学家，把经济留给经济学家。因此，虽然他在普通社会学课程中介绍了资本的概念，但他对"经济资本"的论述非常迅速，理由是"这不是［他的］主题，不是［他的］工作，也不是［他的］专长"[1]。

然而，从他最初的研究开始，他就实践了"经济社会学"，这种方法虽然在20世纪，至少在20世纪八九十年代之前已经被废弃，它还是该学科创始人的研究核心，比如尤其在涂尔干或马克斯·韦伯的社会学里。[2]当布迪厄在阿尔及利亚服完兵役后，尽管他最初的计划是回到法国与乔治·康吉莱姆一起写一篇哲学论文，但他最终还是选择留在当地完成一项关于就业的研究。[3]这项由阿尔及利亚统计局与法国国家统计与经济研究所的管理人员一起作的调查，在1993年的课程中被频繁引用。这是因为，它使他能够发展出一条思路，其出发点在阿尔及利亚统计人员使用的调查问卷当中可以找到，这些调查问卷使用了与法国相同的概念和类别（例如"失业"），仿佛这些概念和类别具有普遍的有效性。但布迪厄注意到了这样一个事实，即尽管殖民国以残酷的方式强加了一些做法，但阿尔及利亚社会仍然弥漫着一种前资本主义的思维方式，例如，在这种思维

270

　　[1]　P. Bourdieu, *Sociologie générale*, vol.2, *op. cit.*, p.246.

　　[2]　尤见 Jean-Jacques Gislain et Philippe Steiner, *La Sociologie économique* (*1890—1920*), Paris，PUF，1995。关于皮埃尔·布迪厄的经济工作的概述，见 Marie-France Garcia-Parpet,《Marché, rationalité et faits sociaux totaux: Pierre Bourdieu et l'économie》, *Revue française de socio-économie*，n°13，2014，p.107—127。

　　[3]　关于布迪厄被引导参与这些调查的条件，以及更广泛的关于他在阿尔及利亚的工作时期，见 Amín Perez, *Faire de la politique avec la sociologie. Abdelmalak Sayad et Pierre Bourdieu dans la guerre d'Algérie*，Marseille，Agone，à paraître。

方式中，工作是个体因与其所属群体的关系而必须履行的义务，而不论他或她可能获得的物质报酬如何。这项关于"具体经济意识"[1]的研究是布迪厄社会学的基础。由于惯习的概念它指出主体始终是社会化的主体，以及惯习与场域间关系的问题，因此这个概念就在分析"具体态度与经济结构之间的不协调"的背后，于是社会学家在传统农民社会框架内社会化、又由于殖民化而面临着"现代"经济的要求的施动者身上发现了惯习的概念。

当时布迪厄还没有自己的概念体系，他就 20 世纪 60 年代初的调查结果所出版的作品是基于从当时作者和传统中借来的概念："态度""举止""言行""资本主义组织，用韦伯的话来说，[它] 构成了先于个体存在的一个巨大世界"。然而，这些早期著作的意义远不止是勾勒出他将在 1993 年的课程中发展的对经济学的思考。早在 1963 年，布迪厄就对经济学家"将资本家特有的经济意识范畴视为普遍范畴"的倾向提出了质疑，并已经有力地调动了马克斯·韦伯对"经济理性"的具体性和历史性，对这个预示着机构（银行、信贷、货币、不同于家庭的企业等）及新思维和行为方式的出现的"经济世界"的起源作分析。他选择以"具体的经济主体"为对象，还对"经济理论"的"民族中心主义"进行了非常明确的批判，认为这种理论忘记了"任何经济体系的运作都与一个对世界，更准确地说是对时间的既定态度体系的存在有关"。皮埃尔·布迪厄的社会学从一开始就涉及对经济学的深入讨论。因此，当后来"理性行动理论"再次出现时，它比一些与之平行发展的社会学事业有着更大的优势：

271

---

[1] 本段引文摘自《传统社会：对时间的态度和经济行为》一文的导言，见《 La société traditionnelle. Attitude à l'égard du temps et conduites économiques » (*Sociologie du travail*, n°1, 1963, p.24—44, 后载于 *Esquisses algériennes*, Paris, Seuil, 2008, p.75—98）。这段话也出现在 P. Bourdieu, A. Darbel, J.-P. Rivet et C. Seibel, *Travail et travailleurs en Algérie*, *op. cit.*, p.313—316。

工作社会学或组织社会学似乎更倾向于经济学，但没有经济学家的工作进行了如此详尽的讨论。

布迪厄在 1993 年的课程中进行的另一个非常活跃的思考是他对礼物的反思，他在对阿尔及利亚调查的各种回顾中，特别是在《实践理论大纲》（1972 年）和《实践感》（1980 年）中阐述了这一点。在这方面，他主要参考的一篇文献是《论礼物》，他认为这是"人类学科学中最伟大的文本之一"（第一讲）。文中，莫斯认为，"所谓的原始［或］古式社会"中的力量，使交换具有"自愿的性质，可以说，表面上是自由的和无偿的，但也是受约束的、自利的"[1]。布迪厄也从克洛德·列维-斯特劳斯在 1950 年重新编辑出版莫斯的文本时所提出的批评中汲取了灵感，并着手提出一种礼物理论，这也符合他一贯的愿望，即避免客观主义与主观主义之间、结构主义与现象学传统之间的对立。对他来说，对礼物的全面理解必须结合客观主义解释以及对本土经验的分析：礼物在客观上只是一系列交换中的一个时刻，但它之所以如此，只能是因为参与其中的人把它当作一份礼物，也就是说作为一份不要求回报的礼物来看待。与之不同的是，在资本主义社会中，交换往往是瞬间的、现金的、即时的，并从社会关系中"脱嵌"了出来；而在礼物经济中，交换假定赠礼和回礼之间有着一段时间，回礼也并不完全等同于最初的赠礼。这掩盖了交换的经济层面；这种礼物的目的是为了建立一个社会，确保每个人都是所有人的债务人和债权人。它意味着要求回报，但要延迟这种回报。布迪厄非常强调时间在其中所扮演的角色，它构成了作为礼物的礼物，但同时又使人忘记了它是对先前礼物的回应，而正是这种礼物和回礼的真正循环产生了社会联系。礼物经济自相

272

---

[1] 引文见 M. Mauss, « Essai sur le don », art. cité, p.147—148.

矛盾地产生了依赖，因为在这种经济中，没有人可以说"他不亏欠任何人"。

这门课程为布迪厄提供了一个新的机会，让他重新开始投入这些分析，并就某些方面进行重新加工。他进行了一些更正（例如，他认为在《实践感》中没有充分强调与礼物相关的否认的集体性质，见第二讲），并增加了新的内容，特别是对德里达在1991年发表的一篇关于礼物的文章的讨论，他说，这篇文章"让我［布迪厄］找到了一些我之前没有完全解释清楚的东西，这些东西就是为了回应他［德里达］的分析而做的"（第二讲）。布迪厄对自己花在"介绍礼物"上的时间感到惊讶（第四讲和第五讲）。这是因为在他的作品中，对礼物的分析逐渐对"否认经济利益"问题以及传统社会和差异化社会之间的对立提供了非常广泛的思考。"银货两讫经济学"与"礼物经济学"的区分，是"经营经济学"与以否认形式为标志的"非经营经济学"间对立的表现。

虽然20世纪60年代初的出版物就已经使用了这种语言游戏，即引用马克斯·韦伯的一句话（"［……］我们把过去不止一个时代的经济史称为'非经济的历史'"[1]），但这一主题在20世纪70年代开始获得更大的发展动力。当布迪厄重新审视他在阿尔及利亚的调查时，他写了一本《实践理论大纲》，并阐述了他的概念体系。他反思了传统社会和当代社会之间的对立，因为它们往往与经济联系在一起，但也与不同程度的客观化或制度化的统治模式有关；"场域"的存在使得后者可以积累"资本"，而这在前者中则是不可能的。正是从这个角度出发，他在1976年的一篇文章（四年后在《实践感》中重印）重新审视了传统社会"根本上的双重经济"，他顺便

---

[1] 布迪厄在这些文章中引用了这句话：*Travail et travailleurs en Algérie*, *op. cit.*, p.315；以及 « La société traditionnelle », art. cité（Esquisses algériennes, *op. cit.*, p.75）。

指出，礼物的"非经营经济学"非但没有从我们的社会中消失，反而"在艺术和文化领域找到了一个它偏爱的避难所，一个纯粹的消费场所，[其特点是] 否认经济的所有否定性"[1]。

在同一时期，他在关于文化生产场域的作品中也提出了同样的观点：这些世界延续了"前资本主义经济的逻辑"。出于这个原因，"象征性商品经济"发起了"对所有种类的经济主义的挑战[……]"，因为像礼物一样，它"在实践中——而不仅仅是在其表征中——发挥作用，只是以不断地集体压抑真正的'经济'利益和'经济'分析所揭示的实践真理为代价"。[2] 从 20 世纪 60 年代到 90 年代，布迪厄对前资本主义经济和西方资本主义发展所隐含的"革命"的反思也因越来越多的参考资料而变得更为充实：除了一开始就引用的马克斯·韦伯（和维尔纳·桑巴特 [Werner Sombart]，布迪厄后来引用他较少）的分析之外，他还逐渐添加了莫斯、波兰尼或他在"常识"系列丛书中所编辑出版过的研究者，如摩西·芬利、阿尔伯特·赫希曼或埃米尔·本维尼斯特。

274

1993 年，布迪厄在很大程度上依赖于他在阿尔及利亚的调查，但他也调用了他在法国进行的研究。因为他于 1960 年 1 月返回法国定居。1965 年，欧洲社会学中心回顾总结了过去四年的活动，这三个不同的活动之一被称为"经济行为的社会学"，这满足了人类学和社会学研究"具体经济主体"而非经济学那种"理性主体"的需要。[3] 它汇集了时任该中心成员雷蒙·阿隆和让·屈瑟尼耶（Jean Cuisenier）的作品，也有很大一部分是布迪厄和周围年轻研究人员的作品。因此，吕克·博尔坦斯基和让-克洛德·尚博勒东在布迪厄

---

[1] P. Bourdieu, « Les modes de domination », *Actes de la recherche en sciences sociales*, n°2, 1976, p.122—132. 这些观点也被采纳于 *Le Sens pratique*, *op. cit.*。

[2] *Id.*, « La production de la croyance », art. cité.

[3] « Le Centre de sociologie européenne 1961—1965 », 油印版，共 13 页。

的领导下发起了一项"信用社会学"研究[1]，该研究在某些方面延续了布迪厄在阿尔及利亚田野上曾提出的问题。[2] 布迪厄本人至少在1966 年以前一直与法国国家统计与经济研究所的统计学家和经济学家们保持着相当密切的合作，特别是在阿拉斯举行了一次专题讨论会，专门讨论了 20 世纪 60 年代的一个普遍现象，即"法国社会的变迁"。在这方面，布迪厄特别感兴趣的是生育率和消费品普及的问题。[3] 三十年后，他的经济学课程也将参考这项研究。

　　在整个 20 世纪七八十年代，布迪厄和他的团队中的很大一部分人继续研究经济。1974 年、1976 年和 1978 年，他在教育和文化社会学中心发表的两年期报告中包含了一个关于"消费和生活方式的社会学"的章节，这在很大程度上反映了他们的长期工作，这部分内容后来囊括在 1979 年出版的《区分》里。[4] 事实上，如果说这本书标志着布迪厄反思社会阶层和研究文化的顶峰，那么它发展了一种触及经济社会学问题的品味社会学。例如，学校策略和文化消费具有明显的经济维度，而《区分》的核心假设是，惯习是施动者在其所实践的所有领域实施的一项生成性原则，这意味着为文化实践构建的模型将延伸到更直接的经济实践中去，如对消费或储蓄的选择。1993 年的课程也引用了《区分》："我的《区分》一书就是这样一本关于消费经济学的书，我在书中分析了不同类型的商品的社会用途，以及作为由社会构成的偏好体系的品味，它提醒我们，经济

275

[1] Luc Boltanski et Jean-Claude Chamboredon, « La banque et sa clientèle », 欧洲社会学中心的油印报告，1963 年。

[2] 布迪厄早在 1959 年就问过"传统主义社会"中的信用问题：见 « Logique interne de la société algérienne originelle », in Le Sous-développement en Algérie, Alger, Secrétariat social, 1959. 关于信用的章节载于 P. Bourdieu, Esquisses algériennes, op. cit., p.108—110. 还见 P. Bourdieu et A. Sayad, Le Déracinement, op. cit.

[3] 见 id., « Différences et distinctions », in Darras, Le Partage des bénéfices, op. cit., p.117—129；P. Bourdieu et A. Darbel, « La fin d'un malthusianisme? », art. cité, p.135—154.

[4] 教育与文化社会学中心活动报告，1974 年 6 月，1976 年 6 月，1978 年 6 月。

学家所给出的普遍的、非历史的偏好体系，纯粹只是他们虚构的。"（第五讲）

在 20 世纪 70 年代，布迪厄还展开了一项对当时法国两百位最大的雇主进行的研究。[1] 还可以补充一点，在《区分》出版前，他的另一篇关于"职称与职务"[2] 间关系的文章，也对"劳动力市场"进行了反思。

20 世纪 80 年代，市场问题变得更为重要了。1982 年，加布里埃勒·巴拉兹，帕特里克·尚帕涅，让–皮埃尔·法盖和米歇尔·戈拉克等人的集体或者个人研究，汇集在了一份活动报告的《劳动力市场、住房市场与消费》这一章中。[3] 1986 年，在《社会科学研究集刊》上，玛丽–弗朗斯·加西亚的一篇文章以《经济的社会建构》为题，展示了被经济科学认为是"自然而然的""完全市场"，在实践中出现需要重要的动员。[4]

同年，布迪厄与他研究中心的其他成员（萨拉赫·布赫贾、罗西纳·克里斯廷、克莱尔·吉夫里、莫妮克·德·圣玛丹）一起对个人住房进行了调查。[5] 这项研究有几个组成部分。第一部分是布迪厄在论国家的课程中详细提到的住房政策研究，因为它是在行政领域的一个子部门中建立的权力关系的结果。此外的几个部分实际上也与国家行动密不可分，但更多地与个人住房制造商的空间和具

276

---

[1]　P. Bourdieu et M. de Saint Martin, « Le patronat », art. cité.

[2]　Pierre Bourdieu et Luc Boltanski, « Le titre et le poste: rapports entre le système de production et le système de reproduction », *Actes de la recherche en sciences sociales*, n°2, 1975, p.95—107.

[3]　Centre de sociologie de l'éducation et de la culture, « Rapport d'activité », juin 1982.

[4]　M.-F. Garcia, « La construction sociale d'un marché parfait », art. cité. 关于这篇具有里程碑意义的文章的起因，见 Hélène Ducourant et Fabien Éloire, « Entretien avec Marie-France Garcia-Parpet, autour de la sociologie économique, avec Pierre Bourdieu », *Revue française de socio-économie*, n°13, 2014, p.181—190。

[5]　这项研究在 1987 年形成了一份报告（« Éléments d'une analyse du marché de la maison individuelle », Paris, CNAF/Centre de sociologie européenne, 1987），随后成为一期特刊的主题: *Actes de la recherche en sciences sociales*, « L'économie de la maison » (n°81—82, 1990)，其中的文章都载于 *Les Structures sociales de l'économie*, *op. cit.*。

有差异化"偏好"的购买者的空间有关。

经济人的回归

因此可以说，1993 年的课程延续了布迪厄很早就开始的与经济科学的对话，但这些都已经是他高峰阶段的作品，此时这位社会学

277 家就可以依靠他对个人住房的研究案例提出对市场的分析。课程的核心目标（面对"[经济科学] 带来的问题 [……] 并试图以更严格、也许更系统的方式来解决这些问题"，见第一讲）回应了布迪厄从一开始就有的这些问题，他从来没有忘记它们，然而我们也无法忽视该课程的背景。正如这位社会学家自己所观察到的，仅仅是理性行动理论的回归就具有"加强 [其] 反思的相关性和重要性"的效果。事实上，尽管布迪厄像自 20 世纪 60 年代以来所做的那样，依赖古典经济学，特别是新古典经济学的典范性作者，但他显然在备课时进行了大量的阅读，并在各讲中多次提到了彼时的当代经济学家，他们中的一些人在 20 世纪 80 年代成为了远远超出经济学研究领域的高知名度的人物。

该课程没有明确目标，但包含了经济科学社会学的大纲，布迪厄在后来几年里对其进行了延伸，如撰写一期以"经济学和经济学家"为主题的《社会科学研究集刊》（第 119 期，1997 年 9 月），或 1997 年在塞伊出版社的"自由"系列中出版了一本弗雷德里克·勒巴龙关于经济学家的著作。[1] 这门学科被分析成"一个场域，因此

[1] Frédéric Lebaron, *La Croyance économique. Les économistes entre science et politique*, Paris, Seuil, 2000. 我们还可以加上 Keith Dixon, *Les Évangélistes du marché*, Paris, Raisons d'agir, 1998, 以及 Laurent Cordonnier, *Pas de pitié pour les gueux*, Paris, Raisons d'agir, 2000。

构成了一个讨论学科基础的空间"(第六讲)。它形成了一个有区别和等级的空间。新古典经济学分析的支配地位,通常是高度数学化的,虽然也并不排除"异端"的形式,但这些形式仍然取决于前者的支配地位。布迪厄用第谷·布拉赫作了一个类比,他与乔尔丹诺·布鲁诺是同代人,他在哥白尼的论点与地心说之间创造了一种 278 无法实现的综合。

布迪厄通过附带评论的形式,利用并延伸了他对学术、科学和知识场域的分析。《学术人》中很少提到经济学,这可能是因为 1984 年出版的这本关于学术场域的书主要是基于 1968 年和 20 世纪 70 年代初所进行的一项调查。在法国,经济科学在法学院的制度化可以追溯到 19 世纪末 [1],但要到战后几十年里,这门学科的重要性才显著增加,从 20 世纪 80 年代开始更是如此。[2] 此外,从 20 世纪七八十年代开始,数学化在这门学科中渐进发展,新古典主义理论加强了它的影响力,这尤其是对马克思主义和凯恩斯主义宏观经济学这两大竞争潮流造成了损害。在课程中,布迪厄提到了令新古典经济学"复兴"的几个主要人物,包括"芝加哥学派"的人物或理性预期理论的支持者。他曾两次提到 1992 年 10 月授予加里·贝克尔的"令人惊讶的"诺贝尔奖,因为他"将经济分析延伸到人类行为和人际关系的新领域"。

---

[1] 1983 年,关于该主题的一篇文章发表在《社会学科研究集刊》:Lucette Le Van-Lemesle, « L'économie politique à la conquête d'une légitimité, 1896—1937 », *Actes de la recherche en sciences sociales*, n°47, 1983, p.113—117。

[2] 在战后的几十年里,随着对"经济文化"新的强调,经济学教学得到了发展,但直到 20 世纪 70 年代以前,这门学科从学生人数的扩大中得到的好处,还是比其他学科(尤其是人文学科)少。但另一方面,它也从高等教育的"第二次扩大规模"中获益良多。在经济学课程扩散到经济专业教育之外的同时,1979—1993 年期间,大学的经济学、管理学和经济及社会管理学学位数量急剧增加。特别见 Brice Le Gall et Charles Soulié, « Massification, professionnalisation, réforme du gouvernement des universités et actualisation du conflit des facultés en France », in ARESER, *Les Ravages de la modernisation universitaire en Europe*, Paris, Syllepse, 2008, 尤其是 p.186;Fabienne Pavis, « L'évolution des rapports de force entre disciplines de sciences sociales en France:gestion, économie, sociologie (1960—2000) », *Regards sociologiques*, n°36, 2008, p.31—42。

279   布迪厄在第一讲开始时就提到的**经济人**的回归，指的是一种超越经济科学的新古典主义的攻势。课程中多次提到乔恩·埃尔斯特，他在哲学和社会科学之间，跨越挪威、法国和美国，是"分析马克思主义"的代表之一，其纲领是以理性行动理论的工具为基础，重新解决马克思主义的传统问题。这一趋势正在成为社会学中的一股相当强大的理论潮流，特别是围绕詹姆斯·科尔曼（James Coleman）的身影，他于 1991 年当选为美国社会学协会主席。1989 年，《社会科学研究集刊》发表了华康德和克雷格·卡尔霍恩的一篇文章，该文介绍了当时的美国社会学所围绕的理性行动理论（*RAT*）与历史和文化社会学的竞争点进行的重组。[1] 早在 20 世纪 60 年代，布迪厄就密切关注着美国的社会学生产，而自从 20 世纪 80 年代开始，当他的工作在北美被传播和广泛讨论之后，他对北美学界的关注就更加密切。到了 1992 年，《反思社会学导引》在美国的声誉渐高：这本书主要取自几年前在芝加哥大学举行的一次研讨会，以英语和法语同时出版。[2]

      1993 年的课程还表明，在过去的十五年左右的时间里，美国以各种方式重新启动了那些一度偃旗息鼓或被压在箱底，但并未完全消失的项目，即用社会学工具分析经济对象。再结合其他因素，经

280 济学中数学和新古典主义正统观念的强化都促成了这种**新经济社会学**（*New Economic Sociology*）的出现。[3]20 世纪 90 年代初，这个名词在法国仍然很少使用，但布迪厄在课程中给予了其两位主要代表

---

[1] Loïc J.D. Wacquant et Craig Jackson Calhoun，« Intérêt，rationalité et culture. À propos d'un récent débat sur la théorie de l'action »，*Actes de la recherche en sciences sociales*，n°78，1989，p.41—60.

[2] Pierre Bourdieu et Loïc J. D. Wacquant，*An Invitation to Reflexive Sociology*，Chicago，The University of Chicago Press，1992；*Réponses*，*op. cit.*（再版扩充为：*Invitation à la sociologie réflexive*，*op. cit.*。）

[3] Bernard Convert et Johan Heilbron，« La réinvention américaine de la sociologie économique »，*L'Année sociologique*，vol.55，n°2，2005，p.329—364.

人物马克·格兰诺维特和哈里森·怀特一个非常重要的位置，他在他们身上发现了一些与他自己接近的某些直觉（第七讲和第八讲）。1992 年底，他还在一期题为"经济与道德"的《社会科学研究集刊》中刊登了维维安娜·泽利泽的文章的首个法语翻译版。[1]

政治延伸

然而，我们还有更多要做。经济学和社会科学领域的新古典主义攻势显然与当时的意识形态和政治转向不无关系，正如芝加哥学派经济学家在吉米·卡特和罗纳德·里根的总统任期内，取消了凯恩斯主义经济政策，转而采用新自由主义政策，这一点也提醒我们这种关系所发挥的作用。在布迪厄的课程中，他对当时的政治发展几乎只字不提，但在接下来的几年里对其进行的延伸还是让我们考虑到了这一点，也让我们把布迪厄的这门课程放到他在知识和政治领域的轨迹上。[2]

众所周知，他在 1982 年当选为法兰西学院的成员，这给了他想要利用的权威。早在 20 世纪 70 年代末，他开始更多地接受主要的左翼和中左翼报纸（《世界报》《解放报》《新观察家报》）的采访，并签署了关于时事问题的请愿书，这是一种知识分子的生活仪式，而在此之前，他几乎没有为此投入过。在 20 世纪 80 年代前半叶，在 281 1981 年左派上台掌权的背景下，他和米歇尔·福柯走得很近。这两个人在对待社会党政府的态度上犹豫不决，甚至在 1983 年经济政策转变为以抗击通货膨胀为首要任务之前，社会党政府就已经令他

---

[1]　Viviana Zelizer, « Repenser le marché. La construction sociale du "marché aux enfants" aux États-Unis », *Actes de la recherche en sciences sociales*, n°94，1992，p.3—26.

[2]　见 P. Bourdieu, *Interventions 1961—2001*, *op. cit.*，p.211—216。

们彻底失望了。当外交部长将波兰对工会的迫害轻描淡写地描述为
"波兰事务"时，在布迪厄的倡议下，二人动员了起来。但当时他们
没有采取系统性的批判立场。

　　然而，随着时间的推移，布迪厄选择利用他日益增长的声誉来
撼动公众辩论中的一些东西，特别是围绕法国、欧洲和国际层面对
右派和左派新自由主义政策日益增长的共识上。通过他的介入和倡
议，如创建知识分子议会，他开始致力于延续一种他认为业已受到
威胁的知识分子模式，这种模式的特点是对当权者的批评功能，即
使他们是"左派"当权者，正如 1988　1993 年以及 1997 年以后再
次发生的情况。从 1995 年 12 月的罢工运动开始，他成为了一个更
加引人注目的公众人物，但在他讲授经济课程的时候，这种并不激
烈的演变就已经开始了。早在 20 世纪 80 年代中期，例如在 1986 年
中学生运动时，他在一家全国性日报上接受采访，公开表示了对新
自由主义的崛起的担忧 [1]。大约在 1990 年，《国家精英》[2] 的出版以及
他的国家课程，使他有机会提请人们注意到国家的新自由主义转型。
在课程开始前两个月，《世界的苦难》出版了，布迪厄把该书设想为
一种政治介入。该书在左派选举失败前几周出版，揭示了历届政府
所推行的新自由主义政策的社会代价。该书是一本畅销书，它的出
版加速了社会学家与工会和社会运动成员之间的亲近关系。

　　本课程并没有明确呼应他的公共立场 [3]，但他对经济学的兴趣不
能脱离其政治含义。理性行动者的模型在经济学家中的回归，远不

282

---

　　[1]　例如见 P. Bourdieu, « À quand un lycée Bernard Tapie? », *Libération*, 4 décembre
1986, p.4, 载于 « Le refus d'être de la chair à patrons », in *Interventions 1961—2001*, *op.
cit.*, p.211—216. 布迪厄对（新）自由主义的批判在很多方面也是布迪厄和吕克·波尔
坦斯基的重要文章的延续：Pierre Bourdieu et Luc Boltanski, « La production de l'idéologie
dominante », *Actes de la recherche en sciences sociales*, n°2, 1976, p.3—73.

　　[2]　Pierre Bourdieu, *La Noblesse d'État. Grandes écoles et esprit de corps*, Paris, Minuit,
1987.

　　[3]　人们至少可以注意到布迪厄（顺便提到）的邀请："试想一下，假如一个社会党政府
灵光一闪，系统性地推行了一项小型房屋租赁政策。"（第八讲）

是一个简单的理论或学术问题，而是新自由主义扩散的一个层面。例如，弗里德里希·哈耶克（Friedrich Hayek）这样的经济学家在政治和思想工作中发挥了重要作用，从 20 世纪 40 年代起，这些工作旨在以一种重新阐述和重新武装的形式恢复古典自由主义，这种自由主义曾因 20 世纪 30 年代的经济危机以及在战后共产主义集团正在建立和"资本主义"国家部分依赖凯恩斯主义的情况而一度被削弱了。

　　布迪厄所讨论的经济学理论并不是位于纯粹的思想天空中的。与马克思早期的思想一样，它产生了非常实际的影响（布迪厄称之为"理论效应"），并且是 20 世纪八九十年代新自由主义政策下的学术保障之一。这门课程的潜在政治影响将出现在布迪厄 20 世纪 90 年代后半叶的文本中。1996 年，他在"社会运动的普遍状况"研讨会上发表演讲时，重复了他在这门课程里应用于经济学家的世界的"存在巨链"这一比喻（第六讲），但将其延伸到意识形态生产场域的规模上。[1] 同样，他在反对占支配地位的新自由主义经济思想的经济主义时所能援引 [2] 的"幸福经济学"（économie du honheur）与本课程（第六讲）中讨论的"能与**硬核**经济学所默认的理论竞争的系统理论"有着相当直接的联系。当这位社会学家在 2000 年重新审视 1993 年的课程时，他以一种重新修改的形式更明确地提出政治上的重要性："经济理论，在其最纯粹、最形式化的形式下，也从来都不像它要我们相信的那样中立。新自由主义经济学的一些所谓普遍特征归功于这样一个事实，即它沉浸于、'嵌入'一个特定的社会，植

283

---

[1]　P. Bourdieu, « Les chercheurs, la science économique et le mouvement social Intervention lors de la séance inaugurale des États généraux du mouvement social », art. cité, p.60—61. （至于在本课程中的引用，见本书原文第 146 页关于"存在巨链"的脚注。）

[2]　尤见 *id.*, « Le mythe de la "mondialisation" et l'État social européen（Intervention à la Confédération générale des travailleurs grecs-GSEE）» (1996), in *Contre-feux, op. cit.*, p.46。

根于一种信念和价值体系 [……]。以其名义实施的政策，或通过其来合法化的政策，都充满了从对这个自由经济世界的浸淫中继承下来的所有预设，这些预设以世界银行、国际货币基金组织和它们间接或直接支配其'治理'原则的政府作为中介强加给世界，这种经济常识受到美国的启发，因为市场在美国是民主社会中组织生产和交换的最佳手段。"[1]

场域理论的一瞬

最后，正是在作品本身的时间性中，课程被铭刻了下来。如上所述，"介绍礼物"延续了发表过的分析，但那不是一个简单的重复，因为布迪厄在其中补充了一些内容，为最熟悉他作品的听众提供了一个机会，让他们发现过去未注意到的方面或属性。[2] 关于礼物经济的这些发展，使人们重新审视了前资本主义的交换体系，并为批判一种经济理论铺平了道路，用涂尔干的话来说，那种理论忘记了经济中并非所有东西都是经济的，正如原始经济提醒我们的那样。另一方面，最后几讲通过"经济场域"的概念引出了一个新的主题，这一主题将在之后的文本中被重新加工和丰富，出现在1997年《社会科学研究集刊》的一篇论文中 [3]，然后出现在《经济的社会结构》(*Les Structures sociales de l'économie*) 一书中。

这种对经济场域的分析是布迪厄在20世纪70年代初开始的工作的一部分，当时他开始深入并系统地使用场域的概念。这位社会

---

[1] Pierre Bourdieu, *Les Structures sociales de l'économie*, *op. cit.*, p.23.

[2] 例如："在《实践感》中，很多事情讲得简略而洗练，以至于许多读过这本书的人可能会说：'噢哟，我可没感觉读过这本书。'"（第二讲）

[3] P. Bourdieu, « Le champ économique », art. cité.

学家认为,不同的场域有着一系列共同特征,但又呈现出各自的特殊性,这些特殊性很有趣,但有时也表现为一种"放大的图像",即在其他社会空间中存在着但不太明显的一般特征。[1] 因此,他在制定"场域理论"方面取得了进展,一方面寻求场域概念的形式化和阐述"一般性质",另一方面又进行了更多专题性的"场域研究":自 20 世纪 70 年代中期以来,他发表了关于文学场域、科学场域、雇主场域、学术场域、法律场域,当然还有宗教场域的著作。[2] 在该课程开始前的七个月,《艺术的法则》出版,这是一座重要的里程碑:该作品汇集了对 19 世纪文学场域的广泛研究,同时将这一空间视为一个可以为分析整个文化生产界和"作品的科学"提供的一个普遍模型的"特例"。在 20 世纪 90 年代,布迪厄多次宣布,他正在准备一本更具普遍性的书——《微观世界》(*Microcosmes*)。他在法兰西学院的一些课程的标题证实,阐述这一"一般理论"是他当时的优先事项之一:1995—1996 学年课程的标题是"文化生产场域的一些属性",而研究马奈的课程的标题则是"关于场域的最新研究"。

285

你会发现"经济场域"这一表达早就出现在本课程之前的大量文本中。例如,《区分》(1979 年)中的一句话表明,经济资本和文化资本之间的对立意味着"经济场域"与"文化场域"之间的对立[3]。关于雇主的文章(1978 年)也用了十几次"经济场域"一词,但对象更对应于把"经济权力场域"作为权力场域之一的看法。有人可能会认为,在使用这一表述时,布迪厄认为他需要更准确地阐述经济场域的概念。

---

[1] 对于这点,尤见 P. Bourdieu, « La production de la croyance », art. cité, p.9, note 8。

[2] 特别见 *id.*, « Genèse et structure du champ religieux », art. cité; « Le champ scientifique », art. cité; (avec Monique de Saint Martin,) « Le patronat », art. cité; *Homo academicus*, *op. cit.*; « La force du droit. Éléments pour une sociologie du champ juridique », *Actes de la recherche en sciences sociales*, n°64, 1986, p.3—19; *Les Règles de l'art*, *op. cit.*。

[3] *Id.*, *La Distinction*, *op. cit.*, p.396.

正如课程所示，这项任务意味着对场域概念以及它与市场概念的区别提出了更一般的质疑。布迪厄在这两个术语之间犹豫了很久。他非常有意识地借用了市场经济分析的工具（例如"进入壁垒"的概念），他经常回忆说，他的场域概念的一个起源是在重读韦伯的宗教分析时发现的，这些分析"最后描绘了宗教的交换市场"（第八讲）。他与经济学家和统计学家的密切接触也可能促使他澄清这些观点。例如，在 20 世纪 80 年代初，他研究中心的人员与法国国家统计与经济研究所的管理人员和"调节学派"（École de la régulation）的研究人员一起，开始"对抗社会学家和经济学家广泛使用的概念"，特别是"场域和市场的概念"[1]；在 1984 年法兰西学院的课程中，当一位听众提出"工业、商业等企业是否［……］是场域"这样的问题时，布迪厄就概述了作为经济场域的"子场域"的工业"分支"，这很可能也是在回应一些他所参加的工作会议。[2]

基于与布迪厄所研究的场域的简单类比来使用经济场域的概念是无法令人满意的，但这其实另有一个原因。尽管他把场域的形成看作是涂尔干所描述的以"不可分割"为特征的社会向差异化社会过渡背景下进行的[3]，但他的研究也许是因为专注文学场域，因此与经济场域的逻辑相比，就更强调了文化生产场域的自主化。[4] 然而，这个想法并不能被立即移植到经济场域的案例中：后者不是一个在宏观世界中自我构成并进行抵抗的微观世界，而是一个威胁到微观世界并试图通过加强自身的逻辑来吞并微观世界的宏观世界。这一论点还可以有一种稍有不同的表述：布迪厄所关注的文化生产场域

---

[1] 见 le Rapport d'activité du Centre de sociologie de l'éducation et de la culture，ronéotypé，juin 1982，p.12.

[2] 见 P. Bourdieu，*Sociologie générale*，vol.2，*op. cit.*，p.168—173.

[3] 如 *ibid.*，p.207—208，1003—1004。莫斯对礼物作为"总体社会事实"的分析是涂尔干提出的这一方案的一部分。

[4] 见 *id.*，*Les Règles de l'art*，*op. cit.*。

在很大程度上遵循前资本主义逻辑，以至于这些场域似乎是对抗经济逻辑的孤岛，而经济场域则恰恰相反，是"经营经济学"的最佳场所。同样，具体资本的概念有时被看作与场域概念相一致，这在经济领域的情况下是有问题的，因为经济资本似乎最容易转化为其他种类，因而从某种意义上说，它在资本主义社会中是最不"具体"的资本。

为了阐释经济场域的概念，布迪厄在实证分析——特别是他对个人住房的专门分析——和他在 1982—1983 学年的教学中 [1] 提出的关于场域的一般命题之间进行了反复讨论，例如，"一个场域是一个力量场，以及为了转变力量场而进行的斗争场，在此之中，每一个施动者都会利用他们在权力关系中所持有的力量来维持或转变它"（第七讲）。他还从反对经济学方法的角度阐述了市场的概念，因为那种方法认为市场是原子化消费者与价格之间的关系。场域是一个竞争场所，竞争者被赋予了不同形式的有效资本（当然是经济资本，但也包括技术资本、信息资本、社会资本和象征资本），这些资本限制了他们可以运用的策略。与任何场域一样，即使被颠覆的可能性始终存在，特别是由于"**新来者**"（newcomers）的出现，权力关系也始终倾向于使自己永久化，这有利于那些集中了如此多资本的主导者，他们对资本本身拥有权力。在这方面，经济场域既是一个力量场，也是一个斗争场，其中特别重要的点在于在国家的帮助下所定义的游戏规则，但不同的竞争者对这些规则的控制其实非常不平等。

当布迪厄在 2000 年拿起《经济的社会结构》中专门讨论的"经济场域"的这部分课程的书面修订版本时，他将其与他关于个人住

---

[1]　P. Bourdieu，*Sociologie générale*，vol.1，*op. cit.*，p.489 *sq.*

288　房市场上的文本放在一起。他还将增加一篇未发表的"后记"——《从国家场域到国际场域》，这既涉及 20 世纪 90 年代末政治辩论中出现的经济"全球化"问题，也涉及场域所依据的国家或国际场域的结构规模的更多理论问题。在此之前，布迪厄一直在国家框架内使用场域概念，在 20 世纪 90 年代，他对文化界中的国际化现象提出了越来越多的质疑。对 1993 年致力于经济场域的发展的这种延伸证实了这一概念的阐述，它远非简单地将先前所定义的概念应用于新的特定案例（经济），而是进入了一种动态之中，这意味着在连续（或平行）研究和反思所带来的小幅度修改的影响下，对概念定期进行重新定义。1993 年的课程提供了这种动态的另一个例子：布迪厄通过对竞争概念的迂回分析，以一种相当特殊的方式呈现场域的概念。在其他情况下，他一般会坚持一种特定资本的存在，如坚持一个微观世界的适当的合法性，而在此，他强调了这样一个事实，即场域的概念将重点从供求关系之间、生产者和消费者之间的关系，转移到了生产者之间的竞争关系（第八讲）。

　　此外，对经济场域概念的阐述并不是对以文化生产场域（布迪厄在接下来的几年里仍将用很大的篇幅讲授文化生产场域）为重点的工作中的一段简单的插曲：经济场域理论的发展，在很大程度上要得益于之前对文化生产场域的研究，并且同时也对其产生了相应的回报。今天读来，对出版商的快速提及（第七讲）必然会让人想起布迪厄在 20 世纪 90 年代末对文学出版的研究，这是他第一次不是以个体，而是以公司、以"商号"为重点的群体传记学（prosopographique）研究。[1]

289　　　布迪厄对新闻业的延伸叙述（第七讲）更清晰地预示了他对

---

[1]　P. Bourdieu，« Une révolution conservatrice dans l'édition »，art. cité.

新闻场域的分析，其第一篇研究在一年后发表[1]，并且在相当重要的方面继承了对经济场域的思考。事实上，如果布迪厄认为用场域的概念来分析新闻业是有用的，那与其说是因为这一业界的（相当弱的）自主性，不如说是因为它构成了一个竞争的空间，甚至在为"观众"生产内容之前，制片人们就已经在相互监督，并被反对他们的权力关系所绑定。这位社会学家在《论电视》中详细阐述了这一想法，这是 1996 年 3 月在法兰西学院所拍摄的一门课程的录像。他在新闻场域的研究将从标题非常鲜明的一章《市场份额与竞争》开始，在这一部分中，1993 年课程的内容几乎全部被明确地调用了：为了强调 TF1 频道对其他所有竞争对手的影响，布迪厄提出，例如，"经济企业场域［之中］一个非常强大的企业有能力几乎完全改变整个经济空间；它可以通过降低价格来阻止其他新企业的进入，它可以设置一种进入壁垒"[2]。

在这里，我们有必要回顾一下 20 世纪 90 年代初的思想背景，并回顾一下布迪厄在阐述一般场域理论时所关注和提出的问题，因为 1993 年的课程也可以从这些角度来解读，然而，布迪厄的主要目标仍然是在他的社会学基础上对经济学进行的分析，正如他所一再指出的那样，他所走的道路与社会学家通常对新古典经济学和理性选择理论的批评截然不同。

事实上，与许多社会学家不同的是，布迪厄将这一理论视为社 290
会科学的主要范式之一。1991 年，他与美国社会学界的主要代表詹姆斯·科尔曼共同编辑了一本书。[3] 同样，在整个职业生涯中，他

---

[1] Pierre Bourdieu, «L'emprise du journalisme», art. cité, 以及后来的文本, «Champ politique, champ des sciences sociales, champ journalistique (Cours du Collège de France, 14 novembre 1995)», art. cité；Sur la télévision, op. cit.。

[2] Id., Sur la télévision, op. cit., p.45.

[3] Pierre Bourdieu et James S. Coleman (dir.), Social Theory for a Changing Society, Boulder-San Francisco-Oxford, Westview Press, New York, Russell Sage Foundation, 1991.

一直关注着与他同时代的加里·贝克尔（和他一样在 1930 年出生）的作品。他所发展的"广义经济"（économie élargie）或"普遍经济"在某种意义上与加里·贝克尔提出的**经济人**模型的广义延伸相对应，这两项事业在当时有时被等同于对方。在第九讲中，布迪厄暗示了"反功效主义社会科学运动"对他作品的批判性看法。在 20 世纪 90 年代的社会学界和知识界，这个群体并非唯一指责他的功效主义、经济主义或他的"幻灭"观点的人。例如，像"文化资本"这样的概念，仍然持续冒犯着一些人。尽管这如今在很大程度上已经成为了新闻或政治常识的一部分，但当时情况远非如此：人们质疑布迪厄将计算逻辑引入不可亵渎的教育和文化领域。

如果布迪厄的社会学引起了这种类型的反应，那是因为在这个主题上和在其他主题上一样，它致力于通过整合通常被认为是相互排斥的那些论点来超越既定的论战。布迪厄理解许多人对经济学家们的"傲慢"所激起的愤慨，如这导致加里·贝克尔把我们所处社会中的婚姻分析为成本 / 收益计算的结果，但布迪厄也认识到这是对社会世界的科学项目中的一些建构性预设的实施。在理性行动理论中，布迪厄所反对的不是经济在某种意义上无处不在的假设，也不是每个社会和每个社会世界都以经济为基础，而是反对将经济还原为"经营经济学"，在他看来，这种经济学并没有普遍性，更不是自然的：相反，他努力表明它是一种历史的产物，与我们社会中形成的一个相对自主或"脱嵌"的经济场域有关。然而，尽管他区分了经营经济学和非经营经济学、银货两讫的经济和礼物经济，但他依然强烈批评那些通过对前资本主义社会的迷人描述来保持"对失落乐园的乡愁"的民族学家（第二讲）。事实上，他论点的一个非常重要的方面在于，拒绝将两个经济体之间的对立与资本主义和前资本主义社会之间的对立叠加起来。尽管他不断地回到礼物经济，但

291

他从未把它视为"古式",也不会把它看作是古代社会或濒临灭绝的社会的一种特殊性。相反,他可以像马塞尔·莫斯一样写道,这些看似无私的交换构成了"我们社会赖以建立的人性基石之一",而且"这种道德、这种经济仍然在我们的社会中以一种持续的、可以说是潜在的方式发挥着作用"[1]。

因此,前资本主义社会并没有垄断礼物经济,礼物经济存在于我们社会的整个子世界中,因此它是横贯所有社会的因素。布迪厄随后宣布了他的计划——他将在次年实施这一计划[2]——专门开设一门课程来讲授"从家庭经济,到交换在其中无法还原为纯粹利益和银货两讫的逻辑的那些世界(艺术、科学、宗教等)的经济,再到官僚系统的经济,分析不同形式的象征性交换的共同原则"(第五讲)。但是,在我们的社会中,这些"孤岛"也没有垄断非经营的经济。事实上,它困扰着最"经济"的经济,而布迪厄似乎承认莫斯的分析的一个主要优点是,它们"撼动了我们经济行为的人类学基础,激发了我们所从事的极为深刻的事情":他举例说,比如"我们给钱和找零时[……]的预设"(第七讲[3])。

292

在这些课程中,布迪厄提请人们注意被古典经济分析及其许多批评者(尤其是马克思主义传统)所忽视的象征性,它仍然占据着最为经济的经济学的核心。他对礼物的长篇介绍是由这样一种信念所驱动的,即"对[……]礼物交换的象征性维度的分析,也都在不同程度上适用于所有被认为是严格意义上的经济交换"(第九讲)。同样,他不仅将"经济场域"等同于经济资本及其分配所产生的

---

[1]　M. Mauss, « Essai sur le don », art. cité, p.148.

[2]　"象征性商品经济"是布迪厄在1993—1994学年异地教学中的讲座主题之一(« L'économie des biens symboliques », art. cité)。

[3]　法语原书为5月3日,但那天是假期,也没进行讲课,因此可能是原书编辑错误。此处可能是指6月3日进行的第七讲。——译者注

权力关系，还在阐述这一概念时从未停止援引象征资本的作用，例如，我们在品牌资历或资格斗争的重要性中就可以清楚地看到这一点。因此，"在一个象征性是最基本的经济机制基础的社会中，那些所谓的纯粹硬经济理论依然试图将象征性完全还原为经济，这就有点滑稽了"（第八讲）。这种偶然的观察可能是指布迪厄论述中的一个基本观点：在这门课程中，这位社会学家在经济这个特定问题上实施了激励他的一个普遍意图，根据他在"普通社会学"课程中使用的格言，这种意图包括强调"象征性在社会交换中所起的决定性作用"[1]。

[1] P. Bourdieu, *Sociologie générale*, vol.2, *op. cit.*, p.185.

后记　经济学与社会科学：经济理论无能为力的替代方案？

罗贝尔·布瓦耶 [1]

长达二十五年的课程的趣味性与时效性

如果我们遵循大多数经济学家的做法，那么参考最新的学术出版物就足够了，这些出版物应该是对一个学科的知识体系的总和，并探索其边界前沿。因此我们本应不鼓励人们阅读这份 1992—1993 学年在法兰西学院的讲课记录，因为它已经被皮埃尔·布迪厄后来的著作及其继任者的作品所取代。但阅读这本书使我们能挑战这一观点，因为该课程在几个方面对理解布迪厄的方法作出了原创性的贡献。

布迪厄首先回顾了为解释礼物而提出的各种假说，这种现象对于当代理论而言是矛盾的，因为那些理论已经把简单的银货两讫的

[1]　罗贝尔·布瓦耶（Robert Boyer），法国经济学家。现为美洲研究所（Institute of the Americas）副研究员及其科学委员会委员。他的主要研究领域为调节理论和资本主义转型、亚洲和拉丁美洲的资本主义等。曾获法国国家科学研究中心银质奖章。

商品交换视为理所当然。对这种历史观念的缺乏，解释了为何标准经济学方法在面对前资本主义经济体时如此地束手无策：它根本就忘记了任何经济行动的象征性成分。布迪厄这种富有成效的工作明显偏离了主流思路，几乎不可能在任何一本学术期刊上发表成文章，因为很少有期刊允许如此深入的探索。

本课程的第二个主要贡献是严格且无情地诊断了理性行动理论的错误，而这一错误的概念框架至今一直是大多数当代经济学家的思维母体。基本上，这股潮流是**学究偏见**的受害者，因为"它混淆了逻辑的事物与事物的逻辑"。学者们非常慷慨地将自己的思想放在施动者的头上：市场只不过是一种抽象的价格形成机制，施动者被赋予了配得上诺贝尔奖的认知和计算能力。更简单一点说，他们以所掌握的抽象概念将经济现实的基本参数视为可忽略不计：历史时间被抛弃了，因为所有的交易都被视为瞬时和共时的，而他们提出的代表性施动者也并没有掩盖对微观与宏观经济之间关系的任何思考的缺席。标准分析的这种认识论上的弱点长期以来被经济学家们在学术界中所获得的巨大权力所掩盖。当他们的模型终于明显无法解释 2008 年发生的巨大的国际经济危机时，这一点终于暴露了出来。布迪厄则与其他异端浪潮一样，提前发现了这种失败的智性根源，当我们阅读这部作品时就能发现这一点。

但这位社会学家的分析并不仅局限于一次批评，因为他也在实践着柔道般的技艺。事实上，他调用了一些经济学家和社会科学家的工作，以探索一种将经济秉性的产生和习得放在首要位置的研究方法的可能性。布迪厄将索尔斯坦·凡勃伦、阿尔弗雷德·马歇尔、马克斯·韦伯、约瑟夫·熊彼特、赫伯特·西蒙和奥利弗·威廉姆森的相继贡献纳入其中，开创了一条通往他自己的经济行动理论的原创路线。他已经对此路线连续作了多次陈述和完善，但本课程的论点依然是全新的。

1992—1993 学年的最后一讲使我们能衡量他所取得的进展。与规范性的**经济人**相比，他提出惯习是一种"集体性的个体"。因此，理性原则丧失了其绝对性，必须根据所考虑的场域的背景加以界定。预期不再基于计算，因此也不再是所谓的理性的，而仅仅是合理的，因为它们都调动了惯习的技能与直觉。最后，由于经济施动者的预期很大程度上是会根据他们的机会进行调整的，个体和社会在场域和惯习之间的辩证关系中互相交织渗透在一起。这是一种克服标准理论从微观向宏观层面转移这一两难的方式。

阅读这本书最后还有一个理由。在学术文章和学术著作中，作者总会试图掩盖最终文本写作过程中的往往漫长而不确定的过程，而课程的优点是使思想运动的路径、犹豫不决、创造新术语的尝试，以及更好的围绕焦点所展开的分析变得清晰明显。例如，读者将能够衡量布迪厄早期对卡比尔社会的研究工作在他一些关键概念的起源中的重要性：这的确是在整个课程中反复提及的。最后，轻松自由的语气使得他的论点在人们重读时也能压制住愤怒，而这里汇编的大多数课程都体现出了一种幽默感，这种幽默感在其他形式的出版物中都很难找到一席之地。皮埃尔·布迪厄既提供了终点，也提供了通往终点的路径，提供了允许读者共同参与建设思想大厦的脚手架。因此，本课程往往类似于研讨会，因为它描述了一种更好地激发参与者共同工作的方法。没有比这更好的对社会科学的辩护和说明了。

从这些前提出发，我们可以更充分地探讨一些核心问题：如何才能准确地定义场域和惯习？这些概念在多大程度上允许我们思考经济行动的历史意义及其在不同空间中的多样化的部署？我们是否有理由断言布迪厄是一个再生产理论家，没有能力思考变迁和对行动者策略的开放性？与惯习概念的路径类似的调节理论不是也受到

296

了同样的批评吗？最后，面对政府与舆论现在向经济学家所提出的问题——"为什么你们没有预见到 2008 年开始的大危机？"英国女王在皇家学院这么问道——我们在将经济学重新纳入社会科学这一愿景的激励下，是否可以看到一些替代性的研究方案的出现？

场域和惯习：将经济学重新纳入社会科学

经济施动者在日常决策中所使用的认知图式是否与专业经济学家相同？我们真的可以把经济关系仅仅简化为被赋予相同权力、能力和信息的个体之间的商业关系吗？被视为代表性施动者的**经济人**的形象，是否掩盖了从微观经济到宏观经济的过渡问题的解决方案的缺失？为什么会有看法认为，国家在任何地方几乎总是会破坏经济活动的稳定？还有，均衡理论能否允许我们思考历史时间及其所暗含的转型？最后，假设经济法则在时间和空间上都是不变的，这是否合理？

对于解决所有这些问题，布迪厄不仅通过对理性选择理论所预设的认识论和方法论进行了批判，而且更重要的是，他通过对经济活动的概念化提供了一些答案（表 1）。

表1　新古典经济学与经济社会学

特　性	新古典经济学	经济社会学
认识论	倾向于经济的自然化（在一个自主的经济空间内，存在着自然法则）	建构主义和历史偶然性（经济学作为一个场域和学科，是一种社会建构）
行动的逻辑	由专业的经济学家阐述的理性选择理论	惯习和场域之间的相互作用，以及场域之间可能的相互作用
施动者间的关系	施动者之间通过市场的横向、基本的平等主义关系	每个场域和/或市场内，存在着基本的支配/被支配关系

（续表）

特　性	新古典经济学	经济社会学
施动者的性质	施动者的目标和偏好是相同或相似的	惯习的历史性形成意味着施动者间的异质性
对时间的处理	在虚拟时间和工具时间中的连续均衡状态	对场域和惯习的再生产，但也有它们不同步和产生危机的可能性
国家的作用	完全或从根本上破坏了施动者的私人计算	往往是市场和基本经济关系的建立者
分析者的政治立场	本质上是市场活动家或工程师，对占支配地位的经济行动者的利益很敏感	分析者和研究人员中的批判者角色，支持社会中被支配的阶层

1. **理论家**非常慷慨地将他自己为解释纯粹经济而假设的**相同理性**赋予具体的经济施动者。很明显我们认为，在旨在实证的分析中，这诱导了一种指鹿为马般的规范性计划的出现：如果观测数据与理论数据不一致，那是由于施动者的某种非理性或市场的不完全性。[1] 我们将认识到新古典主义原教旨主义的计划，它本身就反对将理性和市场均衡的假设作为一种方法论，这种方法论对经济均衡的存在及其与帕累托最优的或多或少的令人满意的性质问题不置可否[2]。

2. **微观经济学与宏观经济学**之间的关系对大多数社会科学，特别是新古典主义经济理论来说似乎有问题。一方面，"看不见的手"的寓言在一般均衡理论的尝试中达到了顶峰，该理论试图证明均衡的存在，这种均衡正是从生产技术和偏好的多样性中衍生而来的。另一方面，大多数宏观经济理论都相当于假设了一个代表性施动者的等价物。理论分析表明，除非条件极其严格——在具体经济体中

298

[1] Robert Boyer, « L'avenir de l'économie comme discipline », *Alternatives économiques*, hors-série « La science économique aujourd'hui », 3e trimestre, n°57, 2003, p.60—63.

[2] Bruno Amable, Robert Boyer et Frédéric Lordon, « L'*ad hoc* en économie：la paille et la poutre », in Antoine d'Autume et Jean Cartelier（dir.），*L'économie devient-elle une science dure?*, Paris, Economica, 1995, p.267—290.

并不满足这种条件——否则不可能实现完美的加总。即使最新的、旨在实现近似加总的研究使用了施动者异质性的假设，经济学家也无力解释这种异质性。而经济社会学，特别是布迪厄的惯习概念，有利于解释这种异质性的内生原因。从概念上讲，一个场域的属性显然不是对施动者特征的简单转述，而是来自它们间的互动。

3. 将时间考虑在内也给几乎所有的经济理论带来了一个棘手的问题。事实上，经济学家所考虑的**时间**是计算的时间，是预期的时间，是向均衡靠拢的时间：这是一个**逻辑时间**，基本上是虚拟的，因为它只是对理论家的思想实验的简单支持；它充其量是一个运动的时间，描述向稳定和不变的均衡靠拢的过程。然而，正如布迪厄自己对惯习的定义所强调的那样，**历史时间**的问题才是构建经济施动者的核心。相对于逻辑时间，历史时间的变迁因素是引入支配一个场域运作的游戏规则的演变过程，更普遍的则是引入经济体制的历史转变过程。因此，致力于研究分类、制度和市场的起源的经济社会学，为经济分析的历史化提供了一个出发点。所以，它是新古典主义理论的一个替代方案，因为新古典主义理论的预测不断被反复出现的创新所挫败，而这些创新有时被认为是激进的，但实际上只是微小的，或者反过来说，是最初的边际变化导致了调节模式的整体转型[1]。

4. 对于大多数经济理论来说，**国家和政治的角色**并非没有问题。事实上，在一个仅通过市场对理性经济施动者之间的互动所作的正式分析中，从这一建构本身来看，任何形式的国家干预都是有害的。如果我们从字面上来理解那些标准的新古典主义理论的教义，经济学家就只能是市场的捍卫者和宣传者。而另一方面，我们如果

---

[1] Robert Boyer, « Les économistes face aux innovations qui font époque », *Revue économique*, vol.52, n°5, 2001, p.1065—1115.

看一下经济史，就会发现国家和市场之间有着显著的互补性。不仅 300
仅是在以国家资本主义为特征的法国，在许多例子下，公共当局都
是市场的制定者。纯粹的市场经济理论似乎是一个自相矛盾的说法。
这令人惊讶吗？比如，市场经济的基础，即货币制度，就与国家和
政治所提供的主权和合法性显然密不可分[1]。

　　因此，关于**经济场域自我封闭**的纯粹理论假设——即只用经济
因素来解释经济——可能也很难维持，因为它预设了一种可分离性，
但许多经验性的证据倾向于证明这种分离性是无效的。如果那仅仅
是因为市场体制对应于一个动员社会行动者的策略的过程，而这往
往是国家的合法权力。因此，答案之一是将经济学家的假设和方法
应用于社会现象、政治、法律、历史、人口学，最后是技术的产生。
然后，在经济学家的霸权下，在社会科学层面上进行封闭。

一个必要的历史视角

　　布迪厄使用的基本工具之一是使用历史来描述当代构型的谱系，
从而防止任何自然化的企图。例如，他不是把对古斯塔夫·福楼拜
作品的分析看作是 19 世纪文学场域**自主化**进程的见证吗？[2] 在拍卖
市场的建设中，一个新形成的联盟颠覆了**支配/被支配的关系**。[3] 同
样引人注目的是，在大多数情况下，是调动**国家权力**的能力建立了 301
这一场域。这一因素在布迪厄对经济学的贡献中也有体现，他用个
人住房这一特殊但具有启发性的例子强调了市场出现的社会条件。[4]

[1]　Michel Aglietta et André Orléan，*La Monnaie souveraine*，Paris，Odile Jacob，1998.

[2]　P. Bourdieu，*Les Règles de l'art*，op. cit.

[3]　M.-F. Garcia，« La construction sociale d'un marché parfait »，art. cité.

[4]　P. Bourdieu，*Les Structures sociales de l'économie*，op. cit.

遗憾的是，这些不同的研究工作所积累的诸多成果还没有被系统化（表2）。这也是经济社会学正在探索的研究方向，有些悖论的是，这些在美国[1]的进展比在法国更为系统化。

表2　场域和市场的起源：一些例子

场域 / 市场	出处	涌现的因素		
		专业化 / 自主化	主导行动者	国家权力
教育系统	*Homo academicus* (Bourdieu，1984)		+	+
拍卖市场	« La construction sociale d'un marché parfait » (Garcia，1986)		+	+
文学	*Les Règles de l'art* (Bourdieu，1992)	+	+	
媒体	*Sur la télévision* (Bourdieu，1996)	+	+	+
个人住房市场	*Les Structures sociales de l'économie* (Bourdieu，2000)	+		+
勃艮第葡萄酒	*Folklore savant et folklore commercial* (Laferté，2002)		+	+

302

比较：有多少种场域，就有多少种理性

对于经济学家来说，消费者理论基于两个支柱：存在着独立于

---

[1]　Neil Fligstein，*The Architecture of Markets：An Economic Sociology of Twenty-First Century Capitalist Societies*，Princeton，Princeton University Press，2001；Harrison White，*From Network to Market*，Princeton，Princeton University Press，2002.

社会环境的偏好，以及只取决于所消费的商品和所作的努力的最大化效用。这两个假设都是无效的。显然，在当代社会，消费规范受到强烈的模仿过程的影响，而这些模仿过程本身又被公司为扩大利润空间而提出的创新所推动[1]：这种形式的相互依存关系很少被微观经济理论所考虑。同样，个体的目标也取决于生产、社会和政治环境，以至于制度主义的一个分支认为，环境几乎完全决定了个体作为一个组织或社会成员为自己所设定的目标。[2]

　　同样，经济史提供了各种典型构型的特征。例如，为什么中世纪的农民会分散他土地地块的位置，令其多样化？对于研究当代农业的经济学家来说，这纯粹是非理性的：这个农民应该把他的土地编组，以便从规模回报中获益。但根据美国农业资本主义来分析中世纪的农业经济，不过是一种不合时宜的时代错置。事实上，面对接二连三的气候事件，贫穷的农民旨在通过尽可能地分散风险——从河边的洪水到山上的霜冻——来确保其家族的生存。那这没有任何非理性之处；相反，这是为了适应以定期饥荒为标志的旧式调控。[3] 同样，18 世纪的英国大地主也热衷于通过调用重农理论来影响税收或关税水平，以维护自己的利益。第三种构型是美国或阿根廷的农业，其中种植业的创新扩大了规模回报的好处。在这三个例子中，都有一个共同的特点：支配性社会关系塑造了行动，或者用布迪厄的概念来说，场域和惯习是对应的，它们所处的构型都不能还原为一种普遍模型。

　　通过比较 19 世纪的商人、亨利·福特的雇员、丰田的工薪族和

303

　　[1]　Robert H. Frank, *La Course au luxe. L'économie de la cupidité et la psychologie du bonheur*, trad. Monique Arav et John Hannon, Genève, Markus Haller, 2010.

　　[2]　Mary Douglas, *Comment pensent les institutions*, trad. Anne Abeillé, Paris, La Découverte, 1999 [1986].

　　[3]　Robert Boyer, «Cinquante ans de relations entre économistes et historiens. Réflexions d'un économiste sur les cas de la France et des États-Unis», *Le Mouvement Social*, n°155, 1991, p.67—101.

硅谷的风险资本家的目标和手段，这一现象也凸显了出来（表3）。更不用说"交易员"或"量化投资人"这些职业的情况了，他们的行为被其他社会成员认为是不理性的，实际上这是基于利润分享的薪酬制度的结果，因此那是对可能风险的最大承担。[1]

304　　　　　　　　表3　有多少种背景，就有多少种形式的个体理性

行为 ＼ 社会位置	贫农	大地主	商人	韦伯式的管理者	一家大型福特主义公司的雇员	风险资本家	交易员
目标	面对危险（天气、市场）时的生存	绝对收入和差额收入	专业独立	管理效率	职业生涯中的收入	发现划时代的创新	红利和分享利润
论证／推理类型	维持家庭收入	重农主义	维持生活方式所需的劳动	实质理性	有竞争力的利益相关者	对技术进步的贡献	市场的流动性
行动类型	使耕地多样化	维护土地所有权，控制政治	雇用工人，按工作量付款	启动和协调正式程序	对公司的忠诚	使投资组合多样化	根据目标收入承担风险

305　　　　自相矛盾的是，正是在现代公共行政的框架内，人们才能找到理性原则的最清晰表达，但在这种情况下，要关注的事情不在于通过价格机制融入资本主义经济，而是发明和协调使其得以繁荣的规则和常规[2]。如果我们把分析延伸到当代，那么，在金融化的时代，以调动私营产业的方法来改革过去遗留下来的，在一个政治家在经

---

[1]　Olivier Godechot, *Les Traders. Essai de sociologie des marchés financiers*, Paris, La Découverte, 2001.

[2]　M. Weber, *Économie et société*, *op. cit.*

济组织方面更具主动权的、与今天完全不同的体制中才能发挥作用的公共行政部门，这样的做法不值得注意吗?

　　因此，一旦理性原则被赋予了确切的内容，那种自认为具有普遍天职的微观经济学存在的可能性就被消除了。微观经济理论的这种正统性——几乎所有大学都在像对宗教一样虔诚地讲授它——与经济史提供的风格多样的事实相比，只证明了这门学科的规范性，但其代价就是牺牲了与事实的相关性。

超越再生产，一个变迁理论

　　虽然对布迪厄作品的肤浅解读表明了社会再生产的不可避免，但实际上整套分析工作的全部努力都是为了揭示变迁和转型的因素。然而，他最初的作品确实以其准公理性的使命感，在应用于教育系统时，可能给人一种纯粹的再生产理论的印象，而没有过多考虑到历史转型。[1] 然而随后的，特别是关于惯习和场域的概念的阐述与理论的深化，要求他采用一种历史性的方法，旨在确定它们的**起源**、制度化，然后是转型的因素，最后是危机。

306

　　关于惯习的概念，批评家们的误解一度达到了顶峰。在大多数情况下，他们屈从于便利的词源分析，从而简单地以为：惯习（habitus）只是习惯（habitude），即导致个体自主性消失的不变因素的机械再生产，换句话说，是以相同的资本持有者对被支配者的永久统治为标志的一种静态历史。[2] 然而，几乎在每本书中，布迪厄

---

[1]　P. Bourdieu et J.-C. Passeron, *La Reproduction*, *op. cit.*

[2]　A. Caillé, *Don, intérêt et désintéressement*, *op. cit.*；Olivier Favereau, « Théorie de la régulation et économie des conventions：canevas pour une confrontation », *La Lettre de la régulation*, n°7, 1993.

都认为有必要消除这种误解。让我们来判断一下吧："惯习［……］是一个人已经习得的东西，但它以一种持久的方式体现在身体中，以永久秉性的形式存在着。这个概念［……］是**遗传性**思维模式的一部分，与本质主义的思维模式相反［……］。惯习是一种具有强大**生成性**的东西。［……］惯习有着一种发明的原则，它由历史产生，并相对地脱离了历史：秉性是持久的，这导致了各种（延迟的、**有差距的**……）**滞后**效应。"[1]

历史也是由这样一个事实所引入的：对一个场域的投入是由一个确定赌注的游戏空间和一个为这个游戏而调整的秉性系统之间的互动产生的。"换句话说，投入是社会的两种实现之间的协议的历史效果：在事物中，是通过制度，而在身体中，是通过吸纳。"[2] 因此，当制度和惯习已经是由同一历史过程生成的时候，一个人根据另一个人所作的调整只是一种特殊情况。然而，布迪厄的早期工作恰恰集中在一个场域的正常运作中的差异与失败上，而这个场域的逻辑在当时恰恰没有被他人注意到。"这无疑是来自对惯习和结构进行调整的特殊情况，它经常被人们理解为重复和保存的原则，这个概念与惯习一样，一开始就令我折服，将其作为解释在一个像 20 世纪 60 年代的阿尔及利亚这样的经济体中所观察到的**差距**的唯一手段［……］，在客观结构和吸纳结构之间，在由殖民化（或今天由市场的限制）引进和强加的经济体制和由直接来自前资本主义世界的施动者带来的经济秉性之间，这一概念是必要的。"[3]

在经济领域，我们能发现各种各样的例子，它们都表明惯习与场域转型之间的差距。因此，欧洲中央银行的第一批行长，以二战

---

[1] Pierre Bourdieu, *Questions de sociologie*, Paris, Minuit, 1980, p.134—135.
[2] *Ibid.*, p.35.
[3] P. Bourdieu, *Méditations pascaliennes*, *op. cit.*, p.229.

后监管体系的通货膨胀为标志，试图按照货币主义理论的教条来控制货币供应，并说服政府减少公共赤字。他们花了十多年的时间，等到了欧元危机的爆发，才意识到这一政策的危险在于助长房地产和股票市场投机的信贷繁荣，因为金融创新和全球化已经改变了货币政策的条件和目标。[1] 同样，北欧和南欧的政治家对欧洲央行货币政策的评估存在冲突，部分原因是在非常不同的国家背景下形成的惯习。[2] 最后，一个房地产商的首席执行官的惯习在进入华盛顿政治精英群体时受到了干扰，这也为布迪厄在其课程中提到的堂吉诃德效应提供了一个滑稽的例子。[3]

此外，惯习的概念本身并不包括一个单一的、不可改变的、命中注定的和排他的原则。同样，阿尔及利亚的底层无产者的例子表明，"存在着分裂的、撕裂的惯习，以一种紧张和矛盾的形式承载着生产出它们的矛盾性形成条件的痕迹"[4]。因此，"惯习既不一定适应，也不一定融贯［……］根据堂吉诃德的范式，秉性与场域及构成其规范性的'集体期望'可能会互相抵触。特别是当一个场域经历了深刻的危机，人们看到它的规律性（甚至是它的规则）被深深地破坏时，情况尤其如此"[5]。这一理论目标贯穿于布迪厄的工作中，无论是在阿尔及利亚的工作[6]、贝阿恩农民社会的演变[7]、大学危机[8]、法国精英的再转化策略[9]还是妇女问题[10]。他也没有忘记与新

308

[1]　Robert Boyer, *Les financiers détruiront-ils le capitalisme?*, Paris, Economica, 2011.

[2]　*Id.*, « The euro crisis: undetected by conventional economics, favoured by nationally focused polity », *Cambridge Journal of Economics*, n°37, 2013, p.533—556.

[3]　*Id.*, « États-Unis/Mexique: le grand basculement », 2017, 〈http://robertboyer.org/fr/etats-unis-mexique-le-grand-basculement/〉.

[4]　P. Bourdieu, *Méditations pascaliennes*, *op. cit.*, p.95.

[5]　*Ibid.*, p.230—231.

[6]　Pierre Bourdieu, *Sociologie de l'Algérie*, Paris, PUF, « Que sais-je? », 1958; rééd. « Quadrige », 2010.

[7]　*Id.*, *Le Bal des célibataires*, *op. cit.*

[8]　*Id.*, *Homo academicus*, *op. cit.*

[9]　*Id.*, *La Noblesse d'État*, *op. cit.*

[10]　*Id.*, *La Domination masculine*, *op. cit.*

场域的出现相对应的一个问题，例如个人住房产业的问题 [1]。

一旦一个场域被构成，它的运作就会启动一系列变迁的力量，这些力量是历史运动的起源。在这方面，令人遗憾的是，很少有经济学家阅读题为"经济人类学的原则"的一章，该章是那本关于经济的社会结构一书的结尾。至少有五个因素促成了这种转型，而这种类型学完全超出了现有的那些市场研究的严格框架。

1. 第一个因素是，该场域的**支配性施动者**有一定的能力来强加"转型的节奏 [……]，而对时间的不同利用方式是其权力的主要来源渠道之一"[2]。事实上我们必须要记住，场域内位置再生产的前提是资本形式歧视性的分配不平等的永久化再现。因此，支配的永久化不可能建立在对同一策略的再生产上，因为它也是以创新为前提的。在这方面，人们可能会认为，艺术或文学场域是这种创新压力的典范，这种压力成为它们的一种主要特征。

2. **新施动者**的加入可能会改变该场域的结构。这一因素在经济学中当然是至关重要的，因为在某些历史时期，为了寻找新的利润来源而进行创新的压力导致了生产结构的破坏。经济竞争来自其他国家或部门这一事实，进一步加强了这种动力。这种变迁的因素在大多数场域都可以找到：新的社会阶层受教育的普遍化改变了教育系统的运作，就像大学教师队伍的更新必然会影响到其动力学一样 [3]。

3. 反过来，"场域内的变迁往往与场域外的变迁有关。除了跨越边界之外，场域之间也发生着**重新定义边界**"[4]。如果某些关键人物动员他们在那些场域（学术、政治、经济）的从属人员来重塑其

[1] Pierre Bourdieu, *Les Structures sociales de l'économie*, *op. cit.*

[2] *Ibid.*, p.309.

[3] P. Bourdieu, *Homo academicus*, *op. cit.*

[4] *Id.*, *Les Structures sociales de l'économie*, *op. cit.*, p.311.

中一个场域，情况就尤其如此，正如勃艮第葡萄酒场域的例子所示。[1] 此外，我们还可以观察到，在通过专业化形成的新产业，例如在计算机行业，软件生产正在从硬件生产中自主独立出来，以至于颠覆了该产业内的等级制度，这一点从其利润分配的演变中就可以看出。另一方面，某些激进的创新可以通过合并旧的产业而产生一个新的产业：例如，计算机和电信的相遇颠覆了后者在 20 世纪 60 年代最坚实的垄断。这种重新定义边界的运动在经济学中特别明显，但它也是大多数其他场域的特点。例如，媒体场域正日益影响着学术场域[2]，商业关系也正在渗透到艺术活动中，等等。

4. 在一个场域与外部世界的交换中，布迪厄强调了与国家互动的重要性。事实上，**对国家权力的竞争**为变迁引入了另一个强大的因素。同样，这个因素在经济领域也是至关重要的，哪怕只是所谓的自由主义的回归市场的策略，事实上也是对国家权力的明显呼唤。因此，各个场域的当代演变都以公共干预的斗争为标志。毫无疑问，正是这种意识解释了布迪厄在政治舞台上的介入的倍增，这种介入在 1995 年后尤为频繁。[3] 它们是对国家的贵族特征的含义以及公共和私人之间的对立的持续反思的一部分。[4]

5. 最后，由不同场域结构的变迁引起的**惯习与场域之间的不同步**是**变迁**乃至危机的频繁来源。例如，那些影响到了人口、生活方式、性别关系的普遍转型，以及它们在所有场域的扩散，就属于这种情况。[5] 或者简单地说，各种形式的资本之间对等率的变化可能会反映在一系列的场域之中，这破坏了在完全不同的背景下形成的惯习的

310

[1] Gilles Laferté, *Folklore savant et folklore commercial：reconstruire la qualité des vins de Bourgogne. Une sociologie économique de l'image régionale dans l'entre-deux-guerres*, thèse de sociologie, Paris, EHESS, 2002.

[2] P. Bourdieu, *Sur la télévision*, op. cit.

[3] Id., *Interventions, 1961—2001. Science sociale et action politique*, Marseille, Agone, 2002.

[4] Id., *La Noblesse d'État*, op. cit.

[5] Id., *Les Structures sociales de l'économie*, op. cit., p.313—314.

311　　反应能力的稳定性。在某些情况下，各场域之间相互依赖的复杂性也可能是**危机**形成的根源，并或多或少地直接影响到它们内部的支配因素。在布迪厄的作品中，有许多关于这种不稳定的例子（图1）。

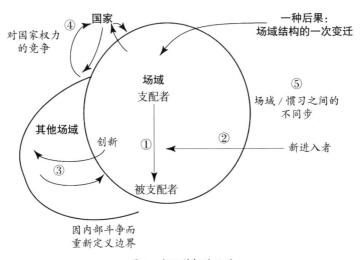

图1　变迁引起的互动

与调节理论的同源性

　　对布迪厄的理论的接受情况与调节理论相比差异如此之大，这不能不令我们感到震惊。分析的层次当然是不同的，对惯习和场域来说是中观经济的，对调节理论来说是宏观经济的。虽然后者起源于对第二次世界大战后步履蹒跚的经济增长体制、随后成为公开的

312　　危机的认识[1]，但批评者们依然不断谴责它的静态性质和完全复制自资本主义制度的假设。在很大程度上，这种评估是出于与"调节"（régulation）一词相关的内涵（一个系统内稳态的再生产），这些含

---

[1] Michel Aglietta, *Régulation et crises du capitalisme*, Paris, Calmann-Lévy, 1976; nouvelle éd., Odile Jacob, 1997.

义往往比对调节模式的精确定义——导致积累体制产生内生性不稳
定的力量之间的过渡性均衡——更有说服力。[1] 真是悖论啊！在这两
种情况下，在考虑到个体和机构在历史上的社会建构而发展起来的概
念，都被解释是为了捍卫和说明一种完全同一的再生产，这就没有了
任何变迁的可能性，无论它是边缘的还是激进的。这种批评也一次又
一次地针对布迪厄，尽管他的目的是通过反思性分析提供工具，最终
使其有可能克服每个场域中所表现出来的支配关系的宿命。

　　因此，布迪厄的工作和对调节方面的研究之间出现了某些相
似之处，这就需要对这两种观点的共同特点以及不同之处进行思考
（表4）。我们要意识到，前者以社会学为主要应用点，同时又具有
社会科学的纲领性目标，而后者则是从经济学出发，由于其研究纲
领的发展，不得不首先与历史和社会学建立联系，而后又要与政治
分析和法律一同编织其实践。

　　从一开始，主要侧重于宏观经济方面的工作——积累体制和调
节模式的性质与演变——就感到有必要明确其应当采取的行动理论。313
但是由于布迪厄对将实质理性、特殊的计算能力和几乎完美的预期
能力赋予了虚构形象的**经济人**概念的否定，导致了他们对惯习这一
概念有所保留，因为这一概念被理解成行为形成的母体，并带有强
烈的历史痕迹。[2] 与其说这一点很明确，不如说是调节研究纲领的
发展隐含地导致了对布迪厄这种贡献的澄清和重新定义。

　　首先，惯习的概念意味着对行动，甚至是所谓的理性行动所涉
及的**领域的限制**。虽然新古典主义理论必须假设，每个施动者都知
道整个价格体系，但事实上，由于收集相应信息的成本很高，施动

---

[1]　Robert Boyer et Yves Saillard, *Théorie de la régulation. L'état des savoirs*, Paris, La Découverte, 2002.

[2]　Robert Boyer, *La Théorie de la régulation. Une analyse critique*, Paris, La Découverte, 1986.

者形成了常规，使他们能够在他们日常运作的经济领域中找到自己的方位。因此，雇员，甚至如工会等更多的集体组织，都只考虑到有限的几个变量——消费价格、失业率、生产力 [1]——而无法通过将一系列分散的谈判联合起来的宏观经济影响的间接后果进行内化。在某种程度上，行为被规定为与调节理论所保留的**五种制度形式**有关。

其次，价格并不是唯一的相关指标，因为**游戏规则的内化**和对其他行动者的影响也是至关重要的。从这个角度看，工资谈判的例子再次给我们启迪。我们可以看到，在雇员和企业家双方的偏好和目标有相同的构造的情况下，工资水平以及推而广之的就业水平，都取决于行动者之间的互动方式。根据是否只有企业家或与之相反的雇员们被组织起来，甚或根据是否由一个行业协会与一个单独的工会来进行谈判，宏观经济结果将会产生根本性的不同。[2] 因此，像大多数调节主义者那样的经济学家会倾向于将某种优先于惯习的地位归于游戏规则，而不否认惯习在解释社会分化和异质性方面的重要性。事实上，如果由于政治动荡，当制度环境发生了重大变化，就有可能解释宏观经济规律的转变，而不需要假设行动者所追求的目标有相应的变化。[3] 例如许多例子中的一个：在战时被认为是马尔萨斯式的法国农民，到了 20 世纪 60 年代，难道不是被当作生产过剩的源头和生态学所批评的那种生产者吗？当问题涉及宏观经济规律的转型，调节理论就倾向于优先进行体制变革，而不是通过促进个体的学习来吸纳它们。

这一概念并不拒绝承认施动者的目标和偏好是在历史中形成、由历史形成的，正如制度主义理论的一个强有力的变体所主张的那

[1] Robert Boyer, « Les salaires en longue période », *Économie et statistique*, n°103, 1978, p.27—57.

[2] Samuel Bowles et Robert Boyer, « Labour market flexibility and decentralisation as barriers to high employment? Notes on employer collusion, centralised wage bargaining and aggregate employment », in Renato Brunetta and Carlo Dell'Aringa (dir.), *Labour Relations and Economic Performance*, Londres, Macmillan, 1990, p.325—353.

[3] R. Boyer, « Cinquante ans de relations entre économistes et historiens », art. cité.

样。[1] 这种**惯习的可塑性**，在政治的刺激下、在体制变革的推动下，又增加了一个演变的因素。有一个例子说明了这种二元性。要解释法国资本主义在 20 世纪 90 年代的转型，当然必须要分析放松金融管制和向国际善治标准开放的影响。但我们也可以援引法国大型集团及其领导人观念的变化，并强调也许是在国家高级公务员和企业家的世代更替的影响下的资本维持自身存在的力量导致了这种转型。[2]

表 4　场域理论与调节理论　　　　315

	场域理论	调节理论
愿景	社会作为一组或多或少相互依存的场域组成的整体	调节是结合一系列制度形式的结合体
行动理由	因与一个或多个场域对抗而形成的惯习	定位于制度上的理性
微观 / 中观 / 宏观间的关系	一个场域的特性在于其结构特征每个场域的核心是区分	突出个体行为的宏观制度基础调节模式的多样性
再生产的条件	惯习根据场域的调整，从期望到所占据的位置	通过各种制度形式所引起的宏观经济动态的兼容性
变迁的因素	每个场域内的斗争由于这些斗争的结果，各场域之间的边界和关系发生了变化为争取国家权力而斗争	围绕或关于制度形式的斗争调节模式的改变是其逻辑延伸的结果政治联盟和调节模式之间互补的不稳定性
危机的形式	惯习和场域之间（结构的）持久错位支配者之间的竞争为被支配者提供了机会	破坏制度形式的稳定性而支持调节模式无法建立政治联盟来重新配置制度的力量
对该理论的批评	一种再生产理论对分析转型的无力	为永恒的资本主义辩护对过去的简单化描述

---

[1]　M. Douglas, *Comment pensent les institutions*, *op. cit.*
[2]　Frédéric Lordon, *La Politique du capital*, Paris, Odile Jacob, 2002.

316　　如果我们在术语上对这两个盖然判断进行逐一比较，我们就可以看到布迪厄的场域和制度形式之间的同源性，而不必否认这两种构建有着各自不同的目标和对象。

　　1. 就如何描述所分析的世界而言，对布迪厄来说，所谓的社会是由**一定数量的场域结合**而成的，这些场域就其创始逻辑而言往往是自主化的，但事实上，它们通过一系列的机制相互依存，这些机制在前面已经具体说明了（行动者从一个场域到另一个场域的移动，一种形式的资本转换为另一种形式，等等）。而对于调节理论来说，一个经济体制是从所有**五种制度形式的兼容性**中产生的，并通过它们引起的行为进行事后观察。

　　2. 除了这种相似性之外，双方在对社会和经济的愿景方面分别存在着重大差异。一方面，布迪厄的社会学旨在构建一个关于诸多场域的普遍理论，但并没有明确阐述如何在其他理论所构想的社会中**衔接这些场域**。另一方面，调节理论只是把制度形式作为调节模式所构建的中间步骤来分析，它被设想为先验的或在理论上自主的一系列制度化妥协的**融贯性**。

　　3. 场域和制度形式都确保了**从中观到微观层面**的双重运动，**反之亦然**。正如前面已经指出过的那样，场域的属性并不是来自一个**社会人**（*homo sociologicus*）的行为，而是来自各种形式的资本中的一系列惯习差异和禀赋的不平等的动态再生产。同样，与每种制度

317　形式相关的调节理论的部分宏观经济规律，也不是对每个行动者所观察到的东西进行的简单推断。例如，福特主义的工资计算方程并不对应于一个代表性公司的行为，而是涉及大量异质性公司的一系列互动的结果，但它们的策略都符合相同的游戏规则。

　　4. 一般来说，这两种方法都强调了惯习和场域之间、行动者的策略和制度形式之间的**共同演变**（*coévolution*）。这一特点对布迪厄

来说特别明显，以至于引起了一些普遍的批评——正如我们所看到的，很多批评过度了——他们认为，在期望与实现之间，在秉性和场域中的位置之间的调整几乎是自动的，甚至可以说是重言式的。而调节分析在结构上只提供了中观经济层面的互动结果，由于缺乏数据和分析，它不可能区分哪些是由于制度的变迁，哪些是由于微观经济理论描述的偏好的转变。另一个有利于解释制度和个体行为共同演变的迹象是，人们希望从想要再生产其调节模式的地区引进一些制度的后果。[1]这倾向于证明，在社会的现实中，与理论的抽象性相反，惯习的可塑性远不是由制度所传达的简单激励系统所支配的。杂糅（hybridation）的概念旨在确定行为与制度相互适应的过程。[2]

　　5. 最后，对于这两个理论的构建来说，由**中观层面**所构成的**中间尺度**是很重要的，无论是布迪厄的场域还是调节的制度形式。事实上，即使可以找到管理所有场域运作的普遍规律，也有必要考虑到它们之间的相互作用，以描述整体演变的特征。因此，施动者和被分析的整体之间没有直接关系。同样，不能只在微观／中观关系层面上考察一种特定制度形式的可行性，而必须考虑它在边界或在其他的制度形式中所生成的发展的兼容性。从某种意义上说，最近的调节理论中关于制度等级[3]或制度互补性[4]的工作，提出了从微观

318

[1]　Suzanne Berger et Ronald Dore（dir.），*National Diversity and Global Capitalism*，Ithaca，Cornell University Press，1996；Robert Boyer et Michel Freyssenet，*Les Modèles productifs*，Paris，La Découverte，« Repères »，2000.

[2]　Robert Boyer，Elsie Charron，Ulrich Jürgens et Steven Tolliday（dir.），*Between Imitation and Innovation*，Oxford，Oxford University Press，1998.

[3]　Robert Boyer，« The variety and dynamics of capitalism »，in John Groenewegen et Jack Vromen（dir.），*Institutions and the Evolution of Capitalism：Implications of Evolutionary Economics*，Northampton，Edward Elgar，1999，p.122—140.

[4]　Bruno Amable，Ekkehard Ernst et Stefano Palombarini，« Institutional complementarity：Labor markets and finance »，CEPREMAP，2000；*id.*，« Comment les marchés financiers peuvent-ils affecter les relations industrielles? Une approche par la complémentarité institutionnelle »，*L'Année de la régulation*，n°6，2002，p.271—288.

到宏观的两步过渡的设想，即在中观层面上寻找制度形式之间的兼容性。

因此，在一定抽象程度的层面上，这两个盖然判断遵循了类似的方法，尽管如此，调节理论依然试图更进一步，解释一种可能克服贯穿了整个社会科学的**宏观/微观两难**的方法。从某种意义上说，它是为了重新发现作为物质科学特征的多种分析尺度。方法论上的个体主义和整体主义之间的冲突，难道不是长期掩盖了微观和宏观之间的关系，且反之亦然吗？

319　　两者最后一个趋同点牵涉到它们给国家所分配的角色。在这两种情况下，国家权力是大多数场域和制度形式变迁的核心。这在布迪厄分析的经济场域中尤其如此；而调节长期以来的一个特点是，让国家几近成为工资关系[1]、竞争形式和与国际体制衔接三者转型的强制性的必经之路。[2]这种角色在形成社会保障覆盖范围、税收制度和公共支出性质的制度化妥协中更为明显。虽然许多经济理论认为，公共干预通常具有破坏性的效用，但在这种情况下，它们具有构成性和制度性的作用。

反思性作为科学共同体的形成条件

对反思性的要求引出了我们对科学性标准的意义这一问题的质疑。一个共同体能否凭借其在一套概念、方法和结果上达成一致的论点而完成自我主张，还是应该委托来自外部的认识论专家来完成

---

[1]　Robert Boyer et André Orléan, « Les transformations des conventions salariales entre théorie et histoire », *Revue économique*, n°2, 1991, p.233—272.

[2]　Jacques-André Chartres, « Le changement de modes de régulation：apports et limites de la formalisation », in R. Boyer et Y. Saillard, *Théorie de la régulation*, *op. cit.*, p.273—284.

这一任务？可惜的是，一个学科内的共识并不意味着其结果的科学性，而外部分析者只有在一个专业形成很久之后才会进来。事实上，布迪厄提出，科学性的努力应该由研究者对其自身轨迹的永久反思性以及一个学科对其基础的反思性来衡量。这使得经济学家的经济学和其他社会科学所分析的经济层面联系起来成为可能。

曾几何时，经济学界认为他们的学科已经达到了高度的形式主义和科学化的水平，不再值得寻求与其他社会科学的合作，因为这些社会科学也以这样或那样的方式处理经济关系。一些原教旨主义者甚至提议，向所有这些学科输出使经济分析取得成功的工具。这无疑忽视了异端经济学家们所作出的截然不同的诊断，以及布迪厄在他的课程中所提供的关于各种社会科学中的交换问题的观点。

将学者的观念等同于他所研究的施动者的观念是十分危险的，我们必须要认识到纯粹理论背后所隐含的规范性；将施动者视为只有通过市场才能实现社会化的自主实体是具有误导性的，因此我们有必要超越将市场视为价格形成机制的抽象这一观点。简而言之，质疑理性行为的经济与社会的可能性条件是至关重要的。

布迪厄的这一中心思想具有深刻的意义，它展示了整个经济学学科在知识上戏剧性的失败，以及它在学术甚至政治秩序中以权力如何糟糕地掩盖这一点。一般均衡理论雄心勃勃的研究纲领并未能证明看不见的手，即市场经济的自我调节的存在。新古典宏观经济学是如此地忠于该行业的教条，以至于它难以想象 2008 年爆发的全球经济大危机，也一度认为它不可能发生。而应用经济学则通过按其子学科发展的越来越专业的特设模型，有了长足的发展，但其结果往往是相互矛盾的，远未达到科学所要求的普适性程度，而这正是科学必须与技术相区别的地方。最后，金融数学的突破和对利用大型数据库所寄予的希望，似乎使经济学家的知识变得过时了。这

320

321

场运动令经济学远离了对学科基础的探索，并走向了一种双重方法。

一方面，理论经济学变得规范了：它必须改革公共激励措施和干预措施，以缩小它的理论模型——所许诺达到的最佳状态——与受许多弊病影响的经济体的当前配置之间的差距。如果政治进程不能缩小这一差距，那就是政治经济学的问题，而不是经济学的问题。

另一方面，应用经济学变得谦逊温和，因为它把希望寄托在一个基本上是随机的、完全是归纳性的方法上。它继续寻找因果关系，而这些因果关系的发现要归功于它日益成熟地应用了数据库日益丰富的计量经济学技术。其主要的障碍是能否回溯到普遍性情况，因为这相当于背后潜伏着自然科学规律的统计规律性及其在空间和时间上的不变性的幽灵。

对经济学家工作领域的这种瓦解分化，使他们能够宣称该学科可以回答政府和公民提出的绝大多数问题，这掩盖了其基础的崩溃以及其结果的脆弱性。在这个时代，是时候对理论进行修补了，今天第古·布拉赫这类人蓬勃发展，而我们的伽利略却姗姗来迟。这导致的结果是，我们几乎完全放弃了战后的现代主义经济学家那一代人所珍视的公理和演绎方法。

布迪厄所构建的东西广泛使用了反思性原则。这就驱动了象征性被重新纳入了经济范畴。因此，他展示了前资本主义社会和被认为是由银货两讫原则所支配的经济领域的多样性构型。事实上，场域和惯习之间的辩证关系使我们能够解释单一场域内诸秉性的异质性，以及场域的创造和演变。经济行动其实沉浸在一个普遍理论中，322 这种理论承认利益的多样性、资本的形式以及惯习分布和场域之间的耦合。而相比之下，经济学家的纯粹理论在任何地方都毫无意义，甚至在被认为由经济利益逻辑所支配的领域，如金融业，也毫无意义。

然而，这一研究纲领对经济学界影响甚微，尽管它对一群自称是布迪厄追随者的社会学家产生了一定的影响。此外，标准经济学的核心——事实上，它的"经验主义"转向与本书所分析的新边际主义不同——坚持捍卫经济学相对于其他社会科学的自主性。这种缺乏反思性的做法见证了一条曾经充满活力但如今却日渐倒退的范式的轨迹。在科学界，正是这种分析新学科的出现和运作之条件的能力，解释了研究者群体的动力学。这只不过就是将场域的概念实施应用于科研界。因此，例如，在常规和创新之间展开的研究策略的互补性，确保了一个学科的凝聚力和进步。[1]

从此时起，读者无疑会问自己一个相当核心的问题：要如何解释在场域和惯习方面的理论构建没能引起经济学家们的更多兴趣呢? 这个问题要求我们作出新的反思性努力，不再仅仅关注决定了研究者对某一特定范式的承诺的历史和社会条件，而且还要关注构造学术场域本身的因素，首先是对国家所提供的权力的获取。在这方面，经济学界拒绝接受在全国大学理事会中设立一个象征性地称为"经济与社会"的部门的建议，该部门旨在将经济学纳入社会科学，这一拒绝对解答这种疑惑是具有启示意义的。这并不证明这种研究纲领的不可能性或贫瘠无果——尽管它可能很困难——而是证明了在大学当前组织中投入的学术利益的力量。

323

---

[1] Jacob G. Foster，Andrey Rzhetsky et James A. Evans，« Tradition and innovation in scientists' research strategies »，*American Sociological Review*，vol. 80，n°5，2015，p.875—908.

附录一　法兰西学院年鉴中的课程概要

　　首先第一步，我们要对经典和当代的、哲学家眼中和经济学家眼中的礼物交换理论进行批判性分析。这样做是为了对经济交换分析所带来的问题，特别是对莫斯提出的"真正的、伟大的、可敬的革命"的问题，提供一个综合的看法，即从礼物和回礼的经济走向了银货两讫的经济。这场革命是否已经蔓延到了生活的所有领域，正如那些像加里·贝克尔一样声称将最大化施动者模型应用于所有实践（例如婚姻，被认为是生产和再生产服务的经济交换）的人所默示的那样？即使是在最严格的基于"生意就是生意"（*business is business*）这一构成性重言式的领域，它也完全实现了吗？

　　这些问题以及许多其他问题，都涉及经济世界和经济施动者的集体和个体的起源，但它们都被经济学的主流观点所忽视。这种主流观点是深度非历史的，它（在不知情的情况下）无视了经济世界和经济施动者的经济和社会可能性条件，并屈从于一种特殊形式的学究谬误，即把为了解释施动者的实践而构建出的理论强加给施动者。

284

　　所以，我们第一步是试图确定作为经济学主流定义之基础的想象中的（几乎总是留在隐含状态中的）人类学预设：演绎主义的认识论，（非历史的和反遗传的）自然主义的本质主义，将施动者还原为计算意识的原子论观点，无惯性世界瞬时性的中断主义（discontinuisme）。

　　这就提出了对施动者和**合理**（而非理性）行动以及生产场域的另一套系统理论的要求。依靠在经济科学场域边缘地区的那些被忽视或被压抑的贡献，我们可以用生产场域的概念取代市场的概念（最苛刻的工业组织理论家承认他们既不能没有市场，又无法给出一个严格的定义）。这个力量的场域也是一个斗争的场域，它旨在维持或改变被不平等地赋予各种形式的资本（经济、文化、社会、象征）的生产者之间的权力关系，它是特定机制和效果作用的行动场所（特别可以通过进入壁垒、区分的结构效果、生产者空间和消费者空间之间的同源性所产生的供求关系的"自动"调整效果等形式来把握）。为了真正阐释何谓实践，我们有必要在每个案例中描述所观察到的客观关系的空间起源和结构（正如我们在个人住房的"市场"案例中所做的那样），并特别关注经济场域本身之外的制度，如国家，可以对生产（和消费）场域的建设及其运作作出的贡献（公司之间的竞争因此可以采取竞争对国家权力控制权的形式），并避免像通常那样忘记经济斗争所具有的严格的象征性维度。

　　另一方面我们提议，**经济人**这个除了具有准神性的理性计算能力之外没有其他任何品质或资质的主权个体概念，应当被另一个被赋予了持久秉性的施动者概念所取代，这种施动者是由社会、集体和个体经验所塑造的。一个外生的、有序的、不变的偏好系统的概念应当被品味这一概念所取代，品味作为所有集体与个体历史的产物，是一个集体性的个体，是一种社会化的主体性。因此，在不求

328

329

助于完全清晰的计算意识（"理性预期"理论所预设的那种意识）或"有限理性"的逻辑（赫伯特·西蒙所修正过的那种主流"范式"）的情况下，我们可以解释期望与机会的调整，这使绝大多数的经济行为具有"合理"的特征；并且我们还有理由认为"理性预期"理论或"代表性个体"理论在现实中并没有被完全否定：如果存在一种客观上可计算和可预测的经济秩序，那无疑是因为所观察到的总体效果是行为的累积结果，而这些行为与造成它们的秉性的经济条件不同，但它们的共同点是，它们是根据这些不同的条件进行大致调整的秉性的产物（除了一些本身可理解的例外）。

附录二 人名索引

附录三　术语索引

图书在版编目(CIP)数据

经济人类学:法兰西学院课程:1992—1993/
(法)皮埃尔·布迪厄(Pierre Bourdieu)著;(法)帕
特里克·尚帕涅等编;张璐译. —上海:上海人民出
版社,2023
书名原文:Anthropologie économique:Cours au
Collège de France (1992-1993)
ISBN 978-7-208-18200-4

Ⅰ.①经…　Ⅱ.①皮…　②帕…　③张…　Ⅲ.①经济人
类学　Ⅳ.①F069.9

中国国家版本馆 CIP 数据核字(2023)第 046669 号

责任编辑　吕子涵　于力平
装帧设计　林　林

经济人类学:法兰西学院课程(1992—1993)
［法］皮埃尔·布迪厄　著
［法］帕特里克·尚帕涅　［法］朱利安·杜瓦尔　等编
张　璐　译

出　　版　上海人民出版社
　　　　　(201101　上海市闵行区号景路 159 弄 C 座)
发　　行　上海人民出版社发行中心
印　　刷　上海商务联西印刷有限公司
开　　本　635×965　1/16
印　　张　19.75
插　　页　2
字　　数　228,000
版　　次　2023 年 7 月第 1 版
印　　次　2024 年 2 月第 2 次印刷
ISBN 978-7-208-18200-4/C·682
定　　价　78.00 元

MINERVA

· 密涅瓦 ·

《论宽容》　　　　　　　[英] 洛克 著　　　　　　张祖辽 译

《做自己的哲学家：斯多葛人生智慧的 12 堂课》

　　　　　　　　　　[美] 沃德·法恩斯沃思 著　　　朱嘉玉 译

社会观察

《新异化的诞生：社会加速批判理论大纲》

　　　　　　　　　　[德] 哈特穆特·罗萨 著　　　郑作彧 译

《不受掌控》　　　　　[德] 哈特穆特·罗萨 著

　　　　　　　　　　郑作彧　马　欣 译

《部落时代：个体主义在后现代社会的衰落》

　　　　　　　　　　[法] 米歇尔·马费索利 著　　许轶冰 译

《鲍德里亚访谈录：1968—2008》

　　　　　　　　　　[法] 让·鲍德里亚 著　　　　成家桢 译

《替罪羊》　　　　　　[法] 勒内·基拉尔 著　　　冯寿农 译

《吃的哲学》　　　　　[荷兰] 安玛丽·摩尔 著　　冯小旦 译

《经济人类学——法兰西学院课程（1992—1993）》

　　　　　　　　　　[法] 皮埃尔·布迪厄 著　　　张　璐 译

《局外人——越轨的社会学研究》

　　　　　　　　　　[美] 霍华德·贝克尔 著　　　张默雪 译

《如何思考全球数字资本主义？——当代社会批判理论下的哲学反思》

　　　　　　　　　　　　　　　　　　　　　　蓝　江 著

《晚期现代社会的危机——社会理论能做什么？》

　　　　　　　　　　[德] 安德雷亚斯·莱克维茨

　　　　　　　　　　[德] 哈特穆特·罗萨 著　　　郑作彧 译